经济统计学前沿系列

本书得到北京市自然科学基金资助项目支持(项目编号:8112026)

# 支撑北京低碳经济发展的生态承载能力研究



王亚菲　张丽霞 著

中国统计出版社
China Statistics Press

**图书在版编目(CIP)数据**

支撑北京低碳经济发展的生态承载能力研究 / 王亚菲，张丽霞著.
—— 北京 ：中国统计出版社，2014.2

ISBN 978－7－5037－7041－8

Ⅰ. ①支… Ⅱ. ①王… ②张… Ⅲ. ①生态经济学－研究－北京市 Ⅳ. ①F127.1②F062.2

中国版本图书馆 CIP 数据核字(2013)第 308120 号

支撑北京低碳经济发展的生态承载能力研究

作　　者/王亚菲　张丽霞
责任编辑/许立舫
封面设计/黄　晨
出版发行/中国统计出版社
通信地址/北京市丰台区西三环南路甲 6 号　邮政编码/100073
电　　话/邮购(010)63376909　书店(010)68783171
网　　址/http://csp.stats.gov.cn
印　　刷/河北天普润印刷厂
经　　销/新华书店
开　　本/787×1092mm　1/16
字　　数/200 千字
印　　张/12
版　　别/2014 年 2 月第 1 版
版　　次/2014 年 2 月第 1 次印刷
定　　价/32.00 元

# 前　言

近年来，北京市经济高速发展的同时给资源环境带来了严重的压力。在着眼建设中国特色世界城市的背景下，发展低碳经济是促进节能减排、解决北京资源环境问题的内在要求。然而，发展低碳经济必须与资源环境的生态承载能力相协调。这就要求北京在低碳转型的发展过程中，对生产系统和消费系统的自然资源利用状况以及污染排放进行科学的定量测度，以了解并预测北京市经济社会发展的环境压力。

生态足迹（Ecological Footprint）核算以生产性土地面积为当量转换标准，作为测度生产系统和消费系统对资源消耗和污染排放的综合性方法，是目前国际环境经济核算领域中研究经济转型与生态承载能力关系的最具代表性的热点工具之一。本书将以此为基础，利用时间序列的投入产出模型，从生态承载能力角度对支撑北京低碳经济发展的产业结构、供应链、驱动因素和未来发展进行研究。

本书的主要研究内容包括：(1)北京市生态足迹核算数据基础与投入产出建模；(2)2010 年北京市生态足迹的投入产出分析及各年生态足迹变化分析；(3)北京市生产性土地的部门关联效应分析；(4)北京市生态足迹生产、消费和贸易的结构分析；(5)2000—2010 年影响北京市生态足迹变化的驱动因素分析；(6)北京市“十二五”末和 2020 年低碳发展的生态足迹情景预测分析。根据以上研究内容，提供一套分析北京市节能减排的生态承载能力技术方法，并为北京市加快转变经济发展方式，调整优化经济结构，推进节能减排，提出有效政策建议。

本书是北京市自然科学基金资助项目《支撑北京低碳经济发展的生态承载能力研究》的成果（项目编号：8112026）。本书的研究获得了北京师范大学国民核算研究院的资助。衷心感谢长江学者邱东教授和北京师范大学国民核算研究院院长宋旭光教授的关键性点拨与热情指导。鉴于作者学识浅薄、能力有限，对本书所涉及领域的探索依然存在很多问题，期待前辈与同仁的批评指正和作者在今后研究中的不断改进与完善。

王亚菲　张丽霞

2013 年 11 月 22 日

# 目　录

# 第1章 引 言

近年来，北京市经济高速发展的同时给资源环境带来了严重的压力。在着眼建设中国特色世界城市的背景下，发展低碳经济是促进节能减排、解决北京资源环境问题的内在要求。然而，发展低碳经济必须与资源环境的生态承载能力相协调。这就要求北京在低碳转型的发展过程中，对生产系统和消费系统的自然资源利用状况以及污染排放进行科学的定量测度，以了解并预测其经济社会发展的环境压力。

## 1.1 北京市社会经济发展与资源环境现状

### 1.1.1 北京市社会经济发展情况

北京市经济一直保持平稳较快增长，经济结构不断优化，增长方式不断转变。在提高产出的同时，产品质量也在不断提高。因此，对北京市地区生产总值总量、三次产业结构和分行业的经济发展状况进行分析，有助于把握北京市经济发展的总体方向，找出资源消耗高，产出质量低的行业。

**1. 北京市地区生产总值总量分析**

进入新世纪以来，北京市的社会经济发生了翻天覆地的变化。奥运会的筹办更是加快了城市发展的步伐，综合经济实力持续保持在全国前列。2000 年，北京市的地区生产总值(Gross Domestic Product，GDP)为 3161.7 亿元，占全国 GDP 的 3.2%。2011 年，全市共实现地区生产总值 16251.9 亿元，占全国 GDP 的比重上升至 3.4%，比 2000 年上升了 0.2 个百分点。图 1—1 展示了 2000 年以来北京市 GDP 的变化趋势以及其占全国 GDP 的比重。从图 1—1 中可以看出，2000—2011 年，北京市的名义 GDP 总量在不断提高；其总量占全国 GDP 的比例经历了先加速上升再缓慢下降的过程。这主要与北京市一直在不断地调整产业结构、关闭或改造污染严重企业等措施有关。

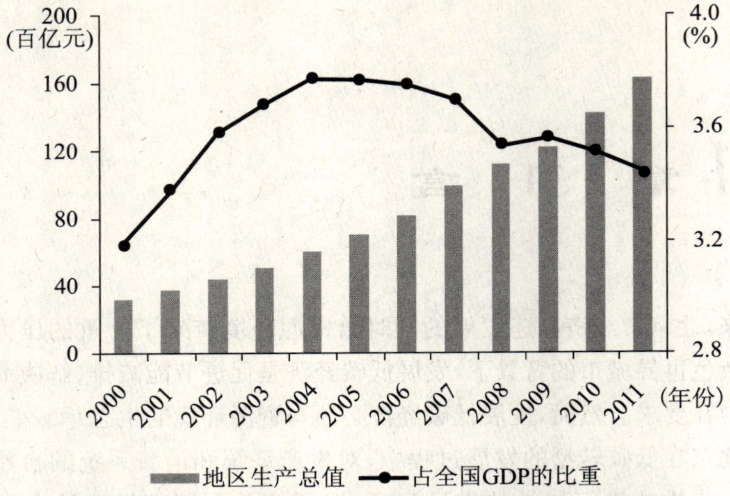


**图 1－1　2000－2011 年北京市 GDP 及其占全国 GDP 的百分比**

为了深入分析 2000－2011 年北京市经济发展的变化趋势，需要对北京市的 GDP 进行纵向比较。北京市统计局公开发布的 GDP 数据通常为现价值，当中既包含了物量的增加，也包含了价格因素的影响。直接用现价 GDP 进行比较易受价格通货膨胀的影响，不能明确观测出实际经济增长的数量。因此，我们利用北京市 GDP 指数（2000 年不变价）和北京市 2000 年的 GDP，缩减出北京市 2000－2011 年的不变价 GDP。其中，北京市 GDP 指数（2000 年不变价）和 2000 年 GDP 数据均来自《北京统计年鉴 2012》（北京市统计局，2012）。具体计算方法是：利用 2000 年的 GDP 分别乘以对应年份的 GDP 指数后再除以 100，就得到了以 2000 年价格表示的各年不变价 GDP。结果参见表 1－1。

**表 1－1　2000－2011 年北京市不变价 GDP 变动情况　（2000＝100）**

| 年份 | 不变价 GDP | 比上年增加 | 环比增长 | 人均不变价 GDP |
|---|---|---|---|---|
| | 亿元 | 亿元 | % | 元/人 |
| 2000 | 3161.7 | 333.8 | 11.8 | 24127.8 |
| 2001 | 3531.6 | 369.9 | 11.7 | 25696.7 |
| 2002 | 3936.3 | 404.7 | 11.5 | 28033.5 |
| 2003 | 4372.6 | 436.3 | 11.1 | 30369.7 |
| 2004 | 4989.2 | 616.5 | 14.1 | 33835.2 |
| 2005 | 5593.1 | 603.9 | 12.1 | 36909.3 |
| 2006 | 6320.2 | 727.2 | 13.0 | 40527.3 |

续表

| 年份 | 不变价 GDP | 比上年增加 | 环比增长 | 人均不变价 GDP |
| --- | --- | --- | --- | --- |
| | 亿元 | 亿元 | % | 元/人 |
| 2007 | 7237.1 | 916.9 | 14.5 | 45035.0 |
| 2008 | 7897.9 | 660.8 | 9.1 | 47463.5 |
| 2009 | 8704.2 | 806.2 | 10.2 | 50458.9 |
| 2010 | 9602.1 | 897.9 | 10.3 | 51667.2 |
| 2011 | 10379.9 | 777.8 | 8.1 | 52153.6 |

从表1—1中可以看出，2000年以来，北京市的不变价 GDP 持续增加。2011年北京市的不变价 GDP 突破了10000亿元，比2000年增加了7218.2亿元，年均增长11.4%。为了比较不同年份的发展速度，我们还计算了各年不变价 GDP 相对于上一年的增长率。与 GDP 的变化趋势相比，增长率变化趋势的波动性更大一些，总体保持在8%—15%之间。此外，按常住人口计算，北京市2011年的人均不变价 GDP 为52153.6元，大约是2000年人均水平的2.2倍。其中，北京市的人口数据来自《北京统计年鉴2012》(北京市统计局，2012)，由于年鉴中公布的人口数据为时点数，因此我们采用相邻两个年份的平均值作为当年的平均人口数。

**2. 北京市三次产业结构分析**

2000—2011年间，北京市的三次产业所创造的不变价 GDP 在数量上均呈现出不断上升的趋势。从总量上来看，2011年北京市第一产业的不变价 GDP 约为87.9亿元，比2000年的79.3亿元增加了8.6亿元；第二产业的不变价 GDP 为2977.4亿元，大约是2000年水平的3倍；第三产业的不变价 GDP 为7275.5亿元，比2000年增加了5775.9亿元，其增长幅度远远领先于第一产业和第二产业。从对经济增长的贡献率上来说，2011年第一产业对经济增长的贡献率为0.1%，比2000年下降了0.8个百分点；第二产业对经济增长的贡献率为24.0%，比2000年下降了7.6个百分点；第三产业对经济的贡献率为74.9%，比2000年提高了4.7个百分点。详细结果参见表1—2。

**表1—2 2000—2011年北京市三次产业变动情况**

单位：亿元

| 年份 | 不变价 GDP | 第一产业 | 第二产业 | 第三产业 |
| --- | --- | --- | --- | --- |
| 2000 | 3161.7 | 79.3 | 1033.3 | 2049.1 |
| 2001 | 3531.6 | 82.3 | 1131.9 | 2317.2 |

续表 单位：亿元

| 年份 | 不变价 GDP | 第一产业 | 第二产业 | 第三产业 |
|---|---|---|---|---|
| 2002 | 3936.3 | 84.5 | 1227.0 | 2626.1 |
| 2003 | 4372.6 | 83.5 | 1373.7 | 2919.3 |
| 2004 | 4989.2 | 83.0 | 1607.0 | 3303.0 |
| 2005 | 5593.1 | 81.5 | 1769.8 | 3747.2 |
| 2006 | 6320.2 | 81.9 | 1955.8 | 4281.4 |
| 2007 | 7237.1 | 83.7 | 2204.5 | 4941.1 |
| 2008 | 7897.9 | 84.6 | 2221.9 | 5558.9 |
| 2009 | 8704.2 | 88.5 | 2453.5 | 6124.9 |
| 2010 | 9602.1 | 87.1 | 2790.4 | 6693.2 |
| 2011 | 10379.9 | 87.9 | 2977.4 | 7275.5 |

注：由于指数计算及四舍五入等原因，本表中的不变价 GDP 与三次产业的 GDP 之和略有出入。

2000—2011 年间，三次产业的结构也发生了明显的变化。2000 年，三次产业的结构比例为 2.5：32.7：64.8；到了 2011 年，农业和工业的比重都有所下降，而第三产业在地区生产总值中的比重则达到了 76.1%，三次产业的结构比例变为 0.8：23.1：76.1。由此我们不难发现，北京市现代服务业的迅猛发展为其国民经济增长做出了巨大的贡献。与国际上主要大城市产业结构类似，北京已经发展成为以服务业为主导的世界城市。截止到 2010 年，北京市的第三产业所创造的 GDP 已经占到了当年 GDP 总量的 75.1%，顺利完成了北京市政府在"北京市国民经济和社会发展的第十一个五年规划"中所制定的目标。

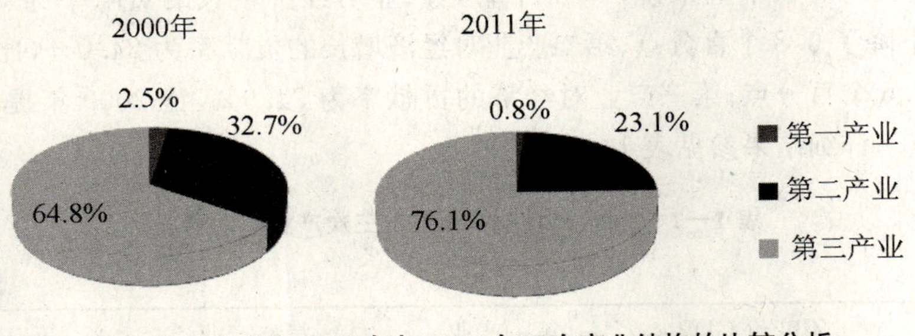


**图 1—2　北京市 2000 年与 2011 年三次产业结构的比较分析**

### 3. 北京市行业发展状况分析

(1)农业结构持续调整

2000年以来,北京市的农业经历了新中国成立以来力度最大的数量型和质量型相结合的结构调整。农林牧渔业结构明显优化,农产品品质显著提高,农产品品种极大丰富,生产经营体制转向市场化,农业进入了一个稳定增长的时期。2011年全市农林牧渔业总产值为363.1亿元,其中农业产值为163.4亿元,占总产值的45.0%;林业产值18.9亿元,占总产值的比重为5.2%;牧业产值达到了162.7亿元,仅比农业少0.7亿元,占总产值的比重接近45%;渔业和农林牧渔服务业产值共计18.1亿元。与2000年相比,种养结构由2000年的49.5∶50.5调整到了2011年的50.2∶49.8。图1—3展示了2000—2011年北京市农业种养结构的变化情况。从图1—3可以看出,北京市的种养结构一直处于不断的调整过程中。此外,新兴农业发展迅速,农民生活水平有了显著提高。2011年,设施农业、种业、农业观光园和民俗旅游等共实现产值94.1亿元,占农林牧渔业总产值的比重达到了25.9%。

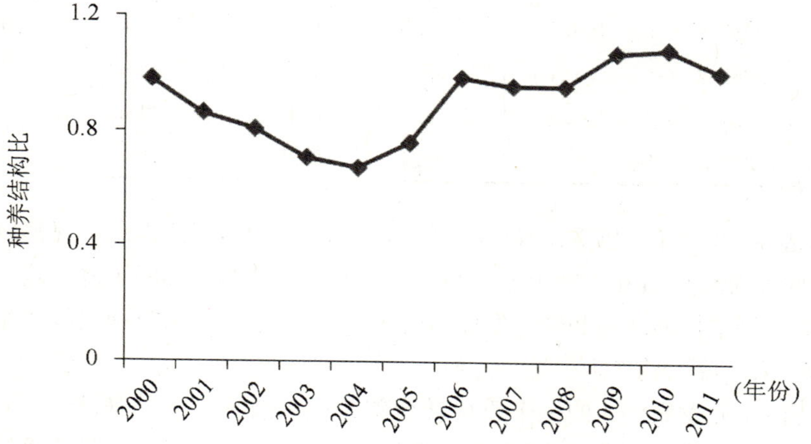


**图1—3 2000—2011年北京市种养结构比例变动情况**

(2)工业比重不断下降

2000年全年规模以上工业增加值为776亿元,占当年GDP的24.5%。2011年全年规模以上工业企业完成增加值2899.1亿元,占当年GDP的17.8%,比2000年下降了6.7个百分点。为了比较2000—2011年间工业增加值的变化情况,我们利用工业品出厂价格指数计算出历年规模以上工业不变价增加值,详见表1—3。规模以上工业增加值和工业品出厂价格指数均来自《北京统计年鉴2012》(北京市统计局，2012)。统计年鉴上公布的工业品出厂价格指数均以上一年为基期，为了便于计算，我们将其转换成了以2000年为基期的指数。

表1—3　2000—2011年北京市规模以上工业增加值变动情况

| 年份 | 现价工业增加值 | 工业出厂价格指数 | 工业出厂价格指数 | 不变价工业增加值 | 现价GDP | 工业增加值占GDP的比重 |
|---|---|---|---|---|---|---|
| | 亿元 | 上年＝100 | 2000＝100 | 2000＝100 | 亿元 | % |
| 2000 | 776.0 | 102.5 | 100.0 | 776.0 | 3161.7 | 24.5 |
| 2001 | 866.3 | 99.4 | 99.4 | 871.5 | 3708.0 | 23.4 |
| 2002 | 960.7 | 96.6 | 96.0 | 1000.5 | 4315.0 | 22.3 |
| 2003 | 1174.8 | 101.5 | 97.5 | 1205.4 | 5007.2 | 23.5 |
| 2004 | 1524.7 | 103.0 | 100.4 | 1518.9 | 6033.2 | 25.3 |
| 2005 | 1627.0 | 101.3 | 101.7 | 1600.0 | 6969.5 | 23.4 |
| 2006 | 1840.2 | 99.1 | 100.8 | 1826.1 | 8117.8 | 22.7 |
| 2007 | 2159.4 | 99.7 | 100.5 | 2149.3 | 9846.8 | 21.9 |
| 2008 | 2037.6 | 103.3 | 103.8 | 1963.2 | 11115.0 | 18.3 |
| 2009 | 2282.2 | 94.4 | 98.0 | 2329.4 | 12153.0 | 18.8 |
| 2010 | 2751.7 | 102.2 | 100.1 | 2748.1 | 14113.6 | 19.5 |
| 2011 | 2899.1 | 102.3 | 102.4 | 2830.2 | 16251.9 | 17.8 |

从表1—3中还可以看出，除了2008年以外，十几年来，北京市规模以上工业的不变价增加值一直在不断上升，而其占GDP的比例却在不断下降。这一现象表明，随着经济结构的调整和经济发展的需求，第二产业在北京市国民经济增长中的支柱地位有下降的趋势。

此外，工业发展模式的一个重要转变就是高新技术产业快速增长，2011年全市规模以上高新技术产业实现工业总产值2904.9亿元。其中电子及通信设备制造业的总产值最大为1613.7亿元，占到了其总产值的55.5%，医药制造业和电子计算机及办公设备制造业分别以452.9亿元和438.4亿元居于第二和第三位。

(3)城市道路和轨道交通建设飞速发展

2000年全市道路面积为4921万平方米，2011年达到了9164万平方米，比2000年增加了4243万平方米，年均增长5.8%。公共交通运营线路长度由2000年的15639公里增加到了2011年的19832公里，增加了26.8%。截止到2010年末，公交出行比例达到了40%，交通拥堵情况得到了极大的改善。特别是2008年北京奥运会申办成功以来，全市进一步加强交通设施建设，轨道交通建设成为重中之重。2000年时，北京市的轨道交通线路仅有1条，到了2005年增加到4条，2011年则达到15条。轨道交通运营长度由2000年的54公里，增加到了2005年的114公里，2011年则达到了372公里。

(4)机动车保有量大幅增加

2000年，北京市的机动车保有量为136.4万辆，到了2011年，北京市共有机动车498.3万辆，是2000年水平的4倍。其中，增加幅度最大的是私人轿车的数量。尽管近年来政府出台了相关的政策来控制这一数量的持续攀升，但截止到2011年末，北京市的私人轿车拥有量已经达到了286.2万辆，比2000年水平的11倍还多18.5万量。这也带动了交通运输设备制造业的发展，使之成为了现代制造业新的增长点。2011年规模以上交通运输设备制造业实现增加值520亿元(2010年不变价)，比上年增加62.2亿元；占全市工业增加值的比重达到了19.4%，成为工业增加值增长的主要力量。

(5)城市水、电、热、气供应能力不断增强

2011年，北京市自来水日供应能力为473万立方米，比2000年的367万立方米增加了106万立方米，年均增长2.3%左右。全社会用电量由2000年的3844266万千瓦时增加到了2011年的8217055万千瓦时。其中三次产业用电量增加了3401894万千瓦时，占总增加量的77.8%。

为了节约能源和营造良好的生活环境，北京市不断倡导集体供热和煤改气工程。截止2011年，全市集体供热面积达到了50794万平方米，比2000年的4倍还多。居民燃气用户为644.1万户，是2000年的2.2倍。

(6)现代服务业发展迅速

2000年以来，现代服务业的增长速度不断提高，其在北京市GDP中所占的比重也在逐年增加。2011年，北京市第三产业地区生产总值达到了7275.5亿元，与2000年相比增加了5226.4亿元，年均增长12.2%(表1—2)。在现代服务业中，金融保险业的发展速度最快，房地产业次之。党的十八届三中全会日前审议通过的《中共中央关于全面深化改革若干重大问题的决定》提出，要完善金融市场体系，扩大金融业对内对外开放，在加强监管前提下，允许具备条件的民间资本依法发起设立中小型银行等金融机构(中华人民共和国中央人民政府，2013)。这一举措势必会进一步提高金融业在第三产业中的支柱地位。

**4. 人民生活水平变动情况分析**

2011年北京市城镇居民人均可支配收入达到32903.0元，比2000年增加了

22553.3元，扣除价格因素的影响，实际增加了17010.2元，增幅达164.4%，年均增长9.2%。表1—4展示了2000—2011年间北京市城镇居民人均可支配收入的绝对量和增长速度的变化情况（各年数值均利用居民消费价格指数处理成了2000年不变价）。从表1—4可以看出，城镇居民的人均可支配收入十几年来不断攀升，人们的生活水平在不断地提高。城镇居民的可支配收入的增长速度在6%—13%之间波动。2000年到2006年增长速度波动比较小，总体上呈上升趋势，2007年以后增长速度有所放缓。2011年城镇居民的恩格尔系数为31.4%，比2000年降低了4.9个百分点。城镇居民人均住房使用面积29.4平方米，比上年增加0.5平方米，比2002年增加了10.2平方米，人们的居住环境有了很大的改善。

**表1—4　2000—2011年城镇居民家庭基本情况**

| 年份 | 人均家庭总收入 | 人均可支配收入 | 人均可支配收入实际增长 | 人均消费性支出 | 食品支出 | 城镇居民家庭恩格尔系数 | 城镇居民人均住房建筑面积 |
|---|---|---|---|---|---|---|---|
| | 元 | 元 | % | 元 | 元 | % | 平方米 |
| 2000 | 12560.3 | 10349.7 | 8.9 | 8493.5 | 3083.4 | 36.3 | — |
| 2001 | 13355.0 | 11229.9 | 8.5 | 8654.5 | 3132.3 | 36.2 | — |
| 2002 | 13091.5 | 12311.7 | 15.6 | 10160.2 | 3430.1 | 33.8 | 19.2 |
| 2003 | 14746.2 | 13684.9 | 11.2 | 10965.4 | 3472.5 | 31.7 | 19.7 |
| 2004 | 16706.2 | 15262.9 | 11.5 | 11907.9 | 3831.4 | 32.2 | 21.5 |
| 2005 | 18782.5 | 16974.5 | 11.2 | 12735.1 | 4053.6 | 31.8 | 22.0 |
| 2006 | 21364.1 | 19039.6 | 12.2 | 14128.7 | 4346.8 | 30.8 | 23.7 |
| 2007 | 22872.2 | 20464.6 | 11.2 | 14267.2 | 4591.9 | 32.2 | 24.8 |
| 2008 | 24510.4 | 21895.4 | 7.0 | 14576.2 | 4925.5 | 33.8 | 26.9 |
| 2009 | 27579.1 | 24040.3 | 9.7 | 16087.7 | 5337.1 | 33.2 | 27.7 |
| 2010 | 29292.3 | 25528.0 | 6.2 | 17503.4 | 5613.5 | 32.1 | 28.9 |
| 2011 | 30869.8 | 27359.9 | 7.2 | 18280.4 | 5741.7 | 31.4 | 29.4 |

注：1. 城镇住户调查的口径范围：2000—2003年是1000户城市居民（城八区）数据；2004—2006年是2000户城市居民（城八区）数据；2007年是3000户城镇居民（十八区县）数据；2008年及以后由3000户调整为5000户，覆盖所有区县。

2. 表内城镇居民人均住房建筑面积为城镇住户抽样调查数据。

2011年北京市农村居民人均纯收入14736.0元，比2000年增加了10049.0

元，扣除价格因素，实际增长161.4%。表1—5展示了2000—2011年间北京市农村居民家庭基本情况。其中，人均纯收入、人均总支出和人均生活消费支出等均处理成了2000年不变价。从表1—5中可以看出，十多年来农村居民的收入水平有了大幅地提高。2011年农村居民恩格尔系数为32.4%，比2000年下降了4.3个百分点。农村居民人均住房面积48.6平方米，比上年增加8.0平方米，比2000年增加19.7平方米。在国家持续支持三农的大背景下，农村居民家庭的生活水平势必会得到进一步地提升。

**表1—5　2000—2011年农村居民家庭基本情况**

| 年份 | 人均纯收入 | 人均纯收入实际增长 | 人均总支出 | 人均生活消费支出 | 食品支出 | 农村居民家庭恩格尔系数 | 农村人均住房面积 |
|---|---|---|---|---|---|---|---|
| | 元 | % | 元 | 元 | 元 | % | 平方米 |
| 2000 | 4687.0 | 7.3 | 4517.9 | 3441.4 | 1263.6 | 36.7 | 28.9 |
| 2001 | 5115.8 | 8.7 | 4945.6 | 3755.2 | 1312.5 | 34.9 | 31.0 |
| 2002 | 5808.3 | 12.3 | 5480.9 | 4154.7 | 1369.7 | 33.0 | 32.6 |
| 2003 | 6403.8 | 11.5 | 5802.8 | 4589.0 | 1454.6 | 31.7 | 34.0 |
| 2004 | 7000.2 | 9.2 | 6124.8 | 4769.2 | 1554.1 | 32.6 | 34.2 |
| 2005 | 7557.9 | 8.1 | 6905.2 | 5303.0 | 1737.5 | 32.8 | 36.9 |
| 2006 | 8215.1 | 8.7 | 7562.3 | 5776.3 | 1846.0 | 32.0 | 39.1 |
| 2007 | 8896.3 | 8.2 | 8251.4 | 6354.6 | 2038.2 | 32.1 | 39.5 |
| 2008 | 9517.1 | 6.5 | 9002.6 | 6779.8 | 2328.1 | 34.3 | 39.4 |
| 2009 | 10776.7 | 13.4 | 10622.0 | 8218.7 | 2662.3 | 32.4 | 39.4 |
| 2010 | 11644.9 | 8.1 | 11243.6 | 8876.4 | 2740.4 | 30.9 | 40.6 |
| 2011 | 12253.4 | 7.6 | 12059.7 | 9211.7 | 2987.7 | 32.4 | 48.6 |

注：1. 2011年农村居民人均纯收入及其分组数据按国家统计局方案进行了口径调整，2011年增长速度为同口径增速。

**5. 人口情况**

2011年末，北京市常住人口突破了2000万大关，达到了2018.6万人，比上年末增加了56.7万人。其中，常住外来人口742.2万人，占常住人口的比重为

36.8%。常住人口中，城镇人口1740.7万人，占常住人口的86.2%。全市常住人口出生率8.29‰，死亡率4.27‰，自然增长率4.02‰。全市常住人口密度为1230人/平方公里，每平方公里比上年末增加了35人。年末全市户籍人口1277.9万人，比上年末增加20.1万人。图1－4展示了2000－2011年北京市常住人口总量的变动趋势情况。从图1－4中可以看出，2000年以来北京市的常住人口总量在不断增加，增长的绝对量也一直在上升，这一趋势在2011年有所放缓。但据《中共中央关于全面深化改革若干重大问题的决定》，中国于2014年开放单独二胎政策，这可能在一定程度上提高现有的人口增长速度，从而进一步影响生态足迹总量。

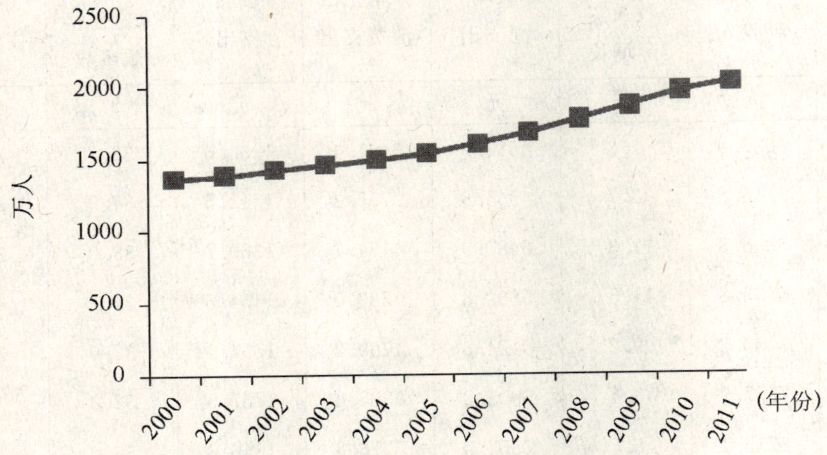


**图1－4　2000－2011年北京市常住人口总量变动趋势**

**6. 对外贸易快速增长**

2011年，北京市地方净出口总额达到了2715.9亿美元，是2000年的10.7倍，年均增长24.0%。其中，出口额由2000年的119.7亿美元增加到2011年的590亿美元，年均增长15.6%；进口额由2000年的374.3亿美元增加到2011年的3305.8亿美元，年均增长21.9%。表1－6展示了北京市2000－2011年的进出口情况，从中不难发现北京市的进口数量远大于其出口数量，表明了北京市的发展在一定程度上依赖于对外贸易。

表 1—6 2000—2011 年北京市进出口情况

单位:亿美元

| 年份 | 出口 | 进口 | 净出口 |
| --- | --- | --- | --- |
| 2000 | 119.7 | 374.3 | —254.6 |
| 2001 | 117.7 | 397.3 | —279.5 |
| 2002 | 126.1 | 398.9 | —272.8 |
| 2003 | 168.9 | 516.1 | —347.3 |
| 2004 | 205.7 | 740.1 | —534.4 |
| 2005 | 308.7 | 946.4 | —637.7 |
| 2006 | 379.5 | 1200.8 | —821.3 |
| 2007 | 489.3 | 1440.7 | —951.5 |
| 2008 | 575.0 | 2141.9 | —1566.9 |
| 2009 | 483.6 | 1664.3 | —1180.7 |
| 2010 | 554.4 | 2462.2 | —1907.8 |
| 2011 | 590.0 | 3305.9 | —2715.9 |

此外,由于北京是一个资源能源比较匮乏的城市,所以其发展在很大程度上依赖于与周边地区的贸易。表 1—7 展示了北京市的调入调出情况,从图中可以看出 2000 年以来,调入调出总额都在不断增加,但净调出值在年份间的波动性比较大。这可能与近年来北京市正在积极调整产业结构,降低第二产业在经济中的比重,并且大力发展第三产业有关。

表 1—7 北京市调入调出情况

单位:亿元

| 项目＼年份 | 2000 | 2002 | 2005 | 2007 | 2010 |
| --- | --- | --- | --- | --- | --- |
| 调出 | 1476.1 | 3287.0 | 4727.9 | 7545.1 | 13797.5 |
| 调入 | 1726.4 | 3421.2 | 4691.0 | 8069.8 | 12468.7 |
| 净调出 | —250.3 | —134.2 | 36.8 | —524.7 | 1328.8 |

**7. 国际城市吸引力不断增强**

改革开放后,北京的国际交往日渐增多,逐步发展为一个现代化的国际城市,对国外投资者和游客都具有较大吸引力。特别是 2008 年北京奥运会的举办,大大提高了北京的国际化水平(北京市统计局, 2013)。从 2000 年到 2011 年,北京累计投产开业外商投资企业 5.5 万个;累计实际利用外商直接投资 500.1 亿美元。

其中2011年投产开业的外商投资企业为4191个，比2000年减少了891个，实际利用外资70.5亿美元，是2000年的2.9倍。2000—2011年全市共接待入境游客4369.6万人次，其中2011年为520.4万人次，是2000年的1.8倍；旅游外汇收入累计达到454亿美元，2011年更是创造了历史新高，达到了54.2亿美元。

### 1.1.2 北京市资源环境压力情况

在经济取得长足发展，人民生活水平不断提高的同时，北京市的发展也消耗了大量的资源并产生了污染排放。这些资源有的由北京本地提供，有的依赖于周边地区，还有一部分来自于从国外的进口。本节列举了北京市对土地资源、水资源和能源的消费情况以及相应的环境污染情况。

**1. 北京市资源消耗情况**

2010年北京市总共审批建设用地3188.3公顷，其中农用地转用1528.2公顷，占总审批建设用地的47.9%。农用地转用中包括耕地725.4公顷，占到了农用地转用总面积的47.5%，未利用地58.2公顷。北京市的城市化进程在不断加快，目前城镇人口已经达到了1740.7万人，占到了总人口的86.2%。随着城镇化水平的不断提高和城市的改造扩建，北京市对土地资源的需求势必会进一步的增加。表1—8是北京市2001—2010年的用地审批情况。从表1—6可以看出，2001年以来，北京市累计审批建设用地59463公顷，其中农用地转用34265公顷，占总审批建设用地的57.6%。如果每年都新增建设用地，那么长期下去势必会造成严重的土地资源短缺。

**表1—8 2001—2010年北京市建设用地审批情况**

单位：公顷

| 年份 | 合计 | 农用地转用面积 | 耕地面积 |
|---|---|---|---|
| 2001 | 5700.8 | 2900.0 | 2579.9 |
| 2002 | 5025.7 | 2971.6 | 2231.6 |
| 2003 | 5903.0 | 3536.3 | 2001.7 |
| 2004 | 7460.0 | 3351.7 | 2096.4 |
| 2005 | 5982.2 | 4415.3 | 2918.9 |
| 2006 | 4592.8 | 3045.3 | 2234.3 |
| 2007 | 6810.3 | 3514.8 | 2409.6 |
| 2008 | 4566.3 | 2384.0 | 1375.3 |
| 2009 | 10233.6 | 6618.1 | 3956.5 |
| 2010 | 3188.3 | 1528.2 | 725.4 |

2001—2011年北京市的用水总量呈现出先下降后上升的趋势。2001年全年用水总量为38.9亿立方米，万元GDP生产总值水耗104.9立方米，比上年下降了13.8%。到了2011年，北京市的全年用水总量为36亿立方米，比2001年减少了2.9亿立方米，万元GDP生产总值水耗降到了22.1立方米，比2010年减少了2.8立方米，比2001年减少了82.8立方米，年均降低13.2%。出现这一情况的原因主要依赖于技术进步和人们节水意识的提高。详见表1—9。

**表1—9 2001—2011年北京市水资源使用情况**

单位：亿立方米

| 年份 | 全年供水总量 | 按来源分 | | | | | 按用途分 | | | | 万元GDP水耗立方米 | 水耗下降率% |
|---|---|---|---|---|---|---|---|---|---|---|---|---|
| | | 地表水 | 地下水 | 再生水 | 南水北调 | 应急供水 | 农业用水 | 工业用水 | 生活用水 | 环境用水 | | |
| 2001 | 38.9 | 11.7 | 27.2 | — | — | — | 17.4 | 9.2 | 12.0 | 0.3 | 104.9 | 13.8 |
| 2002 | 34.6 | 10.4 | 24.2 | — | — | — | 15.5 | 7.5 | 10.8 | 0.8 | 80.2 | 20.2 |
| 2003 | 35.8 | 8.3 | 25.4 | 2.1 | — | — | 13.8 | 8.4 | 13.0 | 0.6 | 71.5 | 6.9 |
| 2004 | 34.6 | 5.7 | 26.8 | 2.0 | — | — | 13.5 | 7.7 | 12.8 | 0.6 | 57.4 | 15.3 |
| 2005 | 34.5 | 6.4 | 23.1 | 2.6 | — | 2.5 | 13.2 | 6.8 | 13.4 | 1.1 | 49.5 | 11.1 |
| 2006 | 34.3 | 5.7 | 22.2 | 3.6 | — | 2.8 | 12.8 | 6.2 | 13.7 | 1.6 | 42.3 | 12.0 |
| 2007 | 34.8 | 5.0 | 21.6 | 5.0 | — | 3.2 | 12.4 | 5.8 | 13.9 | 2.7 | 35.3 | 11.4 |
| 2008 | 35.1 | 4.7 | 20.5 | 6.0 | 0.7 | 3.2 | 12.0 | 5.2 | 14.7 | 3.2 | 31.6 | 7.6 |
| 2009 | 35.5 | 3.8 | 19.7 | 6.5 | 2.6 | 2.9 | 12.0 | 5.2 | 14.7 | 3.6 | 29.9 | 8.1 |
| 2010 | 35.2 | 3.9 | 19.1 | 6.8 | 2.6 | 2.9 | 11.4 | 5.1 | 14.8 | 4.0 | 24.9 | 10.1 |
| 2011 | 36.0 | 4.8 | 18.8 | 7.0 | 2.6 | 2.7 | 10.9 | 5.0 | 15.6 | 4.5 | 22.1 | 5.5 |

2000年北京市的能源消费总量为4144万吨标准煤。其中，第一产业的消费量为104.8万吨标准煤，在三次产业中对能源的消费量最少。第二产业以2424.8万吨标准煤的消费量位居2000年能源消费量的榜首，占能源消费总量的58.5%。第三产业的消费量为1080.9万吨标准煤，占能源消费总量的26.1%。到2011年，北京市的能源消费总量增长到了6995.4万吨标准煤，比2000年增加了2851.4万吨标准煤，增幅达68.8%，年均增长4.9%。三次产业的能源消费占比情况较2000年发生了较大的变动。主要体现在：首先，第一产业的能源消费量没有太大变化，只减少了1.8万吨标准煤；其次，第二产业在增加产值的同时，能源消费量只增加了64万吨标准煤，占总增加量的2.2%；最后，第三产业的能源消费量增加到了

3100.5万吨标准煤，占2011年能源消费总量的44.3%，成为了能源消费大户，其消费量已经接近于2000年的3倍。

图1—5详细地描述了2000—2011年北京市的能源消费总量和能源消费结构的变化特征。从图1—5中发现：(1)北京市能源消费总量呈现出逐渐上升的趋势，但上升的速度在逐渐减慢；(2)农业的能源消费量一直较少，且变化不大，均在100万吨标准煤左右徘徊；(3)第二产业能源消费量在能源消费总量中比例仍然很大，能源消费量在2400—2800万吨标准煤之间波动变化，年与年之间的变化幅度不大；(4)第三产业的能源消费量在逐年增加，到2011年已经超过第二产业，成为能耗最大的产业，年均增长率达到了10.1%。(5)生活消费的用电量持续增加，到2011年生活用电消费量达到了1305.8万吨标准煤，比2000年的2倍还多。造成这种情况的原因，一方面是由于人口的增加，另一方面也是由于人们生活水平的提高。

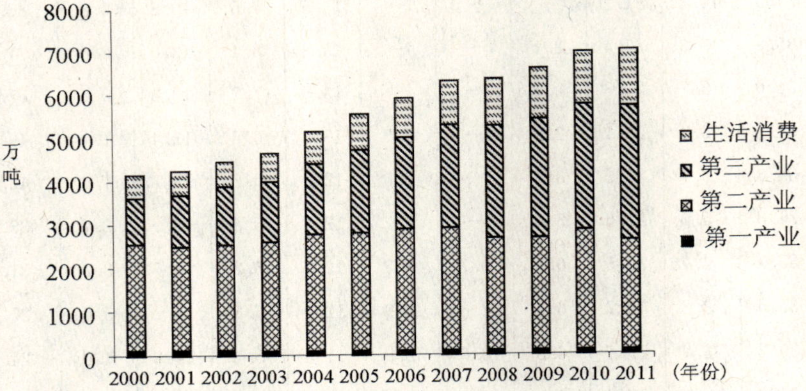


**图1—5　2000—2011年北京市能源消费情况**

表1—10展示了2002—2011年北京市万元GDP能源消费量情况。从表1—10中可以看出，自2002年以来，万元GDP对各种能源的消费量在逐年降低。煤炭的消费量由2002年的0.6吨降低到了2011年的0.2吨，降低幅度达到了75.0%，年均降低14.3%；电力的消费量由2002年的1011.1千瓦时降低到了2011年的525.3千瓦时，减少了将近1倍。石油的消费量由2002年的0.2吨降低到了2011年的0.1吨。将万元GDP对煤炭、电力和石油的使用量转换成以吨标准煤为单位后，可以看出10年来，北京市万元GDP的能源消费量在持续成直线状下跌，2011年平均每万元GDP生产总值的能源消费量仅为2002年的41.8%。这主要是技术

进步和北京市产业结构调整的结果。

表 1—10　2002—2011 年平均万元 GDP 能源消费量

| 年份 | 能源总消费量 | 煤炭 | 电力 | 石油 |
| --- | --- | --- | --- | --- |
| | 吨标准煤 | 吨 | 千瓦时 | 吨 |
| 2002 | 1.0 | 0.6 | 1011.1 | 0.2 |
| 2003 | 0.9 | 0.5 | 921.1 | 0.2 |
| 2004 | 0.9 | 0.5 | 845.5 | 0.2 |
| 2005 | 0.8 | 0.4 | 813.6 | 0.2 |
| 2006 | 0.7 | 0.4 | 762.5 | 0.1 |
| 2007 | 0.6 | 0.3 | 685.6 | 0.1 |
| 2008 | 0.6 | 0.2 | 637.1 | 0.1 |
| 2009 | 0.5 | 0.2 | 624.4 | 0.1 |
| 2010 | 0.5 | 0.2 | 588.7 | 0.1 |
| 2011 | 0.4 | 0.2 | 525.3 | 0.1 |

**2. 北京市环境污染**

北京市在经历了长期高速经济增长之后正面临着严重的环境污染问题。主要污染物的排放量依然巨大，生态环境破坏的趋势并未得到有效控制。

北京是世界上严重缺水的城市之一，2011 年人均水资源量只有 134.7 立方米，还不到全国人均水平的 8%。北京市最主要的地表水源是官厅水库和密云水库，而近年来这两大水库的年均来水量急剧下降，现在的年来水量甚至不到 19 世纪 70 年代的十分之一。

由于人口快速增长和经济的迅速发展，水资源的污染不断加重。2000 年以来，北京市污水年均排放总量达到了 129479 万吨。北京市五大水系（永定河水系、潮白河水系、北运河水系、大清河水系、蓟运河水系）中，北运河水系、大清河水系、永定河水系这三大水系的下游水质都在五类水质以下。在监测的 82 条段有水河流中，有 58%不符合相应的功能水质标准，只有 22 条符合水质标准，水质最差的五类河流长度占总长度的 41.3%，地下水超标的占 57%。

水库、湖泊的主要污染指标是高锰酸盐指数、生化需氧量，其次是总磷、总氮。2011 年北京市的二氧化硫排放量为 9.8 万吨，比上年削减 0.7 万吨，同比下降 6.2%；氮氧化物排放量为 18.8 万吨，比上年削减 0.9 万吨，同比下降 4.8%；2011 年，全市化学需氧量排放量为 19.3 万吨，比上年削减 0.7 万吨，同比下降 3.5%；

氨氮排放量为2.1万吨,比上年削减652吨,同比下降3%。全市工业废水化学需氧量、氨氮排放达标率分别为95.2%和99.3%;全市城镇污水处理厂化学需氧量、氨氮排放达标率分别为94.3%和86.8 %。全市污水处理率达到82%;再生水利用量达到7亿立方米,占全市用水总量的19%。

2000年以来,废气中二氧化硫排放量为18.9万吨,烟尘、粉尘年均排放量11.5万吨。2011年烟、粉尘排放量为6.6万吨。全市主要燃煤锅炉、窑炉二氧化硫和氮氧化物排放达标率分别为98.8%和98.4%。政府采取了各种措施以治理大气污染,对重污染产业实行了搬迁和提高税收等政策,实施了严格的施工扬尘控制规程,在北京周边地区大力植树造林,使空气质量得以明显改善,年空气质量合格天数递增,但问题依然比较严重。

固体废弃物污染问题相对较轻。工业固体废物产生量1219.6万吨,排放量8.2万吨,无害化处理率逐年提高,从2000年的56.4%提高到2011年的98.2%;危险废物产生量20.5万吨;生活垃圾清运量330.5万吨。2011年,全市工业一般固体废物产生量为1125.6万吨,比上年减少11.3%。工业一般固体废物综合利用量为748.7万吨(含往年利用量),处置量为348.6万吨,贮存量为28.3万吨,工业固体废物处置利用率为97.5%。全市工业危险废物产生量为11.9万吨,其中综合利用量为5.1万吨,处置量为6.9万吨,工业危险废物无害化处置率达到100%。医疗废物产生量2.1万吨,城镇医疗废物得到无害化处置。市区生活垃圾无害化处理率为100%,郊区生活垃圾无害化处理率为94.6%。

### 1.1.3 北京市的承载能力情况

北京市在社会经济发展过程中产生的巨大资源环境压力,必须与北京市的综合生态承载能力相协调。在资源环境可承载的条件下,保持经济发展的同时,减少资源消耗和环境污染排放。因此,有必要了解北京自身的资源环境基础条件。

**1. 土地面积**

北京位于华北平原西北边缘,毗邻渤海湾,上靠辽东半岛,下临山东半岛。北京与天津相邻,并与天津一起被河北省环绕。其市界的地理坐标为:北纬39°26′至41°03′,东经115°25′至117°30′,全市南北跨纬度1°37′,东西跨经度2°05′。其行政区划总面积为164.1万公顷,其中市区面积121.9万公顷,建成区面积13.9万公顷,在中国城市排名中位居榜首(李晶晶,2012)。北京的地势是西北高、东南低。全市平均海拔43.5米,北京平原的海拔高度在20米到60米之间,山地一般海拔1000到1500米。

北京市土地资源的特点是山地偏多、平原较少，土地后备资源不足，可用于发展建设的土地所占比重低，人均土地面积少，可利用土地资源与北京市经济社会发展的矛盾十分突出（王洪波，2013）。截止到2010年底，北京市拥有耕地面积22.4万公顷，比2000年的33.2公顷减少了10.8万公顷，平均每年减少4.8%。人均耕地面积由2000年的0.025公顷/人，下降到了2010年的0.011公顷/人。另一方面，2010年末，北京市的林地面积为71.9万公顷，比2000年增加了8.3公顷，年均增长1.3%。北京市山区主要适宜发展林业生产，以涵养水源、恢复和保持生态平衡。分布于山地和平原交接处的丘陵和台地，呈窄条状分布，是北京市重要的水果生产区，不适宜发展成建设用地，应作为农业用地加以保护。分布在东南部的平原，是目前的城市建设及农业用地集中地区。

**2. 水资源**

北京地属海河水系，境内贯穿五大河流。分别是永定河水系、拒马河水系、温榆河水系、潮白河水系和泃河水系（王洪波，2013）。永定河流经延庆、门头沟、石景山、丰台、房山、大兴等区县，长约170千米，流域面积3168平方千米，是北京境内最大河流；拒马河在北京流域面积为2219平方千米；北运河是京杭大运河的北段，历史上曾是漕运粮食的水道，粮船在通州入通惠河到达元大都积水潭码头；温榆河是发源于本市的惟一的河流，流域面积4423平方千米，是北京市最主要的排水河道；潮白河上游潮河与白河源于河北省北部，切穿燕山注入华北最大的密云水库，出水库后仍分道南流至密云县城南汇合，始称潮白河，下游与蓟运河相通。潮河和白河是密云水库的重要水源，是北京市的主要供水源地，境内流域面积5613平方千米，是本市流域面积最大的水系（李晶晶，2012）。

**3. 矿产资源**

北京西北部山地在地质构造上属燕山台褶带，它是中朝准地台的震旦系沉降区，燕山运动褶皱成山。在漫长的地质时期中，山地不断褶皱、断裂和抬升，同时也接受外力剥蚀。自太古代以来，北京的地质构造经历了3个发展阶段，6个构造旋回，地质构造演化漫长而复杂，成矿作用显著。山区矿产资源丰富，西山的京西煤田为全国著名煤田；东北山区的密云铁矿是重要铁矿产地；西部、北部山区的铜、金、钼、铅、锌等有色金属和萤石、滑石、石棉、耐火粘土、石灰岩等非金属矿及花岗岩、大理石等建筑材料，都具有一定的开采价值。此外，北京市还有少量的石油资源，主要发现于北京的南部大兴区与河北省交界处，中石油华北石油管理局采油井正在开采，由于地质构造较为复杂，出油量很小。

北京市的矿产资源主要有两个特点：一方面矿产资源总量相对不足。除了少数矿种总量相对比较丰富、基础储量所占比例也较高外，其他矿种则总量较少，基础储量也偏低；另一方面北京市的矿产资源分布不均衡，具有分布广泛、矿种相对集中，以远郊区（县）为主的特点。北京市已查明的煤炭资源储备总量的 80%以上集中在门头沟区和房山区；铁矿资源储备总量的 90%以上集中在密云县境内；有色金属矿产则主要集中分布于密云县、延庆县和怀柔区；化工、冶金及建筑用各类石灰岩、白云岩等矿产主要分布于山区与平原交界的西部与北部山前地带。

**4. 气候资源**

气候资源包括光、热、水、风等能量，是重要的自然资源之一。气象条件作为生态环境的重要因素，影响着经济建设各个领域，特别是对自然条件依赖程度高的农业生产各个环节有着更为显著的影响。北京的气候为暖温带半湿润半干旱大陆性季风气候，该气候的典型特征是春季风大少雨；夏季炎热多雨；秋季凉爽光足；冬季寒冷干燥。在全球气候变暖的趋势背景下，北京的气候也发生了十分明显的变化，主要表现为降水由偏多变为偏少；气温由偏低变为偏高。

北京地域小、地形复杂，气候资源分布具有不均衡性。北京大部分地区年总辐射量为 5000 兆焦耳/平方米，属于太阳能资源较丰富带。热量资源是作物生长季必不可少的资源，北京地形复杂，山区与平原区热量资源差异大。昌平、怀柔、房山和城近郊区积温在 4600℃以上，是热量最为丰富的区域；东南部的大兴、通州等地，积温较最暖区少 50℃－100℃；高于海拔 500 米的延庆、怀柔、密云、平谷等区县的山区，积温少于 3800℃；高于海拔 1000 米的山区，积温少于 3000℃。水分资源是作物生长的另一重要因素，北京地区雨热同季，存在有利于作物生长的一面，但据北京市观象台资料表明，北京市作物生长季内降水年际变化大，多雨年降水量可为少雨年降水量的 5.8 倍。北京风能有明显的季节效应，一年中，春季风最大，是利用风能的最佳季节；其次是冬秋两季，冷空气活动频繁；夏季多静风、微风天气，可利用风能资源少。北京市目前风能利用最广泛的是农村的风力扬场，而对潜力最大的风力发电机却很少使用。

**5. 北京市的能源生产能力**

图 1－6 展示了北京市 2000－2011 年的能源产量情况。从图 1－6 中发现：2000－2004 年，煤炭的产量近似成线性增加，由 690 万吨增加到了 1067.9 万吨，年均增长 11.5%。2004－2011 年，煤炭的产量一转往年上升的趋势开始减少，到 2011 年只有 500.1 万吨，比 2004 年的产量降低了 567.8 万吨。与煤炭的产量相反，电力的生产量一直在不断提高。2011 年，电力的产量达到了 257.3 亿千瓦时，比 2000 年增加了 76.6 亿千瓦时，年均增长 3.3%。煤电产量结构的调整主要是由

于北京市的政策目标是要建立起“以电为主，煤、气、油为辅，可再生能源为补充，多元互补、多方供应、协调发展”的能源供应体系。为此，北京市政府一直在强调控制煤炭总量，提高清洁能源在能源消费中所占的比重，以期来改善环境。

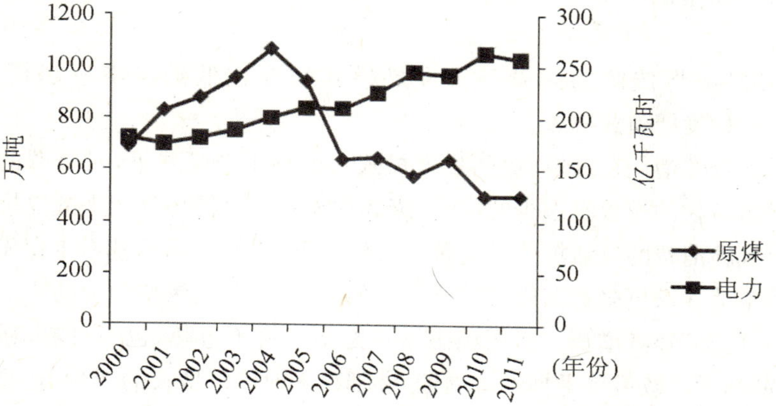


**图 1－6　2000－2011 年北京市的能源产量变动情况**

## 1.2　北京市低碳经济发展路径与生态承载能力

北京在着眼建设中国特色世界城市的背景下，发展低碳经济是促进节能减排、解决北京资源环境问题的内在要求。然而，发展低碳经济必须与资源环境的生态承载能力相协调。

### 1.2.1　北京市低碳经济发展的目标规划

**1. 低碳经济**

低碳经济(Low－carbon economy)的概念最早于 2003 年在英国的能源白皮书《我们能源的未来：创建低碳经济》中被正式提出，此后在“巴厘路线图”中被进一步肯定(邓舒仁，2012)。它是指在可持续发展理念指导下，通过技术创新、制度创新、产业转型、新能源开发等多种手段，尽可能的减少煤炭、石油等高碳能源消耗，减少温室气体排放，达到经济社会发展与生态环境保护双赢的一种经济发展形态。

低碳经济的特征是以减少温室气体排放为目标，构筑低能耗、低污染为基础的经济发展体系，包括低碳能源系统、低碳技术和低碳产业体系。低碳能源系统是指通过发展清洁能源，包括风能、太阳能、核能、地热能和生物质能等替代煤、石油等化石能源以减少二氧化碳排放。低碳技术包括清洁煤技术和二氧化碳捕捉及储存技术等等。低碳产业体系包括火电减排、新能源汽车、节能建筑、工业节能与减排、循环经济、资源回收、环保设备、节能材料等等。由此可见,技术上的突破和创新是发展低碳经济的前提条件。如果没有技术创新,那么低碳经济只能成为人类的“美好幻想”。

低碳经济将传统的高碳经济发展模式转变成低碳经济发展模式(林汐,2010)。这种发展模式应该是一种:

(1)低资源消耗、低碳排放的生产模式。这种生产模式下,对资源的消耗是较少的,对污染物的排放是很少的,生产废弃物能够通过循环利用来减少排放。

(2)低碳消费的生活模式。这种生活模式下,人们在满足基本生存发展需求的消费下,主动寻求更多的高尚的精神层面的消费,避免成为单向度的人。

(3)“稳态”经济增长。所谓稳态增长是指经济不过热,也不过冷,通过相应的财政政策和货币政策等平抑经济周期、外部冲击对经济增长的影响,达到经济稳定持续增长。

(4)创新型的技术体系。具有不断吸收新技术、新工艺、新方法的适用技术体系。科技是解决低碳经济发展问题的关键。经济发展方式的转型也依赖于技术的突破与应用。

低碳技术对经济社会变革的推动作用日益显著,全球发达城市纷纷把构建低碳城市作为提升城市乃至国家竞争力的重要手段。在物联网、云计算等新一代信息技术创新应用不断取得突破的形势下,率先启动低碳城市建设的城市在发展竞争中已占据先机。北京作为中国的高科技研发中心和国际交流中心,借助“绿色奥运”之机选择了绿色发展、低碳城建之路。2000 年以来,北京市政府在注重经济发展的同时,也一直在强调建设资源节约型、环境友好型社会,努力把北京建设成为世界宜居城市。

**2. 北京市“十五”低碳发展规划**

低碳经济的概念一经提出,便得到了各国政府、学术界甚至是企业界的迅速响应。2006 年,英国经济学家斯特恩在其同名报告中呼吁世界各国向低碳经济转型;2007 年,美国参议院提出了《低碳经济法案》;2009 年美国众议院通过了《清洁能源与安全法案》,规划了美国低碳经济的发展途径和具体措施。迄今为止,世界上已有多个国家相继制定了各自的低碳发展规划。

在北京市第十个五年规划中,北京市政府就提出了明确的目标:要以建设清洁节能城市为目标,大力推进能源结构调整,大幅度降低煤炭消费的比重,提高天然气、电力等清洁能源消费比重，逐步建立起市场化的优质能源供应体系。到2005年，使天然气、电力等清洁能源消费在能源终端消费中的比重达到75%左右。"十五"末期，力争使工业用能的年增长率从九十年代的4.4%降至1.0%左右，万元GDP综合能耗年均降低6%左右。市区空气污染指数(API)达到和好于二级的天数占全年的70%以上。

为了达到上述目标，北京市委市政府在第十个五年规划中制定了详细的节能减排制度。"十五"期间要继续压缩部分行业过剩的生产能力，限制发展普通化学原料及化学制品制造、普通化学纤维制造、普通橡胶制品、黑色金属冶炼等行业，基本淘汰金属采矿、炼焦、化学制浆、制革等行业和"五小"工业，坚决依法关闭产品质量低劣、浪费资源、污染严重、不具备安全生产条件的厂矿企业。加快淘汰落后设备、技术和工艺。广泛利用高新技术和先进适用技术，改造提升传统工业。着重实施好首钢优化重组、燕化乙烯改扩建、新型吉普及环保汽车开发、电厂燃料及燃烧系统清洁化、机床数控化、包装印刷升级、节能环保型家电、建材功能化、无害化环保设备、精细化工产业化等十项传统产业升级改造工程，提高传统行业的科技含量，实现产品的升级换代。

在控制污染严重企业生产情况，淘汰生产能力落后企业的同时，北京市还在不断进行能源结构的优化，努力减少煤炭的燃烧量，增加电力等清洁能源的使用。为此，"十五"规划中提出要加快陕北天然气进京市内扩建工程、地下储气库及输气管线建设，开工建设并完成第二条陕京长输管线，同时积极做好接收俄罗斯天然气和海外液化天然气的准备。改善电力供应结构，建设完成北京第三热电厂300兆瓦燃气机组，对高井电厂进行改造。今后不再新建燃煤电厂，新增用电负荷主要依靠引进外部电源供应。加强城市中心区电网建设，提高供电可靠性。改造农村电网，降低电网损耗。完成高碑店热电厂供热管网工程，实现东西联调联供。积极发展燃气采暖。积极开发利用地热能、太阳能、风能和生物质能等新能源。继续把节能工作摆在重要地位，积极推广工业节能、建筑节能、采暖供热系统节能、垃圾焚烧热能回收利用技术；采用先进节能技术工艺，进行节能技术改造，提高能源利用效率；完善地方节能政策法规和管理体系，适当提高技术标准，大力开展节能新产品和新能源的推广应用。

在逐步降低煤炭消费比重的同时，北京市还禁止原煤散烧，大力推广使用工业型煤、水煤浆和低硫、低灰份优质煤等洁净煤，发展集中供热，减少煤烟型污染。严格控制机动车尾气排放，"十五"末期开始执行相当于欧洲2号标准的机动车污染物排放标准；同时，通过发展清洁燃料车，严格执行机动车淘汰报废制度，加强车用油品质量的监督管理等措施，控制机动车尾气污染。扩大城市绿化面积，逐步消灭裸露地面；严格施工工地环保管理，加强道路交通扬尘的防治，逐步扩大道路水冲、机扫面积，控制扬尘污染。到“十五”末期，使市区主要大气环境质量指标年均值达到国家空气质量二级标准，

最后，在排放环节实施污染物排放总量控制，使排污企业在稳定达标的基础上进一步削减污染物排放量。在重点企业全面推行清洁生产和ISO14000环境管理体系认证，提高企业内部环境管理水平。加速削减冶金、电力、建材和化工等重点行业污染物排放。结合市区工业搬迁和郊区小城镇建设，减少市区污染，控制郊区工业污染。到“十五”末期，工业污染源做到稳定达标排放，主要工业污染物排放总量在目前基础上再削减30%以上。

**3. 北京市“十一五”低碳发展规划**

到2005年末，十五时期制定的各项节能减排措施取得了一定的成效，这也促使北京市政府在新的五年规划中继续优化能源消费结构，改善生态环境。“十一五”的目标是：坚持开源增供、节能优先、优化结构、保障安全，初步建立起“以电为主，煤、气、油为辅，可再生能源为补充，多元互补、多方供应、协调发展”的能源供应体系。控制煤炭总量，增加电、天然气、油品等优质能源，扩大利用新能源和可再生能源，使优质能源在能源消费中的比重达到70%以上。2010年全市煤炭消费总量力争控制在2500万吨以内。

**表1—11　北京市“十一五”期间能源消费结构表**

| 能源品种 | 单位 | 2004年 | | | 2010年 | | |
|---|---|---|---|---|---|---|---|
| | | 实物量 | 标准量 | 百分比 | 实物量 | 标准量 | 百分比 |
| 能源消费总量 | 万吨标准煤 | — | 5140 | 100.0 | — | 6500 | 100.0 |
| 煤炭 | 万吨 | 2943 | 2265 | 44.1 | 2500 | 1920 | 29.5 |
| 天然气 | 亿立方米 | 27 | 328 | 6.4 | 70 | 850 | 13.1 |
| 成品油 | 万吨 | 914 | 1326 | 25.8 | 1270 | 1850 | 28.5 |
| 外调电 | 亿千瓦时 | 308 | 994 | 19.3 | 480 | 1500 | 23.1 |
| 其他 | | | 227 | 4.4 | — | 380 | 5.8 |
| 总电量 | 亿千瓦时 | 510 | — | — | 750 | — | — |

为了达到上述目标，也是为了迎接奥运会的到来，第十一个五年规划中针对每一种主要能源都制定了详细的实施办法。

(1)电力

按照“外电为主、内电为辅、多元结构、多向发展”的原则，合理安排电源建设，加快电网发展，做好电力供需平衡，全面提升电力安全保障和应急处置能力。建成太阳宫、郑常庄等燃气电厂，使本地电源自给率保持在1/3左右。按照“立足华北、强化本地、多条通道、多向受电”的原则，加强受电通道和京津唐环网建设，以大区联网和多向、多条通道受电的方式保证电力供应和电网安全。加快完善北京500千伏电网结构，搞好220千伏、110千伏城市高压配电网建设，增强本市电网供电能力。2010年力争将北京电网建设成为系统安全稳定、网络坚强可靠的城市电网。

(2)天然气

充分利用国内资源，积极引进国外资源，实现多气源供气，提高供应安全性。积极争取国家有关部门支持，利用陕北气田和塔里木气田的天然气向北京供气；协助国家有关部门加快建设唐山曹妃甸液化天然气(LNG)工程和加快引进国外管道天然气工作。加强市内配套管网工程建设，提高本市接收能力，重点建设六环路高压输配工程、中心城输配系统扩建工程。推进管道天然气向新城和重点城镇发展，加快郊区能源结构调整。

(3)成品油

充分调度资源，保障北京成品油市场供应。建设六环路成品油输送管道，扩建长辛店油库、顺义油库、沙河油库。建设燕化至首都机场的航空煤油输送管道和航空煤油库，增强储运能力。支持燕化扩能改造，提高本市油品供应能力。

(4)煤炭

加强与山西、内蒙古、河北等产煤基地的合作和联系，鼓励本市煤炭企业参与华北地区煤炭基地建设，保障全市煤炭供应。中心城逐步取消终端燃煤，严格控制新建燃煤设施。大力推广洁净煤技术，降低燃煤对大气的污染。2010年全市煤炭消费量力争控制在2500万吨以内。

(5)新能源和可再生能源

加快太阳能、地热能、风能、生物质能等可再生能源的开发利用。制订鼓励政策，支持新能源和可再生能源使用。2010年，新能源和可再生能源占能源消费总量的比重力争达到4%左右。

(6)热力供应

继续增加后备热源，推进热源整合、联合运行，发展区域集中供热。继续实施中心城20吨以下小型燃煤锅炉的“煤改气”工程，基本完成远郊新城以清洁煤技术为主的区域集中供热改造。大力推广分布式能源、热泵等新型供热方式。

(7)能源储备和预警体系

合理规划建设煤炭储备基地。建设华北油田地下储气库,增加调峰储备库容。2010年基本建立起能源安全预警和应急系统。

一直以来,北京市委市政府切实实行节能减排的政策举措是有目共睹的。2008年以来,北京市陆续实现了首钢压产搬迁,关停了北京焦化厂、北京有机化工厂、北京化二股份公司等一批高耗能、高污染企业,逐步实现低碳产业的结构调整,坚持走高端、高效、节能环保的低碳产业发展之路;2009年北京市"十二五"重点规划项目——石景山五里坨生态社区与CBD东扩低碳规划项目先后启动;2010年北京市政府改革并完善了城市功能评价体系,将环境保护、交通节能等指标纳入节能减排的目标,全面开展建设低碳北京的十大工程。

**4. 北京市"十二五"低碳发展规划**

北京市政府对目前面临的挑战也十分重视,在北京市第十二个五年规划中指出:未来五年,要发挥政府示范作用,带动企业和市民各方力量,推行绿色低碳的生产生活方式和消费模式,积极应对气候变化,形成自觉自律、尊重生态环境的社会风尚,让我们的家园回归绿色。规划中从三个方面指明了我们努力的方向。

(1)深入推进节能降耗

能源节约利用水平体现了城市的文明程度和发展质量。面对资源环境约束强化、应对气候变化的新要求,需要我们下更大力气推进节能降耗。"十二五"时期,要更加注重制度建设,以建筑节能和管理节能为重点,依靠科技进步、标准带动、价格和利益机制引导,加快向"内涵促降"转变,下更大的力气把节能降耗提升到一个更高水平。

(2)倡导绿色生产生活

推广绿色政务,培育绿色商务环境,鼓励市民绿色消费,在全社会推进节约环保行动,逐步创建产品供给、市场流通、消费行为全过程的绿色低碳方式。

(3)积极应对气候变化

首先,提高低碳能源在一次能源消费结构中的比重,大力推进低碳技术研发、应用和相关服务业发展,有效降低重点领域碳排放。因地制宜开展低碳试点建设。积极开展国际间低碳技术交流与项目合作。其次,建立健全气象灾害预警系统,制定重点领域、重要地区和敏感单位抗御气象灾害的应急预案,建立多部门参与的应对气候变化的信息共享、会商联动和决策协调机制。鼓励企事业单位、市民通过认养植树、购买碳汇等多种方式,主动承担更多的碳减排义务。

### 1.2.2　生态承载能力与低碳经济发展的关系

**1. 在承载能力范围内发展低碳经济的紧迫性**

工业发展的初期，由于技术水平等一系列的原因，北京的能源消费主要以煤炭、石油和天然气等化石燃料为主。日常生活和生产活动所消耗的能源已经远远超过了其可再生的能力范围，排放的各种气体和固体废弃物也大大超过了生态系统的承载能力。这使得北京的气候变得更加反复无常，空气质量明显下降，直接威胁着人们的生存和发展。

发展低碳经济是面对气候威胁、保持经济可持续发展、抢占经济发展制高点的必然选择。对于北京来说，应该积极重视发展低碳经济。其一，气候变暖将对北京产生重大的负面影响；其二，北京经济可持续发展需要突破资源环境和能源的桎梏，要求必须发展低碳经济；其三，低碳经济也给北京提供了抢占未来经济发展制高点的机会。

(1)低碳经济发展是应对气候变化的必然选择

工业文明的标志是人类对碳氢化合物的发现和使用。碳氢化合物通过燃烧产生了巨大的能量，同时也释放出大量的二氧化碳。长期以来，人们对二氧化碳的排放并不在意，以化石燃料为支撑的“高碳经济体系”，并未受到广泛的质疑。随着大气中二氧化碳等温室气体的不断积累，我们所生活的环境也在逐渐发生着变化，影响着自然生态系统的内在平衡性。目前，北京市的碳排放量仍然高于国家标准。因此，减少温室气体的排放，缓解气候变化急切地需要发展低碳经济。

(2)低碳经济是应对能源资源枯竭威胁的必然选择

以往北京市经济的增长依赖于煤炭、石油和天然气等传统能源的持续供应，自然资源的不断开采利用以及周边省市资源的供给。因此，就算北京的生态系统可以承受气候变暖的压力，未来经济发展所需的能源供应依然难以为继，发展低碳经济正是应对全球能源资源枯竭威胁的必然选择。

(3)低碳经济发展为北京市抢占经济发展制高点创造了机会

在全球提倡低碳经济发展的大背景下，谁探索出了一条可持续发展的低碳经济之路，谁就赢得了经济发展模式转变的先机。北京作为国际性的大都市，其发展的模式备受瞩目。在人口多、资源少的情况下，加快产业结构调整是北京市的必然选择。因此，北京市的低碳经济发展之路面临着非常复杂的情况。如果北京市能及时发现问题，并提出相应的应对措施，那么北京市的经济发展将会更快更好地走上低碳经济发展之路。

(4)低碳经济还是一种经济发展新规则

在低碳经济发展的浪潮中,谁能够掌握低碳经济规则的制定权,谁就拥有未来经济发展的核心竞争力。以欧盟为首的发达国家不遗余力地发展低碳经济,积极推动《联合国气候变化框架公约》(UNFCCC)的实施,就是为了抢占未来经济发展的制高点,保持他们在世界政治经济体系中的话语权。《联合国气候变化框架公约》本质上也是一个抢占话语权、分配排放权、划分环境容量空间、争夺经济发展空间的世界新规则。它将成为继《联合国宪章》,《关税与贸易总协定》之后的又一个世界发展新规则。

虽然发展低碳经济既是转变经济增长方式的重要内容,也是实现生态文明的重要途径;既可以减少温室气体排放以应对全球气候变化,又可以培育新的经济增长点以抢占未来经济发展制高点。但是应对气候变化需要一定的成本,脱离实际的过高减排目标会破坏产业发展和演进的自身规律,从而危害整个国民经济。因此,北京市应以自身的基本情况为基础,以制度建设为保障,以技术进步为核心,以产业发展为重点,以激励政策为手段,走出一条有地方特色的低碳经济发展之路。

**2. 承载能力范围内的可持续发展**

低碳经济的理论来源于可持续发展理论。“可持续发展”最先出现在 1980 年的《世界自然资源保护大纲》,它突出强调自然、社会、经济及自然资源利用,必须确保可持续发展。1987 年,在《我们共同的未来》这份报告中确切涉及了“可持续发展”的概念。

“可持续发展”是指在满足当代人发展需求的同时又不危害后代人发展的能力。换句话说,就是在发展经济的同时,不破坏人类生存的自然资源和生活环境,使后代人可以永续发展。低碳经济是可持续发展在经济方面的主要体现。可持续发展要求改变传统的“高投入、高消耗、高污染”的发展模式,倡导清洁生产和文明消费,使经济建设与社会发展同自然承载能力相协调,强调环境保护,从社会发展源头上解决环境问题。

可持续发展理论的基本原则主要有 6 点。(1)公平原则:主要体现在四个层面 a. 当代人之间的公平,就是要满足人类的普遍需求而不是只满足少数人的需求;b. 代际之间的公平,即“满足今世后代在发展与环境方面的需求”,保证后代人的发展权利;c. 资源利用和环境利益的公平;d. 文化传统、价值观念的多样性得到尊重 (2)持续性原则:发展必须在环境所容许的范围之内进行,不能超出环境的承载能力,这是可持续发展理论的宗旨。(3)需求原则:发展的根本目的是为了满足需求,需求包括物质方面的需求和精神方面的需求。(4)和谐原则:一方面提倡发展与自然协调;另一方面坚持人与人之间在发展中的协调。(5)高效率原则:可持续发展不是停止发展,减缓发展,而是尽可能地提高效率,在保护环境的前提下高效率发展。(6)质量升级原则:可持续发展要提高经济增长的质量,要建设环境,加强环境质量,提高人类的生存环境水平。

**3. 发展低碳经济是可持续发展的必由之路**

当前,为了应对气候变暖以及能源危机,以开发清洁能源、新能源和节能减排产业等为基本内容的绿色产业革命正在悄然兴起,展现出向节能低碳、绿色经济转变的良好势头。北京的资源相对匮乏,经济增长与社会环境之间的矛盾比较突出。因此,发展低碳经济,缓解资源供需矛盾以及控制环境污染物的排放是北京市经济和社会发展的内在要求和迫切需要,是实现可持续发展的必由之路。

总而言之,可持续发展就是实现经济可持续、生态可持续和社会可持续的有机统一,人们在追求经济效益的同时,要保证社会公平与生态和谐发展,最终实现社会的全面发展。新世纪人类的共同愿景是以人为本,促进自然、经济、社会的稳定、持续、全面、健康发展。

最后需要指出的是,低碳经济是一个涉及经济、能源、环境、社会、政治等领域的综合性问题。低碳经济发展首先应该是经济增长的问题,没有经济增长,甚至经济倒退,就算环境改善了,也不是低碳经济。其次,低碳经济发展的重要内容是能源的可持续供应,因此能源技术革命、可再生能源的开发和利用、一系列降低单位GDP能耗的技术是发展低碳经济的关键。再次,低碳经济发展还涉及到国际政治领域,一系列的全球减排协议,减排规则的制定,初始排放权的分配等都与国际政治息息相关。最后,低碳经济还是一个社会问题。低碳发展使得处于这一经济系统的人和人、人和自然和谐相处,达到建设和谐社会的目标。

### 1.2.3 利用生态承载能力来解决低碳经济发展

在了解了低碳经济的概念以及其与可持续发展之间的关系之后,摆在我们面前的一个很直观的问题就是如何去测度经济发展过程的可持续性。起初,人们对环境的测度利用的是生态承载能力的方法。这种方法虽然简单,一开始也被大多数学者认同,但是随着经济的发展,地区与地区之间的贸易往来越来越频繁,所以生态承载能力的测度方法就失去了它应有的功能——测度可持续水平。为了更好地描述某一地区的生态承载能力,加拿大的生态经济学家Rees和他的学生Wackeral在1992年提出了一个与生态承载能力相对的概念——生态足迹(Rees,1992)。

生态足迹指标是以研究自然资源的可持续利用作为化物定量评价工具，它主要由三部分组成，即直接土地利用面积、所消耗的能源再生的话所需要的土地面积，以及吸收温室气体所需的土地面积。这样，如果该地区的碳排放量越大，那么吸收这些气体所需的土地面积就越多。这种方法对于加强生态环境资源危机意识、提高生态环境理念和增强生态环境预警、改良资源利用方式和促进地球资源的利用效率、创新生态环境对策等方面具有重大的战略意义。当前用生态足迹的方法来测算某一地区乃至是全球的碳足迹非常流行。有的国家每年或者每几年就会发布一次国家层面甚至省市层面的生态足迹报告，分析各个行业生态足迹的变化情况，从而更好地制定下一步发展的政策。

## 1.3 本书的内容安排

在经济取得长足发展的同时，北京市有限的资源供给越来越无法满足人们日益增加的需求。北京目前面临着很大的生态压力，而随着经济与人口规模的进一步扩大，北京市的生态压力预计也将越来越大。因此，在低碳转型的发展过程中，对北京市的生态足迹情况进行全面的分析，将有助于我们认清北京市未来经济发展所面临的挑战，对北京市实现可持续发展具有非常重要的意义。

全书分为 4 部分，共包括 9 章内容。第一部分为引言部分，即第 1 章；第二部分为生态承载能力的研究综述部分，即第 2 章；第三部分为对北京市生态足迹的实证分析部分，由第 3 章到第 8 章构成；第四部分为结论与建议部分，由第 9 章组成。各章的具体安排如下：

第 1 章为引言。本章首先介绍了北京市的经济发展与资源消耗和环境排放的现状，分析了北京市现有的生态承载能力。然后阐述了北京市在倡导低碳经济发展中所制定的目标与规划情况，并探讨生态承载能力与低碳经济发展的关系，指出利用生态承载能力来解决低碳经济发展的可行性和必要性。最后介绍了本书的内容安排，为后面的章节做了铺垫。

第 2 章为生态承载能力研究综述。本章首先给出了生态足迹的基本概念以及计算方法。然后从不同尺度的角度对国内外研究现状进行了综述，包括对理论、计算方法、研究尺度的整理和存在问题的评论。

第 3 章为北京市生态承载能力研究的数据来源与估计。数据是支撑实证分析的基石，本章详细介绍了各种相关数据的来源以及估算方法，为以后章节的论述奠定了基础。

第 4 章为北京市生态足迹的投入产出分析。本章首先利用北京市 2010 年的详细数据计算了北京市 2010 年的生态足迹。结果显示:北京市的生态足迹远远大于其生态承载能力,长期经济发展的可持续性受到巨大挑战。为了分析北京市生态足迹的变动情况,本文接下来的部分利用 2000 年、2002 年、2005 年、2007 年的数据,分别计算出北京市相应年份的生态足迹总量和人均值等结果,得到了 2000 年以来北京市生态足迹的变动情况。

第 5 章为北京市生产性土地的部门关联效应分析。本章基于生态足迹的投入产出模型,利用 Duarte 改进后的 HEM 方法,计算土地资源部门块关联效应分析指标,并以北京市 2007 年 9 部门块土地资源部门块关联效应分析为例进行了实证研究。并得出了土地资源利用来源于需求,土地资源关联效应实际上是经济系统部门间土地资源需求的转移的结论

第 6 章为北京市生态足迹的结构路径分析。本章主要是在第三章工作的基础上,利用结构路径分析方法,分析 2010 年生态足迹的产业链情况,找到引起部门生态足迹增加的上游产业供给,制定更加合理的治理政策。

第 7 章为北京市生态足迹的驱动因素分析。本章在第三章第二部分研究的基础上,利用 2000 年、2002 年、2005 年、2007 年以及 2010 年的数据,对影响北京市生态足迹的 6 个社会经济因素进行分析,力图找出影响北京市生态足迹的主要驱动因素,控制生态足迹的增加。研究结果表明:最终需求总量占国内生产总值(GDP)的比例的变化是生态足迹增加的最主要驱动因素,而生态足迹总量的下降主要归功于生态足迹密度的减少。

第 8 章为北京市"十二五"末和 2020 年低碳发展的生态足迹情景分析。在分析以往年份北京市生态足迹变化特点以及驱动因素和产业链问题之后,本章主要的贡献是利用最终需求法对北京市"十二五"末和 2020 年的生态足迹情况进行了四种情景预测,为政策的制定提供理论依据。

第 9 章为结论和建议。本章在总结前述章节的结果和结论的基础上,针对北京市的特点,提出了相应的减少生态足迹的政策建议,对北京市未来的发展规划起到了一定的指导意义。

# 第2章 生态承载能力研究综述

可持续发展作为一种新的发展理念和模式，自1987年《我们共同的未来》发表以来，已经从理论走向实践。一些国际组织及有关研究人员从20世纪80年代就开始探讨定量测度国家或地区发展的可持续性指标，并建立了许多评价模式，这些模式主要分为四类：一是基于综合指标体系的评价模式，如Prescott－Allen的“可持续的晴雨表”（Barometer of Sustainability）；二是基于社会发展指标体系的评价模式，如联合国开发计划署（1990）的人文发展指数（Human Development Index，HDI）；三是基于经济发展类指标体系的评价模式，如Cobb等的“真实发展指标”（Genuine Progress Indicator，GPI）；四是基于生态环境类指标体系的评价模式，如Rees提出的生态足迹（Ecological Footprint）模型等。随着世界各国统计数据科学性和详细程度的提升，生态足迹模型以其简单的理念和很强的可操作性克服了其他测评指标体系庞杂、计算繁琐和结果抽象等缺点，成为目前可持续发展定量测度中倍受关注的方法和评价人类生产生活活动对环境影响的重要指标。

## 2.1 生态承载能力概念演进

### 2.1.1 承载能力的概念发展

承载能力（Carrying Capacity，Bearing Capacity）是一个起源于古希腊时代的古老概念，在生态学中一般被定义为某一生境（habitat）所能支持的某一物种的最大数量（Dasmann，1984）。它所包含的极限思想与“公地”（the Commons）及其潜在的过度利用联系在一起，最早出现于亚里士多德的一些著作（Harris，1999；OECD，1997），并已在农业中应用了几个世纪（Harris，1999）。

Malthus发表了著名的《人口原理》，为承载能力概念赋予了现代性内涵，并带来了深远的影响（Malthus，1789；Seidl，Tisdell，1999）：一方面，通过对古典经济学的影响，对20世纪的人口学和经济学研究产生了重要影响；另一方面，通过对

Darwin 的影响，为其以后生物学和生态学的发展带来了重要影响，导致 19 世纪末期承载能力概念在这两个领域得到广泛的应用。19 世纪 80 年代后期至 20 世纪初期，承载能力概念开始在畜牧场管理中得到明确的应用，如美国农业部 1906 年年鉴就曾采用这一概念，稍后，认识到这一概念的有用性，野生动物学家也将其引入到野生动物管理领域中(Dietz, 2005; Price, 1999)。

1920 年，生物学家 Pearl 与其助手 Reed 通过生物学试验，总结出了实验室中生物数量增长的对数方程(Logistic Equation)，并证明了北美地区的人口增长也存在类似的关系。1953 年，Odum 在其颇具影响的《生态学原理》(Fundamentals of Ecologry)中，将承载能力概念与对数增长方程特别是其中的常数 k 相联系，赋予承载能力概念较精确的数学形式(Gabriel 等, 2005; Odum, 1953; Price, 1999)。另外，在人类生态学领域，Park 和 Burgess 于 1921 年在有关研究中应用了承载能力概念，认为可根据某一地区的食物资源来确定该区的人口容量(Hopfenberg, 2003; 阮本清, 2001)，带动了土地承载能力领域的研究。

20 世纪 60、70 年代，自然资源耗竭和环境恶化等全球性问题的爆发，引起地球承载能力及相关命题研究的广泛开展，其中尤以 Meadows 等人所著的《增长的极限》为杰出代表。20 世纪 70 年代后期和 80 年代初期，联合国粮农组织(FAO)和教科文组织(UNESCO)先后组织了承载能力的大型研究，提出了一些承载能力定义和量化方法(阮本清, 2001)。80 年代后期，可持续发展概念和思想得以提出，承载能力被认为是它的一个固有方面，并与之相结合而获得新的发展。1995 年，诺贝尔经济学奖获得者 Arrow 与其他国际知名的经济学家和生态学家一起，在 Science 上发表了《经济增长、承载能力和环境》一文(Arrow 等, 1995)，在学界和政界均引起极大的反响，美国生态学会(Ecological Society of America)更是以此为主题，在 1996 年的 Ecological Applications 上组织了由众多专家参加的国际性研讨论坛，引起了承载能力研究的新热潮。

目前，承载能力概念在人口、自然资源管理及环境规划和管理等领域都得到了广泛的应用和研究。在上述发展过程中，大量的承载能力定义和量化模型得以提出，Hardin 和 Daily 等还进一步提出了生物物理承载能力(Biophysical Carrying Capacity)、文化承载能力(Cultural Carrying Capacity)和社会承载能力(Social Carrying Capacity)等概念(Daily, Ehrlich, 1996; Hardin, 1986)。

总体上，承载能力的应用可分为生物学和生态学、应用生态学和人口生态学等三大方面(Seidl, Tisdell, 1999)；从研究方法上，又可分为特殊实证承载能力(Specific Empirical Carrying Capacity)、一般实证承载能力(General Empirical

Carrying Capacity)和理论承载能力(Theoretical Carrying Capacity)等三类(Lockwood, 1998);从具体应用上,还可主要归纳为自然资源或环境对人口的承载能力、某生境对特定生物的承载能力和娱乐旅游承载能力等三类,其中尤其是在土地承载能力的概念、内涵和量化模型等方面取得了丰硕的成果(Waggoner, 1996; 陈百明, 2001; 郭秀锐、毛显强, 2000; 阮本清, 2001)

概括而言,(自然资源或环境对人口的)承载能力是一个与资源禀赋、技术手段、社会选择和价值观念等密切相关的、具有相对极限内涵和伦理特征的概念,它本质上是不固定的、非静态的和非单一关系的(Single Relationship)(Abernethy, 2001; Arrow 等, 1995; Cohen, 1997; Hui, 2006)。应当指出,承载能力概念在获得广泛应用和发展的同时,也在不同领域内均因为可操作性问题受到了众多的批评,有很多学者认为它具有固有的模糊性和不确定性而建议废弃之(Buckley, 1999)。

### 2.1.2 生态承载能力的概念界定

资源短缺和环境污染之后另一个受到高度关注的问题是生态破坏。生态破坏的根本原因是外来干扰尤其是人类活动的干扰超出了生态系统的自我调节能力(Gunderson, 1997)。为了定量研究生态系统对干扰的反应,国外一些学者提出了生态支持力(Ecological Persisitence)、生态阈值(Ecological Threshold)等与生态承载能力相似的概念(Holling, 1973; Holling, 1996; Muradian, 2001)。在国内,王家骥是较早提出开展生态承载能力研究的学者,他第一次明确提出生态承载能力的概念(王家骥等, 2000),代表性的研究如高吉喜、刘庄等(高吉喜, 2001; 刘庄, 2006)。

归纳起来,生态承载能力的定义主要有以下五种:①生态系统抵御外部干扰,维持原有生态系统结构和生态功能以及相对稳定性的能力(Holling, 1973; 刘庄, 2006);②地球或任何一个生态系统所能承受的最大限度的影响就是其承载能力(IUCN/ UNEP/ WWF,1991;Peterson,2002;王家骥等,2000);③能够无限维持但不逐渐破坏相关的生态系统的生产力与功能的完整性,而可获取资源与产生废物的最大比率(最大荷载)(Rees, 1996);④生态系统的自我维持、自我调节能力,资源与环境子系统的供容能力及其在可维育的社会经济活动强度和具有一定生活水平的人口数量(高吉喜, 2001);⑤绿洲生态承载能力是在不危害绿洲生态系统的前提下绿洲资源与环境的承载能力和由资源和环境承载能力决定的绿洲系统本身所表现出来的弹性力大小(张传国,2005)。

高吉喜的定义具有很强的科学性和可操作性，探索性地论证并提出了生态承载能力判定模式与综合评价方法，其研究是生态承载能力研究的一大推进。张传国提出绿洲系统生态—生产—生活承载能力的概念，认为绿洲生态承载能力可以以一些相对的资源环境指标表征和衡量。刘庄指出，生态承载能力的英文对应词为 Ecological Resilience，而非大多数国内学者使用的 Ecological Carrying Capacity，其概念有广义和狭义之分，鉴于区域生态系统的复杂性和评价内容的多样性，生态承载能力评价的一个根本思路就是通过构建评价指标体系进行评价。

从理论上讲，一般认为生态承载能力是生态系统在不改变原有稳定状态的前提下所能承受干扰的最大强度。但在实际应用中，通过破坏某一生态系统原有的稳定状态来测定生态承载能力的代价是巨大的，也是不现实的（Peterson，2002）。因此，数学模型在国外生态承载能力研究中占据着极其重要的地位。有代表性的有：分岔理论（Bifurcation Theory）（Rinaldi，Scheffer，2000）和随机景观模型（Stochastic Landscape Models）（Peterson，2002）。Walker 等对社会生态系统（Social-ecological Systems）的生态承载能力进行了研究，提出了承载能力分析的四个步骤：系统分析→干扰因素分析→生态承载能力分析→对策分析（Walker 等，2002）。

## 2.2 生态承载能力的量化方法研究

目前研究中生态承载能力的量化方法有：能值（Emergy）分析法、状态空间法、物质流量核算与分析和生态足迹核算法等。其中，生态足迹（Ecological Footprint）核算方法是评价生态承载能力的最常用方法。

### 2.2.1 生态足迹的内涵

#### 1. 生态足迹的概念

生态足迹（Ecological Footprint）也称“生态空间占用”，是指特定数量的人群按照某一种生活方式所消费的，自然生态系统所提供的，各种商品和服务功能，以及在这一过程中所产生的废弃物需要环境（生态系统）吸纳，并以生物生产性土地（或水域）面积来表示的一种可操作的定量方法。它的应用意义是：通过人类对生态足迹的需求与自然生态系统的承载能力（亦称生态足迹供给）进行比较即可以定量的判断某一国家或地区目前可持续发展的状态，以便对未来人类生存和社会经济发展做出科学的规划和建议。

生态足迹的方法最早由加拿大大不列颠哥伦比亚大学规划与资源生态学教授

图 2—1 生态足迹概念解释

William E. Rees 于 1992 年在他的论文《生态足迹和适当的环境承载能力——城市经济给我们留下了什么》中提出（Rees，1992）。他在文中指出：对于人类来讲，承载能力可以被解释为在一个给定的地区内，人类能够在不削弱相关的生态系统的功能完整性和生产力的前提下，最大的能够无限期地循环利用的资源消耗和废物排放率。这是一个从具体的生物物理量角度研究自然资本消费的空间测度问题。

Rees 教授指出：在考虑城市化和城市可持续发展的问题时，应将生态资源纳入考虑的范围之内。利用生态足迹的概念，我们知道供养一个城市生存和发展的土地往往要远远大于该城市实际的占地面积，不论该城市发展有多领先，它都会有一个大于其自身很多倍的"生态足迹黑洞"。作者以其所任教的大不列颠哥伦比亚大学所在地费雷沙河谷为例，计算得出费雷沙河谷需要"进口"将近于自身 20 倍的土地来维持其正常运行的结论。而这些多余的土地当然要来自于其他相对不发达的地区，并且以其生态环境恶化为代价。因此作者呼吁经济学家和政策制定者们注意在一个城市光鲜亮丽的背后，还有更多的土地正在为此付出代价，而这些代价正是应该被记在城市经济发展的成本中去的。

随后，Rees 和 Wackernagel 在其论文《城市生态足迹：为什么城市发展是不可持续的以及为什么城市是实现可持续发展的关键部分》中指出：区域人口的生态足迹是可以估计的。他假设某现代化发达的居民聚集地如果以其政治边界为沿被罩在一个玻璃或者塑料制成的罩子里，这样完全切断了该地区的物质交换，那么结果很明确，那就是在短短几天内该区域各项功能瘫痪，居民们也会陆续死亡（Rees，Wackernagel，1992）。换句话总结，我们所想象的这个区域的生态资源根本不足以支撑该地区人口的长远生存和发展。而我们现在的情形是这些现代化相对发达的地区之所以能日新月异的高速发展完全是依赖于科学技术的发达和对贸易居高不下的依赖程度。二十世纪的城市和工业区的存在与发展是依靠着广大的并且仍在持续扩大的生态生产性土地，这些土地分布在世界的各个角落。这使得高人口密度的人类聚集区像是一个"人类饲养圈"。

生态足迹法提供了一种以生产的观点估计自然资源需求的方法。这样，问题变成了在一个给定的材料标准上，要想无限期地供养这一地区的人口，需要多少不同类别的土地，而不是某一特定的区域可以持续地供养多少人口。在经济高速发展、城市化水平不断提高的情况下，生态足迹法无疑是一个测量可持续性的重要指标。虽然这一方法在提出之初饱受争议，但是经过后人不断地讨论与修改，目前该方法成为了度量可持续性的一个重要指标。本章余下部分的内容将详细介绍有关生态足迹的相关概念、生态足迹方法的研究进展以及研究中所存在的问题。

**2. 生态足迹中的相关概念**

（1）生态生产性土地

生态生产性土地（Ecologically Productive Area）是指具有生态生产能力的土地和水域，是提供各类自然资源的基础，也是生态足迹分析方法为各类自然资本进行转换、比较而提供的统一度量的基础。生态生产也叫生物生产，是指生态系统中的生物从外界环境中吸收生命过程所必需的物质和能量而转化为新的物质，以实现物质与能量的积累。某种自然资本的生态生产力越大，说明其提供的生命支持服务能力越强。

地球上不同区域的土地由于在气候条件、土壤理化性质等方面的差异，具有不同的生产力，适合于不同类型生物质的生长。根据土地为人类提供的生态服务功能，将地球表面的生态生产性土地分为在空间上互斥的六大类：耕地、草地、林地、水域、建设用地和化石能源土地。

①耕地（Arable Land）是六大类中最具有生产能力的土地面积类型，并集聚了人类所利用的大部分的生物量。根据联合国粮农组织（FAO）的调查，目前几乎所有的最好的可耕地都处于耕种状态，而且每年有大约 100 万公顷左右的耕地因为严重退化而放弃。

②草地（Pasture）是适用于发展畜牧业的土地。草地积累生物量的潜力和生

态服务功能不如可耕地，而且从植物生物能转化为动物生物能过程中，损失了绝大部分能量，导致草地的生产力一般远低于可耕地。

③林地(Forest)是指可产出木材产品的人造林或天然林。森林有防止土壤侵蚀、调节气候、维持水循环和保护生物多样性等功能。目前，由于人类对森林资源的过度开发，大多林地的生态生产力并不高。

④水域(Waters)是指为人类提供各种鱼类等水产品的水域面积，包括淡水(河流、淡水湖泊)和非淡水(海洋、盐水湖泊)。水域的生态生产力主要指鱼类等水产品的单位面积产量。

⑤建设用地(Build－up Land)包括人居设施、道路、工矿设施以及水电站等所占用的土地。由于大部分建成地位于肥沃的土地上，导致了可耕地的减少，也意味着生态生产力的降低。

⑥化石能源土地(Fossil Energy Land)是指人类应该留出用于吸收 $CO_2$ 的土地。出于生态经济研究的谨慎性考虑，在生态足迹需求的计算中，考虑了 $CO_2$ 的吸收所需要的化石能源土地面积。从理论上讲，为了保证自然资本总量不减少，我们应该储备一定的土地来补偿化石能源的消耗而损失的自然资本量。然而，事实上却还没有留出专门用于 $CO_2$ 吸收的土地。也就是说，人类现在是直接消耗着该类自然资本而没有补偿损失的自然资本量。除此之外，基于生产和燃烧的化石能源消费会排放出有毒的污染物，这种附加的生态影响在生态足迹计算中也没有被考虑。

(2)均衡因子和产量因子

"均衡因子"(Equivalence Factor)和"产量因子"(Yield Factor)可以将上述六个类型的空间面积调整合计为生态足迹和生态承载能力。

均衡因子 $r_j(j=1,2,\ldots 6)$ 是指某类生态生产性面积的世界平均潜在生产力，它等于全球某类生态生产性面积的平均生态生产力除以全球所有各类生态生产面积的平均生态生产力。利用均衡因子可以将每一类型的空间面积，按比例换算成用生态生产性土地来衡量的生态产量。均衡处理后的六类生态生产面积即为具有全球平均生态生产力的、可以相加的世界平均生态生产性面积，即生态足迹。

产量因子 $y_j(j=1,2,\ldots 6)$ 表示一个国家或地区某类生态生产性土地的平均生产力与世界同类型土地平均生产力的比率。由于不同国家或地区的资源禀赋不同，单位面积同类生态生产性土地的生态生产力也有一定差异，故不能将不同国家或地区的同类生态生产性土地的实际面积直接进行对比，而需要用产量因子对不同类型的生态生产性土地进行调整。将各类生态生产性面积乘以相应的均衡因子和产量因子就可以得到具有世界平均产量意义的世界平均生态空间面积，即生态承载能力。

(3)生态承载能力

生态承载能力(Ecological Capacity,EC)又称生态容量，是指一个地区所能提供给人类的各类生态生产性土地的面积总和。根据世界环境与发展委员会(World Commission on Environment and Development，WCED)的报告，出于谨慎考虑，在生态承载能力计算时应扣除12%的生物多样性保护面积。

(4)生态赤字/盈余

生态赤字(Ecological Deficit，ED)和生态盈余(Ecological Surplus，ES)是用来衡量一个地区可持续发展程度的重要指标。一个地区的生态承载能力小于生态足迹时，出现生态赤字，其大小等于生态承载能力减去生态足迹的差数；生态承载能力大于生态足迹时，则产生生态盈余，其大小等于生态承载能力减去生态足迹的余数。生态赤字表明该地区的人类负荷超过了生态容量，要满足该地区人口现有生活水平下的消费需求，需要从地区之外进口欠缺的资源以平衡生态足迹，或者直接消耗自然资本来弥补供给量的不足，该地区消费模式处于相对不可持续状态；相反，生态盈余说明该地区人类负荷在生态容量允许的范围之内，该地区消费模式具有相对的可持续性。

### 2.2.2 生态足迹的基本模型

在承载能力概念的基础上，Wackernagel 等人提出的生态足迹模型(主要是引入“产量因子”和“当量因子”将不同类型土地利用加以综合形成了生态足迹基本模型)用于评估人类对生态系统的影响(Rees，1992；Wackernagel，1996)。生态足迹的计算是基于以下两个基本事实:(1)人类可以确定自身消费的绝大数资源及其所产生的废物的数量;(2)这些资源和废物能转换成相应的生态生产性面积。生态足迹测量了人类的生存所需的真实生态生产性面积，将其同国家和区域范围所能提供的生态生产性面积进行比较，就能为判断一个国家或区域的生产消费活动是否处于当地生态系统承载能力范围内提供定量依据。

传统的生态足迹计算方法有两种:综合法与成分法。用综合法计算生态足迹时，采用汇总的数据计算生态足迹，这些汇总的数据不需要分析具体的资源使用量，只需要记录各种资源的总利用情况；成分法是列出给定人口的所有相关的资源使用和废物排放量，分别计算各项的生态足迹然后加总得到总的生态足迹。近年来，国外学者又提出了一种以投入产出模型为基础计算生态足迹的方法，下面分别对这些方法进行介绍。

**1. 生态足迹综合法**

生态足迹综合法是由 Wackernagel 提出的，这种方法在生态足迹的计算中应用比较广泛。需要注意的是，在利用这种方法计算生态足迹时需要满足 6 个前提假设（王伟，2008）：

①可以获得资源的年消费量和产生的废物量；

②大部分的资源流量可以折算为生产资源的生态生产性面积（Biologically Productive Area，包括陆地面积和水域）和吸收所产生废物的生态生产性面积（Ecologically Productive Area）。由于废物吸收所需的生态生产性面积的计算过于复杂，且所需数据收集困难，在实证分析中通常忽略；

③可以赋予各种生态生产性面积一个与单位面积有效生物量（对人类来说，具有经济效益的潜在的生物生产量）的生产能力成比例的权重，将不同的面积转换成一个标准化的、表征世界平均生产能力的公顷单位；

④总需求可以通过加总各种资源供给与废物吸收的面积得到；

⑤总的人类生态足迹需求与自然供给可直接对比；

⑥总需求可以超过总供给。

依照上述理论基础，利用综合法计算生态足迹时，要求出为满足人类需求的各种消费项及产生的各种废弃物的数据，然后利用均衡因子折算得到生态足迹；对于生态承载能力的计算，则可以通过该地区可提供的生态生产性面积，再通过均衡因子与产量因子折算得到。具体计算过程如下所示。

第一步，计算各种消费项目的人均生态足迹分量。公式为：

$$A_j = \sum \frac{P_i + I_i - E_i}{Y_i \times N} \tag{2-1}$$

式中，i 为消费项目的类别；$A_j$ 为第 i 种消费项目折算的人均占有的生态足迹分量；$P_i$ 为第 i 种消费项目的年生产量；$I_i$ 为第 i 种消费项目年进口量；$E_i$ 为第 i 种消费项目的年出口量；N 为所计算年份的人口数。

第二步，计算人均生态足迹，公式为：

$$ef = \sum r_j \times A_j$$

其中，ef 表示当年人均生态足迹；$r_j$ 为均衡因子。

第三步，计算地区生态足迹总量，公式为：

$$EF = N(ef)$$

第四步，计算人均生态承载能力，公式为：

$$ec = a_j \times r_j \times y_j (j = 1, 2, \ldots 6)$$

其中，$ec$ 为人均生态承载能力；$a_j$ 为人均生态生产性面积；$r_j$ 为均衡因子；$y_j$ 为产量因子。

第五步，计算区域生态承载能力

$$EC = N(ec)$$

第六步，计算生态赤字或生态盈余。对比计算得到的生态足迹值和生态承载能力的值，如果生态足迹超过了区域所能提供的生态承载能力，就会出现生态赤字；如果生态足迹小于区域的生态承载能力，则表现为生态盈余。

对于能源消费量的计算，可以以全球单位化石燃料生产土地的平均发热量为标准，将能源消耗的热量折算成一定的化石燃料用地。Wackernagel 提供了三种折算方法（Wackernagel，1996）。

①替代法，是计算生产当前液体化石燃料替代物（生物物质燃料）的土地需求。这种方法有利于减少大气中的碳积蓄。经济的可持续发展需要持续的能量投入，不能依靠正在耗尽的化石燃料；碳质燃料的使用，也应当在不增加当前大气中碳的含量的前提下，循环利用当前大气中已经存在的碳。

②碳汇法，利用森林生长过程中对于 $CO_2$ 吸收量，进而将能源消费折算成对应的生态生产性面积。据有关数据表明，青年期到中年期的森林生态系统，可以吸收 $CO_2$ 的最长年限为 50－80 年；温带、北风带及热带地区典型森林生产力数据表明，森林吸收 $CO_2$ 的平均能力为 1.8 吨/公顷·年。这表明 1 公顷的森林可以吸收由消费 100GJ 能量所消耗的化石燃料所产生的 $CO_2$（王伟，2008）。

③补偿法，是通过等量的投资（以人造资本形式）补偿化石燃料的使用。这种补偿方法强调了资源储量是可持续发展的关键条件，并且认为代际公平性是可持续发展的先决条件。有关计算表明，1 公顷森林立木每年可以积累 80GJ 的更新生物能，换句话说，如果我们想补偿被消耗的自然资本，土地一能量的生物量比率为 80GJ/公顷·年（尚海洋，2006）。

从上面介绍的三种方法来看，第二种方法使得化石燃料对于生态足迹的贡献最小，得到广泛的接受，但其一定程度上默许了人类继续增加 $CO_2$ 排放量。虽然每一种折算方法的思考角度存在差异，但得到的能量一土地的折算比例都处于 80－100GJ/公顷·年。

**2. 生态足迹成分法**

成分法的计算首先需要确定给定人口的各种商品和服务消费，通过收集有关数据，追踪商品生产所需要的资源从开采到废物分解的全过程（Simmons，Chambers，1998）。在计算之前，先明确人们日常生产生活中影响生态足迹的主要成分，然后再将这些主要成分细分。由于各细分类的生态足迹转换因子各不相同，需要逐类计算生态足迹转换因子，加总得到生态足迹。

生态足迹的综合法、成分法计算的基本指导思想是相同的，只是具体的操作有一定的区别。两种计算方法相比，综合法由于在资料的获取上较容易，计算流程简明，在计算国家、区域、地区等大的空间尺度上应用较具优势；而成分法在家庭、个人生态足迹计算中应用较多。此外，成分法计算的结果受所列出的“成分”的多少影响很大，同时由于每一种产品和服务的转换因子都需要重新计算，因此实际的应用较少（尚海洋，2006）。

**3. 生态足迹投入产出法**

投入产出分析法（Input－Output Analysis，IOA）是由美国经济学家 Leontief 于 1936 年研究提出的。20 世纪 60 年代后期开始，Leontief 等进一步改进，将自然资源利用和环境污染输出等生物物质信息也纳入到投入产出表（Input－Output Table，IOT）框架中，形成卫星账户（Leontief，1970）。IOT 记录了生产产品所耗资源的价值流（实物流），因此可利用 IOT 追踪一个国家国内的最终消费（McDonald，Patterson，2004）。生态足迹的投入产出计算方法，本质上是利用投入产出完全需求系数，结合土地资源、能源投入系数，计算土地、能量组成乘数，进而求得实现最终需求的土地、能量投入，再经过一定的折算系数将不同单位类型的消耗转化成为土地面积，并加总得到反映人类活动产生环境影响的生态足迹。

投入产出分析一个突出的优点是它能利用投入产出表提供的信息，计算经济活动对环境产生的直接和间接影响，即用 Leontief 逆矩阵得到产品与其物质投入之间的转换关系，利用直接消耗系数和完全需求系数，分析不同部门内部的经济联系，以及不同产品和服务的供给与需求间的相互联系（公华林，2009）。目前，国内外的生态足迹投入产出分析基本以单一年份静态分析为主，其模型建立在同质性和比例性两个假定基础上。投入产出法可包含服务部门的投入，因此较其他方法的计算更完整和准确，投入产出矩阵系统提供了经济活动、生产过程中的全部投入和产出流向，并可在一定程度上避免双重计算等问题（Leontief，1986）。详细的投入产出分析法将在第四章中进行介绍。

### 2.2.3 状态－压力－响应模型框架关系

**1. 状态－压力－响应模型**

状态－压力－响应模型（Pressure－State－Response，PSR）最初是由经济合

作与发展组织(Organisation for Economic Co-operation and Development, OECD)(OECD, 1991, 2001)在构建环境指标时开发的。PSR的具体模式结构是:人类活动对环境施以“压力(Press)”,影响到环境的质量和自然资源的数量,也即当前生态系统所处的“状态(State)”,然后社会通过环境政策、一般经济政策和部门政策,以及通过意识和行为的变化而对这些变化做出反“响应(Response)”。在OECD提出的关键性环境因子中,针对自然资源和环境污染提出了大气、水、植被、生物多样性等10—13个关键环境因子,并在此基础上发展出40—50个次级环境因子,形成了一套复合指标系统和基于关键环境因子的评价计算方法。

依据PSR模式使用的目的,可以很容易对它加以调整以反映更多的细节或针对专门的特征。PSR框架模式的衍生版本目前有很多,如:(1)Turner等提出的压力——状态——影响——响应框架体系(PSIR)(Turnerl,1998),其特点是:相对独立地阐述了人类社会对资源环境的影响,达成人类社会系统和生态系统之间的相容关系。(2)联合国可持续发展委员会提出的驱动力——状态——响应(DSR)框架模式,其特点是:通过驱动力指标用以表征那些造成发展不可持续的人类活动和消费模式或经济系统的因素(张丽君,2004)。(3)欧洲环境局使用的驱动力——压力——状态——影响——响应(DPSIR)框架模式。其特点是:能反映复合系统承载能力的概念和组分,适用面广,尤其是单因素的资源或环境。此外,还有学者提出了基于DPSIR的生态安全框架,其核心在于评价生态环境系统服务功能对人类需要满足的程度(王开运, 2007)。

**2. 生态足迹、承载能力及其对应的响应模型框架**

生态破坏与资源短缺和环境污染是密不可分的,人类在生态系统中进行生产生活活动时,都会有意或无意的影响着生态环境,情节严重的则对生态环境造成了破坏。生态破坏的现象主要有水土流失、土地荒漠化、土壤盐碱化、生物多样性减少等等。对生态环境造成的破坏往往需要很长的时间才能恢复,有些甚至是不可逆的。生态破坏的明显特点是生态系统的完整性遭到损害,从而使生存其中的人类和生物面临生存危险。由于人类社会系统只是生态系统的一部分,人类社会系统结构和功能的好坏取决于生态系统的结构和功能的状态,仅仅关注其中的资源和环境单因素并不足以解决人类所面临的生存危险。20世纪80年代后期,可持续发展思想得以提出,承载能力被认为是它的一个固有方面,并与之相结合而获得新的发展。

生态承载能力可以说是从“脚底”出发,根据生态系统的实际承载能力确定人口与经济的发展速度与发展规模,强调发展的极限性。因此,生态承载能力可以看成是状态—压力—响应模型框架中的状态，它反应了某一地区的原有资源和环境情况。与之相对应的一个概念便是生态足迹，生态足迹测定了某一区域在现有的发展模式下所需要的资源以及对环境的影响程度。它是一种度量人类社会对生态系统的破坏程度的具体方法，由于生态足迹的概念比较容易理解、计算方法比较简单，因此近年来一直受到学者们的青睐。我们不难发现，在上述的状态—压力—响应模型框架中，生态足迹便可理解成是人类活动对生态系统造成的压力情况。生态承载能力与生态足迹之间有三种可能的关系：即生态盈余，生态赤字和生态平衡。承载能力和生态足迹之间的具体关系如图 2—2 所示。

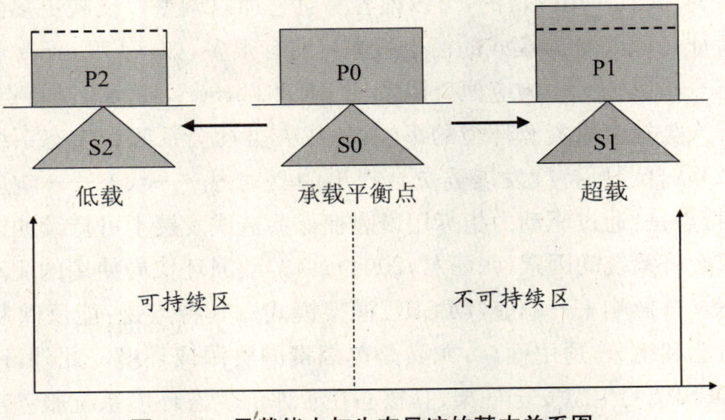


**图 2—2　承载能力与生态足迹的基本关系图**

在图 2—2 中，三角形是某生态系统的支持层，S 表示承载主体的承载能力，矩形是该生态系统的表现层，P 表示承载对象的承载压力，当 P＝S 时，承载对象施加的压力恰好等于承载主体的承载能力，表明该生态系统处于生态平衡状态（阈值）；当 P＜S 时，承载对象施加的压力小于承载主体的承载能力，该生态系统的状态表现为生态盈余；当 P＞S 时，承载对象施加的压力大于承载主体的承载能力，该生态系统的状态表现为生态赤字。也就是说，为了实现可持续发展，表现层的发展要小于等于支持层的发展。

## 2.3　国外生态足迹研究进展

有关生态足迹模型的研究大致可分为两类。一类是生态足迹基本模型。生态足迹基本模型具有的表达直观、方法综合、操作性强等优点，促进了这一方法在生态承载能力研究领域的迅速传播和广泛应用。基本模型基于生态生产力，采用过程分析(Wackernagel, 1996),一般与物流分析技术和产品生命周期法相结合,也出现了用能值分析改进生态足迹的个别案例。过程分析分为自上而下分析的综合法和自下而上分析的成分法。另一类是基于投入产出分析的生态足迹模型(Input-Output Ecological Footprint, IO－EF)。IO－EF 模型将投入产出表应用于生态足迹分析中,通过资源组成乘数的计算得到不同产业的生态占用面积,这种方法结合了投入产出模型在结构分析中的优点,一定程度上弥补了生态占用模型在识别环境真实影响发生位置和产业部门联系上的不足,为生态足迹模型的发展迈出了重要一步。投入产出分析法又包括用货币型投入产出表和实物型投入产出表计算生态足迹两种方法。在各种方法不断改进的基础上,最近出现了投入产出分析和过程分析相结合的、综合国家足迹账户和投入产出分析的新方法。生态足迹分析方法的改进,拓宽了该方法的应用范围,对政策分析和政策制订更具有指导意义。

### 2.3.1 国外对生态足迹的理论研究

自生态足迹的概念提出以来,就在世界各国引起了强烈的反响,并在短时期内就不同的地域空间尺度、不同的社会领域进行了模型方法的运用和实践。许多学者在应用生态足迹的方法计算全球或者某一地区的生态足迹时,发现了原始生态足迹计算方法中所存在的问题,并对其进行了改进,使计算结果能够更好地应用于现实政策的制定。本节列举了一些国外学者对生态足迹的概念和方法研究上的一些贡献。

1994 年,Wackernagel 在其文章中,给出了生态足迹的完整定义(Wackernagel, 1994)。生态足迹是在现有技术水平下,特定区域范围内人们为持续提供所消耗的所有资源和服务以及分解所排放的所有废弃物而需要的各类土地和水域面积的总和。

1996 年,Rees 又和 Wackernagel 合作引入了“产量因子”和“当量因子”,将不同类型土地的利用加以综合,形成生态足迹基本模型(Wackernagel, 1996)。该模型通过测定一定区域维持人类生存与发展的自然资源消费量以及吸纳人类产生的废弃物所需的生态生产性土地面积大小,与给定的一定人口的区域生态承载能力进行比较,来评估人类对生态系统的影响,测度区域可持续发展状况。具体计算流程见图 2－3。

Wackernagel 等对世界上各个国家和地区的生态足迹进行了计算(Wackernagel, Rees, 1997)。在其文章中,Wackernagel 向我们展示了如何将生态足迹的方法用于对自然资源的生态物理测量,并且把这一概念用作检查自然资源的投资壁垒的

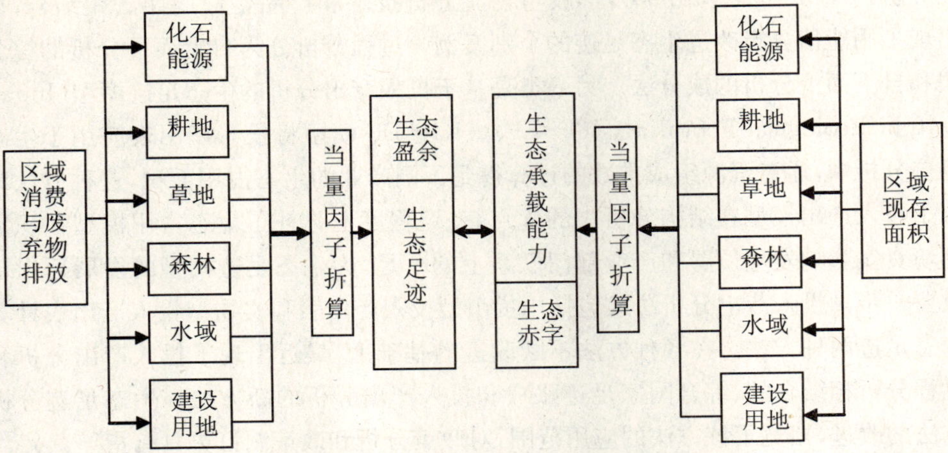


**图 2—3　生态足迹基本方法计算流程图**

分析工具。他从壁垒的粗糙分类中选取了四个问题，并且用生态足迹的观点对它们进行了讨论：为什么边际价格不能反映生态必需品，区际风险汇聚是如何鼓励资源清算的，当前的贸易条件是如何破坏局部和全球的生态平衡的，有效的策略可能会如何增加资源的吞吐量。强调用生态物理学的方法去探索基本的生态和热力学原理的可持续性的含义的必要性。

Haberl 等通过对生态足迹和人类对净初级生产量占用（Human Appropriation of Net Primary Productivity，HANPP）的对比，指出生态足迹是估计社会对生态生产性面积的专有使用，而 HANPP 反映这种使用在特定地区的强度（Haberl 等，2004）。

Wackernagel 等在文章《计算国家和全球的时间序列生态足迹：解决概念颠覆》中，强调了在研究时间序列数据时，设计测量方法中需要注意的两个概念性问题（Wackernagel 等，2004）。一是由于时间序列数据有特殊的均值，所以往常的生态足迹测算方法在此时并不适用；二是在选取数据时，利用实际土地面积或用生产力调整后的土地面积，得到的结果存在一定的波动性。M. Wackernagel 等在文章中对这两个计算生态足迹时间序列时出现的概念和方法的问题进行了改进，增强了生态足迹结果的清晰性、有效性和可靠性。

Kitzes 等通过对 Fiala 的回应，对生态足迹做了进一步的认识和解释（Kitzes，Wackernagel，2009），指出生态足迹账户不是进行了零温室气体排放假设，而是证明了像其他废物一样，生物圈化石碳的零净积累是长期可持续发展的必要条件；全球生态足迹小于全球生态承载能力是可持续发展的必要条件而不是充分条件；

单独讨论土地退化和温室气体排放很重要，但是不能因此完全放弃综合指标，因为它们不能代表所有方面的可持续性。

Kitzes 等通过技术支持，将发送到“全球足迹网络”(Global Footprint Network，GFN)的问题进行收集整理，然后基于 Wackernagel 和 Rees 最初提出的生态足迹的框架和基本概念以及其他学者的后期扩展(Haberl 等，2004；Kitzes 等，2007)，从生态足迹的基本方法和原则、生态足迹与具体环境的关系以及生态足迹指标的解释和应用三个方面回答了有关生态足迹的十六个常见问题(Kitzes，Wackernagel，2009)。

Niccolucci 等找到了一个新的研究生态足迹的角度，引进了生态足迹的深度［生态足迹深度 h 等于生态承载能力 ABC 与生态赤字 AEO 的和与生态承载能力 ABC 的比值，$h = (ABC + AEO) / ABC$］，使原来的二维研究变成了三维(Niccolucci 等，2009)。在每年可更新资源流与生态服务不足、开始使用自然资本储备时，使用该方法非常有效；此外，这个新模型为不同人口、不同地区对生态足迹影响的比较提供了可能性，它强调当代不同地区和当代与下一代之间的资源占有和生态服务的公平。

Conor Walsh 和其同事在文章《加入甲烷的生态足迹分析——以爱尔兰为例》中，探索了如何把气体的排放转化成对再生产能力的额外需求上，提出了扩大碳排放量的计算范围的主张(Walsh 等，2009)。即对气体排放量的计算除了 $CO_2$ 外还应包含其他气体，尤其是甲烷。建立在官方的数据集上，他们证实：对于拥有大量牲畜生产的经济体，包括甲烷的碳足迹可以大幅改变整体生态足迹的结果。

Hoekstra 在其文章《人类对自然资本的消耗：生态足迹和水足迹分析的比较》聚焦于一个直到现在只被间接地包括在标准的生态足迹中的因素：淡水资源的使用(Hoekstra，Chapagain，2007)。在当前的足迹账户中，缺水会导致较低的生态承载能力。但是现在还没有更具体的分析，尤其关于淡水使用的生态足迹计算方面。Hoekstra 的文章对缩小这个差距做出了贡献。对生态足迹使用一个类似会计的方法，他提出了水足迹——一个量化的虚拟水概念。这些方法之间的相似之处—水足迹和生态足迹—提供了一个整合考虑了淡水使用的生态承载能力的研究机会。带着这个目的，Arjen Hoekstra 和新成立的水足迹网络在未来的两年内将参与全球足迹网络，来探索水资源利用和生态承载能力限制之间的关系。

生态足迹分析领域中，一个最重要的方法论创新就是将所有的需求分解成投入产出矩阵中的各个部分来进行分析。Thomas Wiedmann 的文章，《对 MRIO 和 PLUM 两种方法计算出的隐含在贸易中的能源足迹的比较》(Wiedmann，2009)集中于引起了许多国家关注生态足迹领域。Wiedmann 将 GFN 评估贸易中的代表性的资源时所使用的方法和多重投入产出矩阵的模型方法进行了对比。他以英国作为研究对象，通过使用多区域投入产出的方法，提出了改善国民生态足迹贸易部分评估的策略。

### 2.3.2 全球尺度的研究

生态足迹模型在全球尺度的应用始于 1997 年 Wackernagel 等人受地球理事会（The Earth Council）的委托和资助所提交的《国家生态足迹报告》（Ecological Footprint of Nation）（张志强、徐中民，2000）。Wackernagel 等应用生态足迹分析法，对全球人类可利用的生态空间和生态占用空间两方面分别进行了测算。文中指出在目前的生活消费水平下，全球人均生态足迹为 2.8 公顷，而 1997 年全球人均生态承载能力仅为 2.3 公顷，若留出 12%的生态生产性土地面积以保护生物多样性，实际上人均可利用的面积包括海洋在内将缩减到不足 2.0 公顷。从全球范围而言，人类的生态足迹已经超过了全球生态承载能力的 30%，人类现今的消费量已超出自然生态系统的再生产能力，即人类正在耗尽全球的自然资本存量。

而更为深入、全面和系统的全球尺度的生态足迹分析研究，则是世界自然基金会（World Wildlife Fund，WWF）与联合国环境规划署（United Nations Development Programme，UNDP）世界保护监测中心（World Conservation Monitoring Centre，WCMC）、全球足迹网络（Global Footprint Network，GFN）从 2000 年开始联合发布的《生命行星报告》。WWF 在《生命行星报告 2002》中对 1961— 1999 年的生态足迹和生态承载能力进行了长时间序列的计算，《生命行星报告 2004》对《生命行星报告 2002》中 1961—1999 年生态足迹和生态承载能力进行了重新计算，计算结果表明，全球在 1986 年以前生态足迹均小于生态承载能力，全球长期在可持续发展状态下运行；其后，生态足迹均大于生态承载能力，转入不可持续发展状态。

在这份"大脚黑名单"上，阿联酋以其高水平的物质生活和近乎疯狂的石油开采"荣登榜首"——人均生态足迹达 9.9 公顷，是全球平均水平（2.2 公顷）的 4.5 倍；美国、科威特紧随其后，以人均生态足迹 9.5 公顷位居第二。贫困的阿富汗则以人均 0.3 公顷生态足迹位居最后。中国排名第 75 位，人均生态足迹为 1.5 公顷，低于 2.2 公顷的全球平均水平。但中国人口数目庞大，其人均生态承载能力（即大自然能够给予的消耗量）仅为 0.8 公顷，生态赤字高达 0.7 公顷，而全球的平均生态赤字为 0.4 公顷。专家们认为，由于发展中国家的人均自然消耗量还将迅速增加，中国的整体生态形势更加不容乐观。报告显示，美国、日本、德国、英国、意大利、法国、韩国、西班牙、印度均是生态赤字很大的国家。很简单，如果生态足迹超过了生态承载能力，就是不可持续的。

2006年4月19日公布的《亚太区2005生态足迹与自然财富报告》显示，亚太区人民耗损资源的速度接近该地区自然资源复原速度的两倍，而居住在该地区的人类所需的地球资源比该地区生态系统可提供的资源量高出1.7倍。自1961年到2001年，中国人均生态足迹的增长几乎超出了原来的一倍。亚洲是目前世界上经济发展最快、人口最多的区域，其整体生态足迹对全球影响深远，但欧洲人和北美洲人的平均足迹仍比亚洲人高3倍到7倍。在过去的8年里，中国的人均生态足迹比较稳定。

Wackernagel等将生态足迹指标应用于瑞典及其亚区，改进了生态足迹与生态承载能力的计算方法；具体地说明森林、可耕土地、牧场和海洋相对的区域生物产量承载能力（均用世界平均单位产量来表示），并且把它们作为生态足迹和生态承载能力的普通单位来使用；计算$CO_2$排放量来反映燃料消耗；利用IPCC公布的最新数据，评估森林的$CO_2$吸收量和木材产量的世界平均值；开始包括对淡水的生产和保护所需的基于流域的面积进行评估，减少氮和磷的负载量。

### 2.3.3 国家层面的研究

Bicknell等提出了用投入产出法计算生态足迹的具体方法，并利用1991年80部门的投入产出表计算了新西兰的生态足迹（Bicknell等，1998）。计算结果表明：1991年新西兰的人均生态足迹为3.5公顷，而世界平均水平仅为1.8公顷。因此新西兰处于生态赤字状态，其很大程度上依赖于对资源的进口。

Lenzen和Murray计算了澳大利亚的生态足迹，并且针对澳大利亚特有的水域边缘和生态特色，引入了“土地权数”的概念（Lenzen，Murray，2001）。然后分别用两种方法计算了澳大利亚分详细部门的生态足迹。最后，作者还分析了收入、人口等社会经济因素的变动对澳大利亚生态足迹的影响，并提出了一些针对性的政策建议。

国际环境组织世界自然基金会（World Wildlife Fund，WWF）与中国环境与发展国际合作委员会（China Council for International Cooperation on Environment and Development）共同发布了《中国生态足迹报告》。报告发现，中国的人均生态足迹仍在世界上居于较低水平。但自上世纪六十年代以来，中国消耗的生态资源增加了近一倍。2003年中国的人均生态足迹仅为1.6公顷，远低于2.2公顷/

人的世界平均水平。但中国所能提供的自然资源经计算仅为人均0.8公顷，这意味着中国消耗了相当于其自身生态系统供给能力两倍的资源。在全球人均资源消耗量排名中，中国居于世界第69位，略低于叙利亚。美国在这项指标中排名世界第二，阿联酋高居第一，日本则位列第27位。报告警告称，如果中国的人均资源消耗达到美国的水平，那么中国将需要全球的可用生态承载能力。

此外，Vuuren等计算与分析了贝宁、不丹、哥斯达黎加和荷兰等国家的生态足迹（Haberl等，2001）。

### 2.3.4 区域和城市层面的研究

Folke等以欧洲波罗的海流域29个大城市为研究案例，计算得出占波罗的海流域面积0.1%的这些城市，其生态足迹至少需要整个波罗的海流域的75%到1.5倍的生态系统，是这些城市面积的565－1130倍；全球744座大城市中生活的占全球20%的人口的海产品消费占用了全球25%的生产性海洋生态系统，要消纳这些城市排出的$CO_2$，需要全球森林全部碳汇能力再增加10%（Kautsky等，1997）。

Ferng利用投入产出技术对台湾的生态足迹进行了情景分析（Ferng，2009）。为了运用此技术来找出对生态足迹贡献大的部门，文章建议采取两阶段的生态足迹计算方法。第一步：只利用投入产出法估计为了满足给定的消费模式，所需提供的资源数量或者所产生的废弃物的数量；第二步：将第一步得到的数值用土地（或者水）的转化因子进行转化，将所有单位统一成面积单位。

专注于一个较小的规模，Arnold Tukker等的文章研究了一个欧洲联盟资助的大项目（Tukker等，2009）。这项各种欧洲研究机构合作的研究被称作"一个新的应用外部数据和投入－产出工具的环境账户结构来进行政策分析"，并且应用投入产出方法来连接宏观产出与微观行为。

此外，在微观层面上，美国科罗拉多大学、澳大利亚纽卡斯尔大学对校园的生态足迹进行了计算和分析（Flint，2001；Wright，Drossman，2002）；斯德哥尔摩研究所（Stockholm Environment Institute，SEI）以约克（York）为案例分析了不同家庭类型的生态足迹（Wiedmann等，2003）。

## 2.4 中国生态足迹研究情况

生态足迹从1999年被引入我国之后，很快就引起了国内学者的重视，并积极开展该方面的研究。起初的研究多为介绍生态足迹的概念方法及综述性文章。

### 2.4.1 生态足迹的概念与方法引入

杨开忠等系统地介绍了生态足迹分析的基本概念、指标体系和计量分析方法(杨开忠等, 2000)。并通过介绍世界52个国家和地区的生态足迹,对生态足迹分析方法进行了具体的阐述。最后,对该方法及其应用前景进行了评价,既指出了该方法的优点,又对其缺点进行了评述。

张志强在《生态足迹的概念及计算模型》中指出了生态足迹模型对社会发展的实际意义(张志强、徐中民, 2000)。即生态足迹模型是一种计算人类的生态消费、衡量生态可持续性的测量工具,是测量可持续性的生态底线的衡量标准,是国家、地区自然资产核算的一种廉价而快速的计算框架。它根据一定的人口和经济规模,计算维持资源消费和废弃物的吸收所需要的生态生产性土地面积,这个指标对理解和解释可持续发展的逻辑关系很有帮助,是涉及到可持续性、公平性和发展等诸多方面的一个综合指标。运用生态足迹模型的计算结果,将生态足迹的现实需求与自然能够提高的生态服务的实际供给两方面进行定量比较,可以反映人类是否生存于自然系统的生态承载能力范围内,从而能够定量衡量人类对自然生态系统的影响。

龙爱华等评价了生态足迹方法模型的优缺点,综述了国际上生态足迹研究的最新进展及研究前沿,指出了国内围绕生态足迹研究应该尽快开展的工作(龙爱华等, 2004):①生态足迹方法模型的改进及应用研究;②丰富生态足迹方法模型携带的信息量和政策内涵;③社会经济系统新陈代谢以及人类对初级生产力的占用研究;④消费模式与全球资源和环境压力的关系;⑤物质流核算帐户研究和生态包袱分析研究。

陈冬冬等介绍了生态足迹不同方法的产生情况,指出生态足迹分析方法分为过程分析和投入产出分析两套体系,并具体介绍了各种分析方法的特点、适用范围、研究进展和应用情况,建立了较为明晰的生态足迹发展的方法框架(陈冬冬等, 2006)。针对当前国内外生态足迹方法的应用现状和趋势,提出重点把握3个方向:统一综合法在国家和区域尺度的研究;探索投入产出法、成分法等方法在国内的应用;以及加强时间序列研究和多情景预测分析。

吴隆杰等对国内外生态足迹的理论假设、计算方法、贸易赤字、生态超载和基于生态足迹分析的可持续发展静态和动态评估进行了简要介绍,详细讨论了生态足迹的理论假设、计算方法等;回顾了近年来国内外的进展,其研究应用范围从省级行政区进一步扩展到乡镇级行政区和能源、旅游、种养殖业、交通、贸易、大学等产业领域的研究，动态研究也大量增加；对生态足迹理论和应用研究在流动人口、地区生态足迹分析的理论假设、基于生态足迹分析的可持续状况横向比较、各类土地互斥假设、生态足迹分析理论在用于城市型国家或城市等人口高密集地区或不发达地区的可持续性测度时的限制等方面存在的问题，提出了相应的改进意见和建议（吴隆杰等，2006）。文章的最后指出了国内围绕生态足迹研究应尽快开展的工作：积极开展生态足迹理论和方法的改进与完善研究、开展上年结转和本年结余资源对生态足迹计算的影响研究、开展“国家公顷”和“省公顷”等地方公顷的研究，以及积极开展水产养殖渔业、圈养牧业均衡因子研究等。

### 2.4.2 生态足迹模型的改进研究

自从生态足迹的概念被提出以后，生态足迹模型的改进就开始进行，国内学者对这方面的研究也不少。一些学者针对我国的实际情况，对生态足迹的具体计算方法进行了改进，使计算得到的结果与我国的实际情况更加相符，能更好地运用一系列的政策来改善我国的生态足迹现状。

王书玉等针对耕地生产每年只播种 1 次的假设与耕地的生产在许多情况下 1 年不只播种 1 次的现象，提出在计算耕地类的生态足迹时，应将利用 Wackernagel 的方法所计算的面积（实际为一个国家或地区所需的播种面积）用其当年的复种指数（复种指数为耕地每年收获的次数，它反映了人们在农业生产中对农业资源的利用程度，一般用区域内全年农作物的播种面积与耕地总面积的比表示）进行调整，得到真实的耕地类生态足迹，即所需要的耕地的生态生产性土地面积（王书玉、卞新民，2007）。

张恒义等在“全球公顷”和“国家公顷”的基础上构建了“省公顷”模型，为准确计算省级以下单位的生态足迹提供了更为精确的计算标准（张恒义等，2009）。在概念上，明确了均衡因子和产量因子的含义与计算方法。在计算方法上，首次引入了热值的概念，克服了不同类型生物产品不能直接加总的难题。最后，文章以浙江省为例，应用上述方法测算了 2005 年各类土地的均衡因子和各市土地的产量因子。其中，各类土地的均衡因子分别是：耕地为 2.82 s-nhm$^2$/hm$^2$；草地为 0.11 s-nhm$^2$/hm$^2$；林地为 0.35 s-nhm$^2$/hm$^2$；水域为 0.17 s-nhm$^2$/hm$^2$等。计算结果与国际上通行的数值和国家公顷下的数值存在较大的差异，但通过分析认为，文章的均衡因子和产量因子客观地表达了浙江省的实际情况，存在差异是合理的。最后，指出文章所构建的方法简单易行，结果合理，该计算方法可推广到国家层面；在进行省域层面的生态足迹分析时，模型应采用“省公顷”对应的均衡因子和产量因子，以使分析更加具有实际意义。

吴隆杰在总结以往生态足迹分析方法的基础上，提出了一个新的评估可持续发展程度的指标——生态足迹指数(吴隆杰，2005)。一定区域的生态承载能力与生态足迹的差额占生态承载能力的百分比称为生态足迹指数，可将其视为区域为今后保留的可持续发展的能力的百分比；设定其状况可确定可持续发展的关系值：大于0且小于等于100%为弱可持续性和强可持续性，小于0为不可持续性和严重不可持续性，等于0为边际可持续性。由于此方法为单指标分析方法，所以具有较好的分析、比较功能，而且能够为制定或调整可持续发展战略、政策和对策提供定量(百分比)依据。通过计算时间序列上的不同年份的生态足迹指数，可用来反映其可持续发展程度的变动及进行趋势预测，进而提出政策和战略建议。

杨海林等将生态足迹方法应用于小城镇发展可持续性的定量测度，对重庆市巴南区南泉镇2002年的生态足迹进行了实证计算研究(杨海林等，2005)。为了能定量判断一个区域的发展是否处于生态承载能力的范围内，论文引入了地区生态足迹余量 $E_L$ 及生态足迹利用系数 $E_E$ 的概念。公式为 $E_L = E_C - E_F$ ，$E_E = \frac{E_F}{E_C}$ 。生态足迹利用系数体现出了生态足迹需求、生态足迹供给、生态足迹余量之间的相对数量关系，便于进行可持续性的定量测度。

### 2.4.3 生态可持续利用研究

随着人地关系日渐紧张，从维护生态系统稳定，保证自然资源的可持续利用的角度来考虑区域适度的人口规模开始成为一个研究热点。它有助于我们正确理解人对自然生态系统的依赖，协调经济发展与保护生态系统之间的关系，从而保证人类发展的可持续性。生态适度人口，通常也称为可持续人口容量，是彭希哲和刘宇辉在生态足迹分析方法的基础上提出的，用区域生态总承载能力比人均生态足迹获得，随后其对中国西部12个省区生态适度人口进行了测算(彭希哲、刘宇辉，2004)。

马晓钰基于区域生态适度人口提出了生态人口赤字的概念(马晓钰，2005)。区域适度人口是指一定的生态环境承载能力下满足既定生活目标的合适人口数量。它既受生态环境的限制，又受人们生活目标的影响。实际人口数量超过适度人口数量，则人口过度，出现人口赤字，有限的生态环境无法满足过多的人口需求，要么从外界进口资源，要么超额利用当地的自然资本存量来维持既定生活目标下的超额人口。所以人口赤字越大，人类活动对自然的影响力就越大。其计算公式为:生态人口赤字=(生态总承载能力/人均生态足迹)－实际人口数量。

### 2.4.4 中国国家层面的生态足迹研究

国内学者陈敏等利用联合国粮农组织(Food and Agriculture Organization, FAO)数据、《中国统计年鉴》等自然资源生产与消费数据、人口数据,采用可变世界单产法计算了1978—2003年的中国生态足迹(陈敏等, 2005)。分析了中国各类土地生态足迹、生物供给力和生态盈亏变化的原因,阐明了生态足迹与经济发展、资源经济产出率、资源利用效率之间的关系,并针对生态足迹及生态赤字的影响因素,相应地提出了解决中国生态赤字加剧问题的对策。但是其研究尚不能回答中国是否处于生态耗竭或者资源利用的可持续性问题。因为在考虑各土地利用类型单产提高的同时,文中没有对土地质量的状况做出评价。为此作者指出了他们今后研究的重点就是将生态足迹与生态破坏、土地退化、环境污染等问题综合考虑,并确定各种土地类型的可持续单产,来衡量中国土地利用的可持续性。

刘建伟等运用生态足迹法对建国后至2008年中国的生态足迹进行了测度(刘建伟, 2011)。在研究过程中,运用综合法对建国后至2008年跨度的生态足迹进行测算,在一定程度上消除了个别数据失真的影响。同时,采用可变产量因子的计算方法,反映了中国生态生产力的进步状况,将贸易嵌入能纳入到生态足迹测算当中,弥补了现有研究的不足。研究发现,中国生态容量的演进呈现出以下特征:①人口再生产、经济再生产和生态再生产不协调,中国重蹈发达国家“先污染,后治理”的覆辙,陷入发展的“两难困境”中。②中国自然资源整体消耗严重,自然资源存量急剧减少。③能源需求量直线上升,中国对外能源依存度逐渐提高。

陈成忠的研究以中国为例,采用刘宇辉等计算的中国1961—2001年人均生态足迹及其本人计算的2002—2005年数据,利用小波分析技术提取生态足迹波动的特征时间尺度及周期性震荡特征,预测未来演变趋势,以期更有效地分析资源利用特别是土地资源利用的合理性(陈成忠, 2009)。这些研究对中国可持续发展状态的预测、预警和相关政策制定具有实际意义,同时为生态足迹指标的预测性分析提供了一个新的途径。

刘建兴等通过构建生态足迹分解模型,将中国1990—2004年生态足迹的动态变化分解为经济规模、产业结构和足迹强度这3种因素的变化效应,并对各分解效应进行了测度与分析(刘建兴, 2008)。结果表明:生态足迹年度间变化均值为$1.1\times 10^8 hm^2$。其中,由经济规模、产业结构和足迹强度所引起的足迹变化分别为$2.1\times10^8 hm^2$,$-0.4\times10^8 hm^2$和$-0.6\times10^8 hm^2$。总的看,经济规模的变化助长了总足迹的增长,而足迹强度和产业结构的变化对总足迹的扩张起到了一定的遏制作用。生态足迹变化是由各因素共同作用的结果,而在不同时期各因素对足迹变化所发挥的效应不同。该研究结果对于理解我国生态足迹变化与经济发展之间的关系,以及产业发展政策调整及可持续发展研究具有一定的参考价值。

李铁松试图通过构建生态足迹分解模型对中国 1990—2004 年生态足迹变化效应作分解和分析,考察各影响因素变化所带来的足迹增量或减量效应,得出以下基本结论(李铁松,薛娜, 2006):①总足迹变化是由各因素共同作用影响的结果。当各因素对总足迹增长均构成抑制作用即各因素目标协同一致时能迅速降低总足迹的增长(如 1995—1997 年);②总体看来,这段时期经济规模增长对总足迹增加起到推动作用,而足迹强度和产业结构的变化对总足迹的增长起到遏制作用;③当经济规模效应得到抑制和减缓时,调整产业结构及改善足迹强度将带来足迹的减量效应(如 1997—2000 年)。

### 2.4.5 国内省级层面的研究

生态足迹模型近年来被越来越多地应用于区域经济可持续发展的定量研究中,它可以形象的反映出人类经济活动对生态环境影响的程度。

吴开亚等利用相关的资源生产与消费数据对安徽省 1990—2004 年生态足迹进行了计算分析,将资源利用和积极发展的动态特征融入到生态足迹模型中,在此基础上进行横向和纵向比较分析,以期解决可持续发展的代际公平性问题,为全省社会经济可持续发展提供定量的决策参考依据(吴开亚等, 2007)。安徽省 1990—2004 年的生态足迹计算和动态分析表明,全省人均生态足迹不断增加,而人均生态承载能力呈反方向发展趋势,导致生态赤字不断增加。考虑到未来经济发展、城市化进程、人口增长及人们生活水平的提高,这种不可持续状态将还会加剧。通过贸易方式将环境压力转向其他地区,或通过对资源过度的开发利用来弥补,必将破坏生态系统的正常功能,降低生态系统的资源供给力,进而加剧环境压力,形成不可持续发展的恶性循环。

周丹等运用生态足迹模型,对黑龙江省生态建设第一阶段(2001—2005 年)的生态足迹进行了时间序列的测度,将黑龙江省资源利用的动态特性融入到生态足迹模型中,在此基础上分析了黑龙江省的可持续发展状态(周丹等, 2008)。结果表明:2001—2005 年黑龙江省的人均生态足迹呈整体上升趋势,由 2.2 $hm^2$/人攀升到 3.0 $hm^2$/人,增长近 1.3 倍。其中,草地和能源生态足迹对黑龙江省人均生态足迹贡献最大,生态足迹的供需结构具有明显的不对称性。2001—2005 年黑龙江省人均生态承载能力变化不大,整体呈下降趋势。5 年间黑龙江省均表现为生态赤字，且随着人均生态足迹的不断增大，生态赤字逐渐加大，黑龙江省处于不可持续发展状态。

以延安市2001—2006年统计年鉴数据为依据，邢华超等运用生态足迹模型对延安地区生态足迹进行计算，并对结论进行分析，得出延安地区生态足迹需求远远大于生态供给，发展处于不可持续状态（邢华超等，2009）。最后提出了地区可持续发展的几点建议。

### 2.4.6 国内微观层面的研究

国内在微观层面上的生态足迹研究也相对较少。鲁丰先等运用生态足迹成分法，从能源、食物、垃圾、水、纸张和校际交通6个方面计算和分析了河南大学2006年的生态足迹（鲁丰先等，2008）。岳琴和于超对2007年中国城镇不同收入群体为样本进行实证分析，计算相应家庭的生态足迹，确定不同收入水平群体生态足迹掠夺差异（岳琴、于超，2010）。

国内外针对家庭及个人生态足迹计算的研究也处于发展阶段。目前，国际互联网上已经有用于网上测算个人生态足迹的程序，以问卷调查的方式提供选择的选项，根据答题者的选择项目就可计算出个人大致的生态足迹。这种针对于小范围或个人的生态足迹计算将更有利于制定局部的可持续发展规划。

## 2.5 基于投入—产出方法的生态足迹研究

投入产出分析法（Input—Output Analysis，IOA）是由美国经济学家Leontief于1941年研究提出的（Leontief，1941）。20世纪60年代后期开始，Leontief等经过进一步改进，将自然资源利用和环境污染输出等生物物质信息也纳入到投入—产出表框架中（Leontief，1970）。IOT记录了生产产品所耗资源的价值流（实物流），因此可利用IOT追踪一个国家国内的最终消费（Patterson，2004）。投入产出分析一个突出的优点是它能利用投入产出表提供的信息，计算经济活动对环境产生的直接和间接影响，即用Leontief逆矩阵得到产品与其物质投入之间的转换关系，利用直接土地消耗系数和完全土地消耗系数，分析不同部门、不同地区、不同企业内部的经济联系，以及不同产品和服务的供给与需求间的相互联系。投入产出法可包含服务部门的投入，因此较其他方法的计算更完整和准确，投入产出矩阵系统提供了经济活动、生产过程中的全部投入和产出流向，并可在一定程度上避免双重计算等问题。

投入产出生态足迹法(Input－Output Ecological Footprint，IO－EF)最早由Bicknell提出(Bicknell等，1998)。Bicknell发现，Wackernagel在计算加拿大的生态足迹时需要搜集大量的数据，这些数据有的甚至来源于一些国家的研究，并且需要相当长的时间才能完成。因此，如果要计算不同地区的生态足迹，其计算结果很难得到，或者对比得出的结果毫无意义。基于此，Bicknell提出了IO－EF模型，并将其运用于新西兰生态足迹的计算。该模型提供了一种能够利用不断更新的数据来计算不同地区、不同时间的生态足迹的标准分析方法，克服了原有方法的不足。该模型将投入产出表应用于生态足迹分析中，通过土地投入系数的计算得到不同产业的生态占用面积。

但是，Bicknell等的研究中计算的土地乘子，没有考虑到不同部门间，生产性土地的生产力差异，在部门加总时出现错误。之后，Ferng利用土地乘子分解矩阵对Bicknell的方法做了改进(Ferng，2001)，并进行了扩展应用(Ferng，2002)。其他国外学者也对投入产出生态足迹模型进行了有益的改进与实践。一些研究建议放宽生态足迹计算中现有生产是可持续的这个假设，引入加权的计算体系反映土地的不合理利用(Lenzen，Murray，2001)或者采用混合单位的投入产出模型和数据计算稻田的可持续生产(Ferng，2005)；有些学者通过假设分析来提高生态足迹的政策相关性(Wiedmann等，2006)；此外，还有一些研究关注生态足迹估计的准确性，比如采用实物型投入产出表以获得部门产出与其中间投入间的稳定关系(Hubacek，2003)，或者采用多地区的投入产出模型以改进嵌入资源和二氧化碳排放量的计算(Peters，Hertwich，2008；Turner等，2007；Wiedmann等，2007)以及对生态足迹假设分析中土地乘子使用准确性的质疑(Ferng，2009)。

通过以上文献分析，生态足迹的投入产出法计算，较传统的综合法、成分法等计算方法的优势在于(尚海洋，2006)：(1)计算方法中利用的投入产出模型是经济学中常用的、有效的分析工具，其衍生的参数对于分析部门间的联系、技术经济变化等十分有效，同时可以分析生态足迹的内部构成，更有助于分析环境影响的产生；(2)投入产出表的编制广泛开展，编制的方法也较统一，这样避免以往研究中由于选择计算项目的不同，造成的国家和地区间计算结果进行比较时的不一致；(3)投入产出表分别记录了流入与流出量，这样可以进一步在研究总量的同时，分析研究区对其他区域的依赖程度。

## 2.6 研究总结与述评

生态足迹本质上是一种基于社会经济代谢的非货币化的生态系统评估工具，

它的估计以利用基本模型为主，后来很多研究针对基本模型的缺陷，改进和发展了基本模型。改进的模型不仅承袭了生态足迹概念内涵丰富、度量方法综合的优点，而且不同程度修正了生态足迹在政策实用性、用户有效性、方法可靠性及可测度性等方面的缺陷。

近几年，生态足迹法主要在以下三个方面有所发展：①动态改进。动态改进之一是时间序列足迹模型，多数时间序列足迹研究在探讨产量因子和当量因子对足迹核算的影响方法。典型研究有：陈敏等(2005)、彭希哲和刘宇晖等(2004)。时间序列足迹模型虽具有部分动态性能，但本质上仍属于回顾性评估。动态改进之二是融合情景模拟的足迹模型，Ferng (2002)将情景模拟融合到足迹模型之中，增加和提高了模型的预测性能和处理发展方式选择不确定性的能力。动态模型较之基本模型，能够反映核算结果对区域生态服务消费水平变化的敏感性；能够反映区域真实生态空间消费及其位置；多情景模拟反映发展方式选择不确定性；还反映产量因子和当量因子对足迹核算的影响。

②过程改进：投入产出生态足迹模型。生态足迹核算要求涵盖所有进入生产和消费过程物品所包含的生态服务。但生态足迹基本模型直接把生态空间利用分配给最终消费，反映的仅仅是直接生态空间占用和区域综合生态影响，无法识别哪些生产和消费部门应对区域综合影响负责。这主要归因于生态足迹基本模型缺乏结构性，没有考虑产业间的相互依赖。Bicknel(1998)提出使用投入产出分析法，通过 Leontief 逆矩阵得到产品与其物质投入之间的转换关系，反映各部门生产的生态影响细节。投入产出足迹模型的特点是：采用倍乘子计算足迹；结构性强；能反映部门间的足迹流动；能揭示生态影响的真实发生位置；能揭示某一部门的完全生态消费。主要研究还有：Lenzen，Murray(2001)、Hubacek，Giljum (2003)。

③组分法足迹模型。前两种模型均为综合法模型，为了反映生态影响的详细程度，组分法以人类的衣食住行为出发点，核算人口具体行为的生态影响。组分法模型分两步核算生态足迹。组分法采用生命周期技术，关注的是人口衣食住行细节行为，它适用于对国家、省、市、地方、企业、家庭乃至个人的生态环境影响评估。

从生态足迹作为生态系统评估工具的研究来看，除了要不断修正、完善及标准化足迹核算方法外，更要加强对淡水资源足迹、污染物足迹和资源替代的足迹效应的研究。对中国的研究来说，要加强①大跨度时间序列的动态过程研究；②区域及其部门之间的生态足迹流动性研究；③生态足迹及生态承载能力的时空配置研究；④小尺度的拥护针对性研究；⑤方法标准化与本土化应用研究。

生态系统承载能力的研究是在资源承载能力、环境承载能力的研究基础上发展起来的，内容更丰富、全面，研究更综合、复杂，也更接近人类社会系统特点。生态系统承载能力的概念往往应用于可持续发展的判断中，一般认为任何人都要消费自然提供的产品和服务，均对地球生态系统构成影响，因此测量人类对自然生态服务的需求与自然所能提供的生态服务之间的差距具有重要的意义。只要人类对自然系统的压力在地球生态系统的承载能力范围内，地球生态系统就是安全的、人类经济社会的发展就处于可持续的范围内。作为一个相对新颖的概念，由于生态承载能力本身的复杂性、模糊性以及影响因素的多样性，生态承载能力的定义存在很多争议，生态承载能力的量化方法差别也较大。纵观国内外研究现状，绝大多数研究还局限于概念和内涵的探讨，迫切需要在统一概念和内涵的基础上，在可持续发展的系统下进一步完善生态承载能力评价指标体系。

# 第3章 主要数据来源与处理方法

本书基于投入产出分析方法，研究北京市低碳发展的生态承载能力。因此，我们的基础数据需求有两类：一是表征北京市生产和消费系统的投入产出表；另一是与投入产出表相对应的行业生态足迹数据。不同年份的投入产出表有一定的差异，需要处理成为可供建模分析使用的一致化的现价投入产出表和不变价投入产出表。生态足迹数据需要搜集各种来源的基础数据进行核算与估计，由于行业数据差异和数据特点不同，在行业层面核算生态足迹数据相对较为复杂。具体的数据来源与处理方法是本章研究的重点。

## 3.1 北京市投入产出表的处理方法

### 3.1.1 投入产出表的基本结构

投入产出表也称部门联系平衡表或产业关联表，在上世纪三十年代由美国经济学家、哈佛大学教授 Leontief 首先提出。投入产出表是根据国民经济各部门生产中的投入来源和使用去向纵横交叉组成的一张棋盘式平衡表，用于反映国民经济各部门的投入和产出、投入的来源和产出去向，以及部门和部门之间相互提供、相互消耗产品的错综复杂的技术经济关系。投入产出表的基本结构见表 3－1。

表 3－1 投入产出简表

| 产出<br>投入 | | 中间产品 | | | | 最终产品 | 总产出 |
|---|---|---|---|---|---|---|---|
| | | 1 | 2 | … | n | | |
| 中 | 1 | $x_{11}$ | $x_{12}$ | … | $x_{1n}$ | $y_1$ | $X_1$ |
| 间 | 2 | $x_{21}$ | $x_{22}$ | … | $x_{2n}$ | $y_2$ | $X_2$ |
| 投 | … | … | … | Ⅰ | … | Ⅱ | |
| 入 | n | $x_{n1}$ | $x_{n2}$ | … | $x_{nn}$ | $y_n$ | $X_n$ |
| 最初投入(增加值) | | $v_1$ | $v_2$ | Ⅲ | $v_n$ | | |
| 总投入 | | $X_1$ | $X_2$ | | $X_n$ | | |

投入产出表由三部分组成，分别称为第Ⅰ、Ⅱ、Ⅲ象限。

投入产出表的第Ⅰ象限是中间产品象限，是由名称相同、数目一致的若干产业（产品）部门纵横交叉形成的棋盘式表格。其主栏是中间投入，宾栏为中间产品，也即中间使用。第Ⅰ象限是投入产出表的核心，主要反映国民经济各产业（产品）部门之间相互依存、相互制约的技术经济联系，该象限是投入产出表的最主要部分。第Ⅰ象限中每个数字都有双重意义：从横向上看，它表明每个部门的产品提供给有关部门作为生产消耗使用的数量，称为中间产品或中间使用；从纵向上看，它表明每个部门在生产过程中消耗各个相关部门的产品数量，称为中间投入或中间消耗。

第Ⅱ象限又称最终使用象限，它的主栏与第Ⅰ象限相同。宾栏为最终产品或使用，包括最终消费、固定资产形成、库存增加、净出口（出口减进口）和其他。从横向上看，该象限反映各生产部门的产品作为最终产品的使用去向。从纵向上看，该象限反映各种不同类型的需求（消费、投资、出口）的规模及结构构成。与第Ⅰ象限不同，第Ⅱ象限不是反映部门间的生产技术联系，而是反映部门的社会经济联系。

第Ⅲ象限又称增加值象限，它的主栏是增加值或最初投入构成，包括雇员报酬、生产及进口税净额、固定资本消耗及营业盈余。其宾栏与第Ⅰ象限相同。该象限主要反映各部门增加值分配或最初投入的构成情况。

Ⅰ、Ⅱ象限连接而成的横表，反映国民经济各部门产品或服务的使用去向，即各部门的中间使用和最终使用数量。Ⅰ、Ⅲ象限组成的竖表，反映国民经济各部门在生产经营活动中的各种投入来源及产品价值构成，即各部门的中间投入和增加值的数量。

投入产出表基本的平衡关系如下：

中间使用＋最终使用＝总产出

$$\sum_{j=1}^{n} x_{ij} + y_i = X_i \ (i=1,2,\ldots n) \tag{3—1}$$

列平衡关系：

中间投入＋部门增加值＝总投入

$$\sum_{i=1}^{n} x_{ij} + v_j = X_j \ (j=1,2,\ldots n) \tag{3—2}$$

总量平衡关系：

（1）中间投入与中间使用平衡

$$\sum_{i=1}^{n}\sum_{j=1}^{n} x_{ij} = \sum_{j=1}^{n}\sum_{i=1}^{n} x_{ji} (i,j=1,2,\ldots n) \tag{3—3}$$

（2）增加值与最终产品平衡（最终使用）

$$\sum_{j=1}^{n} v_j = \sum_{i=1}^{n} y_i (i, j = 1, 2, \ldots n) \quad (3-4)$$

(3)总投入与总产出平衡

$$\sum_{j=1}^{n} X_j = \sum_{i=1}^{n} X_i (i, j = 1, 2, \ldots n) \quad (3-5)$$

### 3.1.2 北京市现价投入产出表的行业分类调整

本书中所使用的北京市投入产出表基础数据来自北京市统计局公开发布的2000、2002、2005、2007 和 2010 年共 5 年的投入产出表(http://www.bjstats.gov.cn)。其基本结构与表 3—1 保持一致。这 5 张表包括:2000 年投入产出延长表(40 部门,延长表)、2002 年投入产出表(42 部门,基年表)、2005 年投入产出延长表(42 部门,延长表)、2007 年投入产出表(42 部门,基年表)和 2010 年投入产出延长表(42 部门,延长表)。

2000 年投入产出表的行业分类为 40 项,2002 年、2005 年、2007 年和 2010 年的投入产出表的行业分类均为 42 项。但是 2002 年和 2005 年投入产出表的行业分类与 2007 年和 2010 年投入产出表的类别划分存在着一定的不一致性。为了纵向比较各年份的分行业生态足迹情况,了解行业生态足迹的最新发展趋势,我们依据各年投入产出表的部门分类与国民经济行业分类对照表,利用一些技术手段,将所有的投入产出表统一分成了 42 个部门。为了叙述简便,下面以一个简单的例子介绍该方法的具体操作步骤。

**表 3—2 2000 年投入产出简表**

| 项目 | 第一产业 | 第二产业 | 第三产业 | 最终消费 |
|---|---|---|---|---|
| 第一产业 | 10 | 1 | 3 | 10 |
| 第二产业 | 3 | 20 | 4 | 15 |
| 第三产业 | 1 | 5 | 10 | 20 |
| 增加值 | 10 | 16 | 20 | — |

假设 2000 年的投入产出表有三个部门,分别是第一产业、第二产业和第三产业(参见表 3—2)。2002 年的投入产出表有四个部门,分别是第一产业、第二产业、居民服务业和其他服务业(参见表 3—3)。为了研究 2000 年和 2002 年分部门的生态足迹变动情况,我们需要将 2000 年的投入产出表的行业分类与 2002 年投入产出表的行业分类进行统一(Lenzen 等, 2012)。具体计算步骤为:

表 3—3　2002 年投入产出简表

| 项目 | 第一产业 | 第二产业 | 居民服务业 | 其他服务业 | 最终消费 |
| --- | --- | --- | --- | --- | --- |
| 第一产业 | 4 | 3 | 2 | 1 | 15 |
| 第二产业 | 2 | 7 | 9 | 5 | 20 |
| 第三产业 | 1 | 10 | 12 | 10 | 25 |
| 增加值 | 6 | 10 | 11 | 9 | — |

**1. 建立二元调和矩阵**

设 C 为 n×m 的二元调和矩阵(Binary Concordance Matrix),m>n。m 是我们想要分解成的部门数,在本例中 m=4,即为 2002 年投入产出表的部门分类数。n 是现有投入产出表的部门分类数,即我们想要转化的投入产出表的分类情况,这里 n=3,为 2000 年投入产出表的部门数。C 矩阵的建立方法是:将 2002 年投入产出表的部门分类情况写在行方向上,将想要转化年份的投入产出表的部门分类情况写在列方向上。从列方向看,如果该部门的分类标准与行方向上对应部门的分类标准一致,那么在该部门相对应的行方向和列方向的交汇处写上 1;如果该部门的分类标准与行方向上的多个部门相对应,那么在此部门与行方向上相对应的所有部门的交汇处均写上 1;在完成部门对应后,其余空余位置均填充为 0。在本例中 2000 年的 C 矩阵可以表示为:

表 3—4　2000 年的 C 矩阵

| 项目 | 第一产业 | 第二产业 | 居民服务业 | 其他服务业 |
| --- | --- | --- | --- | --- |
| 第一产业 | 1 | 0 | 0 | 0 |
| 第二产业 | 0 | 1 | 0 | 0 |
| 第三产业 | 0 | 0 | 1 | 1 |

**2. 计算分部门的总产出向量**

若要实现投入产出表的新的行业分类,一个首要的前提就是必须知道 2000 年按 2002 年部门分类的总产出情况。而我们目前所能获得的是原始的投入产出表上的总产出数据,该数据的分类与 2000 年的部门分类一致。为此,我们需要利用比例法将原始年份的总产出数据手工分解到参考年份的投入产出表的部门分类下。其具体做法是:如果原始年份的分类标准与参考年份的分类标准一致,那么新的 X 向量的对应部门的总产出与原投入产出表相对应部门的总产出数值保持一致;如果原始年份的投入产出表的部门分类标准与参考年份的投入产出表的部门分类标准不一致，往往是原始年份的投入产出表上的某一部门对应着参考年份投入产出表上的多个部门，这时需要按照比例将原始部门的总产出数值分配到参考年份的各个部门。比例值一般取为上一期投入产出表中对应行业的比例值，如果上一期的部门分类标准与我们设定的参考年份的部门分类标准也不一致，那么就采用上上期的投入产出表中相应部门的比例值作为依据，以此类推。

需要说明的是，由于经济发展等一系列因素的影响，某两个或几个部门的总产出之间的比例关系会发生一定的变化，因此本文中所采用的方法存在着一定的误差。但在真实数据不可获得的情况下，我们只能采取这种近似的方法进行处理。本例中2002年居民服务业和其他服务业的比例为11∶9，所以我们将2000年第三产业的总产出按照11∶9的比例分摊给居民服务业和其他服务业，其余行业的产出值不变。最后得到的2000年分4部门的总产出向量为 $X_4=(10, 16, 11, 9)$。

**3. 编制2000年4部门的投入产出表**

令 $\mathbf{1}_m$ 为一个m维的列求和算子，$\hat{X}_m$ 为对角化的2000年按照2002年部门分类的总产出向量，那么2000年的分4部门的中间过渡矩阵可表示为 $M=(\hat{X}_n)^{-1}C\hat{X}_m$，其中 $m=4, n=3$。利用过渡矩阵M，根据公式(3－6)—(3－8)，我们便可以求出2000年分4部门的中间矩阵T、最终需求矩阵y以及增加值矩阵v。

$$T\_new2000 = M2000' * T2000 * M2000 \quad (3-6)$$

$$v\_new2000 = v\_old2000 * M2000 \quad (3-7)$$

$$y\_new2000 = M2000' * y\_old2000 \quad (3-8)$$

本书中所用到的投入产出表的转化方式与上例相同，只是在部门分类上需要根据实际情况进行划分，从而构造出相应年份的C矩阵。具体来说，2000年的邮电业分解到了邮政业和信息传输、计算机服务和软件业；商业分解到了批发和零售业、租赁和商务服务业；卫生体育和社会福利事业分解到卫生社会保障和社会福利业、文化体育和娱乐业；教育文化艺术及广播电影电视事业分解到教育、文化体育和娱乐业；社会服务业分解到居民服务和其他服务业，水利、环境和公共设施管理业，住宿和餐饮业，租赁和商务服务业，文化、体育和娱乐业；机械设备修理业分到通用、专用设备制造业，交通运输设备制造业，电气机械及器材制造业，通信设备、计算机及其他电子设备制造业，仪器仪表及文化办公用机械制造业；综合技术服务业分到综合技术服务业，农业和水利、环境和公共设施管理业。2002年和2005年的行业分类一致，而且与2010年投入产出表的行业分类变化不大，只需将其他社会服务业分解到水利环境和公共设施管理业、居民服务和其他服务业；旅游业分到租赁和商务服务业即可。

### 3.1.3 不变价投入产出表的编制

在进行不同年份比较时需要考虑价格因素的影响，本文将各年的投入产出表转换为以2010年为基期的不变价投入产出表。不变价投入产出表的编制采用双缩法(Liang，2011；Peters等，2007)。

**1. 双缩法的基本原理**

首先，行向上，用各行业的生产者价格指数对投入产出表中间需求和最终需求进行价格指数缩减，得到各行业缩减后的中间分配、最终使用和总产出；

其次，列向上，用各行业缩减后的总产出减去缩减后的中间投入，得到各行业不变价增加值。各行业的总投入等于各行业价格缩减后的总产出。

**2. 各行业的价格缩减指数说明**

按照双缩法的要求，在对投入产出表进行价格缩减时，应该采用生产者价格指数，但在实际中我们很难搜集到各个行业的该项指数。为此，我们遵循的一个原则是：如果有该行业的生产者价格指数，我们就直接利用其对该部门进行缩减，如果没有该部门的生产者价格指数，我们就采用其他相近的价格指数进行替代。具体的选取方法请参见表3—5。

**表3—5 不变价投入产出表行业缩减指数及数据来源**

| 序号 | 行业 | 行业缩减指数 | 备注 |
|---|---|---|---|
| 1 | 农林牧渔业 | 农产品生产价格指数 | 1. 缩减指数的数据来源为历年《北京统计年鉴》。<br>2. 2000、2001和2002年的农产品价格指数采用的是农副产品生产者价格指数。<br>3. 有的年份没有石油和天然气开采业的出厂价格指数，本书中采用煤炭开采和洗选业的出厂价格指数。 |
| 2 | 煤炭开采和洗选业 | | |
| 3 | 石油和天然气开采业 | | |
| 4 | 金属矿采选业 | | |
| 5 | 非金属矿及其他矿采选业 | | |
| 6 | 食品制造及烟草加工业 | | |
| 7 | 纺织业 | | |
| 8 | 纺织服装鞋帽皮革羽绒及其制品业 | | |
| 9 | 木材加工及家具制造业 | | |
| 10 | 造纸印刷及文教体育用品制造业 | | |
| 11 | 石油加工、炼焦及核燃料加工业 | | |
| 12 | 化学工业 | | |

续表

| 序号 | 行业 | 行业缩减指数 | 备注 |
| --- | --- | --- | --- |
| 13 | 非金属矿物制品业 | 工业品出厂价格指数 | 4. 为了保持数据来源的一致性，本书中的价格指数数据均采用《北京统计年鉴》上公布的数据。 |
| 14 | 金属冶炼及压延加工业 | | |
| 15 | 金属制品业 | | |
| 16 | 通用、专用设备制造业 | | |
| 17 | 交通运输设备制造业 | | |
| 18 | 电气机械及器材制造业 | | |
| 19 | 通信设备、计算机及其他电子设备制造业 | | |
| 20 | 仪器仪表及文化办公用机械制造业 | | |
| 21 | 工艺品及其他制造业 | | |
| 22 | 废品废料 | | |
| 23 | 电力、热力的生产和供应业 | | |
| 24 | 燃气生产和供应业 | | |
| 25 | 水的生产和供应业 | | |
| 26 | 建筑业 | 固定资产投资价格指数中的建筑安装工程 | |
| 27 | 交通运输及仓储业 | 居民消费价格指数中的交通项目价格指数 | |
| 28 | 邮政业 | | |
| 29 | 信息传输、计算机服务和软件业 | 居民消费价格指数中的电讯项目价格指数 | |
| 30 | 批发和零售业 | 商品零售价格指数 | |
| 31 | 住宿和餐饮业 | 居民消费价格指数中的食品项目价格指数 | |
| 32 | 金融业 | 居民消费价格指数 | |
| 33 | 房地产业 | 房地产价格指数 | |
| 34 | 租赁和商务服务业 | 居民消费价格指数 | |
| 35 | 研究与试验发展业 | | |
| 36 | 综合技术服务业 | | |
| 37 | 水利、环境和公共设施管理业 | | |
| 38 | 居民服务和其他服务业 | | |

续表

| 序号 | 行业 | 行业缩减指数 | 备注 |
|---|---|---|---|
| 39 | 教育 | 居民消费价格指数中的教育项目价格指数 | |
| 40 | 卫生、社会保障和社会福利业 | 居民消费价格指数中的医疗卫生和个人用品项目价格指数 | |
| 41 | 文化、体育和娱乐业 | 居民消费价格指数中的文化娱乐项目价格指数 | |
| 42 | 公共管理和社会组织 | 居民消费价格指数 | |

通过整理后就可以得到各年分行业的生产者价格指数，但直接获得的价格指数均以上一年为基期。为了将各年的投入产出表转化成2010年不变价表，我们需要以2010年为基期的价格指数。为此需要将整理得到的历年价格指数进行转化，转化后每年的价格指数均以2010年为基期（参见表3－6）。然后利用双缩法便可求得每年的不变价投入产出表。

**表3－6　2000－2010年不变价生产者价格指数**

| 部门＼年份 | 2000 | 2001 | 2002 | 2003 | 2004 | 2005 | 2006 | 2007 | 2008 | 2009 | 2010 |
|---|---|---|---|---|---|---|---|---|---|---|---|
| 农林牧渔业 | 0.71 | 0.73 | 0.67 | 0.69 | 0.73 | 0.75 | 0.74 | 0.85 | 0.96 | 0.94 | 1.00 |
| 煤炭开采和洗选业 | 0.23 | 0.23 | 0.38 | 0.36 | 0.42 | 0.64 | 0.65 | 0.69 | 0.98 | 0.96 | 1.00 |
| 石油和天然气开采业 | 0.23 | 0.23 | 0.38 | 0.36 | 0.42 | 0.64 | 0.65 | 0.69 | 0.98 | 0.96 | 1.00 |
| 金属矿采选业 | 0.11 | 0.11 | 0.18 | 0.27 | 0.58 | 0.67 | 0.59 | 0.72 | 1.39 | 0.80 | 1.00 |
| 非金属矿及其他矿采选业 | 0.47 | 0.47 | 0.75 | 0.72 | 0.67 | 0.66 | 0.67 | 0.65 | 0.68 | 0.95 | 1.00 |
| 食品制造及烟草加工业 | 0.82 | 0.82 | 0.80 | 0.81 | 0.83 | 0.83 | 0.83 | 0.90 | 0.99 | 0.98 | 1.00 |
| 纺织业 | 0.93 | 0.93 | 0.91 | 0.92 | 0.94 | 0.96 | 0.97 | 0.99 | 1.01 | 0.98 | 1.00 |
| 纺织服装鞋帽皮革羽绒及其制品业 | 1.01 | 1.01 | 0.99 | 0.99 | 0.99 | 0.99 | 0.98 | 0.98 | 0.98 | 0.99 | 1.00 |
| 木材加工及家具制造业 | 0.88 | 0.88 | 0.86 | 0.86 | 0.87 | 0.89 | 0.90 | 0.93 | 0.99 | 1.01 | 1.00 |
| 造纸印刷及文教体育用品制造业 | 1.04 | 1.04 | 1.02 | 1.00 | 1.00 | 1.01 | 1.00 | 1.00 | 1.00 | 0.99 | 1.00 |
| 石油加工、炼焦及核燃料加工业 | 0.38 | 0.38 | 0.38 | 0.45 | 0.51 | 0.60 | 0.73 | 0.75 | 0.91 | 0.83 | 1.00 |

续表

| 年份<br>部门 | 2000 | 2001 | 2002 | 2003 | 2004 | 2005 | 2006 | 2007 | 2008 | 2009 | 2010 |
|---|---|---|---|---|---|---|---|---|---|---|---|
| 化学工业 | 0.82 | 0.81 | 0.79 | 0.83 | 0.89 | 0.94 | 0.95 | 0.98 | 1.00 | 0.93 | 1.00 |
| 非金属矿物制品业 | 0.88 | 0.89 | 0.89 | 0.87 | 0.88 | 0.88 | 0.89 | 0.90 | 1.00 | 0.98 | 1.00 |
| 金属冶炼及压延加工业 | 0.52 | 0.53 | 0.53 | 0.58 | 0.67 | 0.67 | 0.81 | 0.91 | 1.06 | 0.83 | 1.00 |
| 金属制品业 | 0.86 | 0.88 | 0.87 | 0.88 | 0.92 | 0.94 | 0.93 | 0.95 | 1.04 | 0.99 | 1.00 |
| 通用、专用设备制造业 | 1.10 | 1.07 | 1.01 | 1.00 | 1.02 | 1.02 | 1.04 | 1.05 | 1.06 | 1.03 | 1.00 |
| 交通运输设备制造业 | 1.27 | 1.23 | 1.16 | 1.15 | 1.13 | 1.14 | 1.13 | 1.09 | 1.03 | 1.01 | 1.00 |
| 电气机械及器材制造业 | 1.13 | 1.10 | 1.03 | 1.00 | 1.00 | 1.01 | 1.06 | 1.04 | 1.05 | 1.01 | 1.00 |
| 通信设备、计算机及其他电子设备制造业 | 2.18 | 2.12 | 2.00 | 1.86 | 1.69 | 1.61 | 1.44 | 1.30 | 1.19 | 1.08 | 1.00 |
| 仪器仪表及文化办公用机械制造业 | 1.18 | 1.15 | 1.08 | 1.05 | 1.04 | 1.03 | 1.03 | 1.04 | 1.03 | 1.01 | 1.00 |
| 工艺品及其他制造业 | 0.63 | 0.62 | 0.58 | 0.60 | 0.65 | 0.78 | 0.85 | 0.94 | 0.97 | 1.00 | 1.00 |
| 废品废料 | 0.57 | 0.56 | 0.52 | 0.55 | 0.59 | 0.71 | 0.77 | 0.85 | 0.98 | 0.95 | 1.00 |
| 电力、热力的生产和供应业 | 0.79 | 0.80 | 0.80 | 0.82 | 0.82 | 0.86 | 0.88 | 0.90 | 0.92 | 0.95 | 1.00 |
| 燃气生产和供应业 | 0.78 | 0.79 | 0.79 | 0.84 | 0.87 | 0.87 | 0.88 | 0.92 | 0.97 | 0.98 | 1.00 |
| 水的生产和供应业 | 0.65 | 0.66 | 0.66 | 0.68 | 0.88 | 0.97 | 0.97 | 0.97 | 0.97 | 0.97 | 1.00 |
| 建筑业 | 0.76 | 0.77 | 0.78 | 0.81 | 0.87 | 0.88 | 0.88 | 0.91 | 1.02 | 0.96 | 1.00 |
| 交通运输及仓储业 | 0.99 | 1.01 | 1.05 | 1.06 | 1.02 | 1.01 | 1.04 | 1.00 | 1.00 | 0.97 | 1.00 |
| 邮政业 | 0.99 | 1.01 | 1.05 | 1.06 | 1.02 | 1.01 | 1.04 | 1.00 | 1.00 | 0.97 | 1.00 |
| 信息传输、计算机服务和软件业 | 1.56 | 1.55 | 1.50 | 1.43 | 1.36 | 1.30 | 1.23 | 1.17 | 1.11 | 1.04 | 1.00 |
| 批发和零售业 | 1.02 | 1.01 | 1.00 | 0.98 | 0.97 | 0.97 | 0.97 | 0.98 | 1.02 | 1.00 | 1.00 |
| 住宿和餐饮业 | 0.63 | 0.64 | 0.63 | 0.65 | 0.68 | 0.71 | 0.73 | 0.80 | 0.93 | 0.95 | 1.00 |
| 金融业 | 0.88 | 0.91 | 0.89 | 0.89 | 0.90 | 0.91 | 0.92 | 0.94 | 0.99 | 0.98 | 1.00 |
| 房地产业 | 0.63 | 0.71 | 0.73 | 0.77 | 0.79 | 0.81 | 0.83 | 0.86 | 0.90 | 0.91 | 1.00 |
| 租赁和商务服务业 | 0.88 | 0.91 | 0.89 | 0.89 | 0.90 | 0.91 | 0.92 | 0.94 | 0.99 | 0.98 | 1.00 |
| 研究与试验发展业 | 0.88 | 0.91 | 0.89 | 0.89 | 0.90 | 0.91 | 0.92 | 0.94 | 0.99 | 0.98 | 1.00 |
| 综合技术服务业 | 0.88 | 0.91 | 0.89 | 0.89 | 0.90 | 0.91 | 0.92 | 0.94 | 0.99 | 0.98 | 1.00 |
| 水利、环境和公共设施管理业 | 0.88 | 0.91 | 0.89 | 0.89 | 0.90 | 0.91 | 0.92 | 0.94 | 0.99 | 0.98 | 1.00 |

续表

| 部门＼年份 | 2000 | 2001 | 2002 | 2003 | 2004 | 2005 | 2006 | 2007 | 2008 | 2009 | 2010 |
|---|---|---|---|---|---|---|---|---|---|---|---|
| 居民服务和其他服务业 | 0.88 | 0.91 | 0.89 | 0.89 | 0.90 | 0.91 | 0.92 | 0.94 | 0.99 | 0.98 | 1.00 |
| 教育 | 0.72 | 0.97 | 0.96 | 0.96 | 0.96 | 0.96 | 0.96 | 0.96 | 0.96 | 0.97 | 1.00 |
| 卫生、社会保障和社会福利业 | 0.99 | 0.98 | 0.98 | 0.98 | 0.97 | 0.95 | 0.96 | 0.97 | 0.99 | 0.99 | 1.00 |
| 文化、体育和娱乐业 | 0.98 | 1.11 | 1.08 | 1.06 | 1.07 | 1.07 | 1.06 | 1.05 | 1.03 | 1.00 | 1.00 |
| 公共管理和社会组织 | 0.88 | 0.91 | 0.89 | 0.89 | 0.90 | 0.91 | 0.92 | 0.94 | 0.99 | 0.98 | 1.00 |

## 3.2 分行业土地面积数据的获得

土地面积的收集与整理是一项十分困难的工作，我们查阅了大量的文献、翻看了相关的统计年鉴，最后整理估算出了2000、2002、2005、2007和2010年的分行业土地面积占用情况。

对于农业来说，统计年鉴上给出的数据比较详细，而且研究北京市土地利用效率的文献也有很多，因此获取农业用地面积相对容易一些。在研究中，2000年的农业占地面积来自于吴佩林等撰写的论文《近20年来北京市耕地面积变化及其相关社会经济驱动因素分析》（吴佩林、鲁奇、王国霞，2004）中的表2“北京市1981—2001年土地利用变化表”；2002年的农业占地面积来自《中国国土资源年鉴2003》（国土资源部史志办公室，2003）中的表25“2002年的土地利用状况”中的农用地合计项。需要注意的是，该表中的单位是以亩计量的，为了与其他年份保持一致，我们需要将其转化为公顷；2005—2008年的农业占地面积数据来自于李晶晶的论文《北京市土地利用变化生态系统服务价值研究》（李晶晶，2012）中的表3—1“北京市土地利用现状”；近年来统计年鉴中并没有公布农业占地面积数据，为此我们根据2008年相对于2007年的增长速度外推计算出了2010年的农业占地面积。需要指出的是，由于近年来人们加大了对耕地的保护力度，耕地面积削减的速度一直在下降，所以我们推算的结果可能存在着一定的误差。

对于建筑业来说，采用当年竣工建筑面积作为部门生产性土地面积的投入，数据来自历年《北京统计年鉴》（北京市统计局，2001，2003，2006，2008，2011）中的“房屋建筑施工及竣工面积”。对于交通运输及仓储业，采用道路面积作为直接土地投入，1999、2001、2002、2003、2004年的数据来自《中国国土资源年鉴》（国土资源部史志办公室，2000，2002，2003，2004，2005)“土地利用状况”中的交通用地项，2000年的数据利用1999年和2001年的平均值求得，2005年及以后年份的数据利用“审批建设用地面积”中的交通运输用地审批面积加上2004年的交通运输面积得到。对于教育占地面积，2002、2005、2007和2010年的数据来自《北京统计年鉴》(北京市统计局，2003，2006，2008，2011)中的“高等教育办学条件”和“基础教育办学条件”，2000年由于数据不全，故采用了普通高校、成人高校和小学占地面积之和作为教育业的占地面积。

对于开采业的占地面积，我们获得了1995年工业普查资料中的分行业占地面积情况。然后利用1995年的分行业就业数据，求出了当年分行业的人均占地面积。然后我们假设各行业的人均占地面积不变，利用所求年份的行业就业人数分别与1995年对应行业的人均占地面积数据相乘，便得到了该年份的开采业占地面积。其中，各年的分行业就业人数由历年的《中国劳动统计年鉴》(国家统计局人口和就业统计司，2001，2003，2006，2008，2011)中的“各地区分行业国有单位就业人数”、“各地区分行业城镇集体单位就业人数”和“各地区分行业其他单位就业人数”中北京所对应的数据相加得到。

对于工业分行业占地面积，先求出2006年和2008年的总占地面积，然后再按照工业各行业就业人数进行分摊。具体做法是：首先从《北京市国土资源年鉴》(北京市国土资源局，2007，2009)中获得了2006年和2008年的独立工矿占地面积，然后用其减去前面推算出的相应年份的开采业占地面积，就得到了对应年份的工业占地面积。由于缺少可利用的数据来源，我们将第二产业的总占地面积按照就业人数进行了按比例分配。这样的做法存在着一定的误差性，在获得更加详细的数据之前，采取这种近似的处理方法可以得到需要的估计结果。2002年的工业总占地面积，由2006年的总占地面积减去2003—2005年“审批建设用地”中的工矿仓储用地而得到，分行业的占地面积同理按照就业人数情况进行了分摊。2005年和2007年的工业分行业占地面积的求法是：先求出2005年和2007年的分行业就业人数与2006年就业人数的比例，然后用2006年工业分行业的占地面积乘以相对应的就业比例，便得到了2005年和2007年的工业分行业占地面积。2000年和2010年的工业分行业占地面积，分别依据2002年和2008年的分行业占地情况，按照类似的计算方法获得。

对于第三产业，2000年和2002年总的占地面积是由北京市的总占地面积减去工业用地、交通运输用地、水利设施用地、居住用地、未利用地、教育用地、建筑业用地面积后获得的。其中居住用地面积由城市住宅面积与农村住宅面积相加得来。城市住宅面积来自《北京统计年鉴》(北京市统计局，2001，2003)中表城市居民居住水平中年末实有住宅使用面积；农村居住面积由人均住宅面积乘以人口得到，人均居住面积数据来自居民生活水平，人口数据来自户数与人口数中的农业与非农业人口。2003—2010年第三产业的总占地面积，是由2002年的计算结果加上各年审批建设用地中的商服用地面积得到的。各行业占地面积的处理方法与第二产业一致，即按照各行业的人数比例对总面积进行了分摊。各行业占地面积的详细结果请参见表3—7。

**表3—7　2000—2010年北京市分行业占地面积汇总表**

单位：万公顷

| 部门＼年份 | 2000 | 2002 | 2005 | 2007 | 2010 |
|---|---|---|---|---|---|
| 农业 | 113.37 | 112.24 | 110.54 | 109.98 | 108.00 |
| 煤炭开采和洗选业 | 0.09 | 0.08 | 0.05 | 0.05 | 0.06 |
| 石油和天然气开采业 | 0.00 | 0.00 | 0.00 | 0.00 | 0.00 |
| 金属矿采选业 | 0.00 | 0.00 | 0.01 | 0.01 | 0.01 |
| 非金属矿及其他矿采选业 | 0.01 | 0.05 | 0.08 | 0.04 | 0.04 |
| 食品制造及烟草加工业 | 0.68 | 0.72 | 0.85 | 0.90 | 1.11 |
| 纺织业 | 0.36 | 0.43 | 0.34 | 0.29 | 0.24 |
| 纺织服装鞋帽皮革羽绒及其制品业 | 0.40 | 0.65 | 0.74 | 0.64 | 0.52 |
| 木材加工及家具制造业 | 0.11 | 0.20 | 0.22 | 0.20 | 0.23 |
| 造纸印刷及文教体育用品制造业 | 0.52 | 0.63 | 0.68 | 0.62 | 0.64 |
| 石油加工、炼焦及核燃料加工业 | 0.38 | 0.28 | 0.16 | 0.22 | 0.17 |
| 化学工业 | 0.37 | 0.48 | 0.53 | 0.44 | 0.44 |
| 非金属矿物制品业 | 0.52 | 0.68 | 0.63 | 0.59 | 0.66 |
| 金属冶炼及压延加工业 | 1.20 | 0.92 | 0.74 | 0.66 | 0.47 |
| 金属制品业 | 0.26 | 0.50 | 0.45 | 0.42 | 0.48 |
| 通用、专用设备制造业 | 0.98 | 1.03 | 1.37 | 1.45 | 1.58 |
| 交通运输设备制造业 | 0.82 | 0.89 | 1.16 | 1.11 | 1.46 |
| 电气机械及器材制造业 | 0.43 | 0.70 | 0.48 | 0.45 | 0.61 |
| 通信设备、计算机及其他电子设备制造业 | 0.71 | 0.90 | 1.08 | 1.39 | 1.19 |
| 仪器仪表及文化办公用机械制造业 | 0.22 | 0.29 | 0.33 | 0.33 | 0.36 |
| 工艺品及其他制造业 | 0.13 | 0.12 | 0.10 | 0.15 | 0.15 |
| 废品废料 | 0.00 | 0.00 | 0.01 | 0.01 | 0.02 |

续表　　单位:万公顷

| 年份<br>部门 | 2000 | 2002 | 2005 | 2007 | 2010 |
|---|---|---|---|---|---|
| 电力、热力的生产和供应业 | 0.23 | 0.22 | 0.46 | 0.54 | 0.55 |
| 燃气生产和供应业 | 0.08 | 0.08 | 0.07 | 0.09 | 0.10 |
| 水的生产和供应业 | 0.05 | 0.05 | 0.07 | 0.07 | 0.11 |
| 建筑业 | 0.24 | 0.31 | 0.47 | 0.39 | 0.39 |
| 交通运输及仓储业 | 3.92 | 2.53 | 2.89 | 3.11 | 3.39 |
| 邮政业 | 0.12 | 0.14 | 0.16 | 0.24 | 0.16 |
| 信息传输、计算机服务和软件业 | 0.30 | 0.56 | 0.86 | 1.48 | 1.77 |
| 批发和零售业 | 2.06 | 1.94 | 1.71 | 1.95 | 2.34 |
| 住宿和餐饮业 | 0.91 | 1.07 | 1.09 | 1.26 | 1.18 |
| 金融业 | 0.35 | 0.40 | 0.70 | 1.06 | 1.15 |
| 房地产业 | 0.61 | 0.79 | 1.03 | 1.34 | 1.33 |
| 租赁和商务服务业 | 1.28 | 1.62 | 2.06 | 2.82 | 3.29 |
| 研究与试验发展业 | 0.63 | 0.54 | 0.48 | 0.58 | 0.58 |
| 综合技术服务业 | 0.99 | 0.74 | 0.64 | 0.92 | 0.77 |
| 水利、环境和公共设施管理业 | 0.27 | 0.30 | 0.32 | 0.41 | 0.37 |
| 居民服务和其他服务业 | 0.78 | 0.88 | 0.46 | 0.46 | 0.31 |
| 教育 | 0.92 | 0.95 | 0.78 | 0.78 | 0.77 |
| 卫生、社会保障和社会福利业 | 0.74 | 0.65 | 0.72 | 0.90 | 0.87 |
| 文化、体育和娱乐业 | 0.56 | 0.60 | 0.60 | 0.74 | 0.65 |
| 公共管理和社会组织 | 1.22 | 1.12 | 1.33 | 1.66 | 1.74 |
| 合计 | 137.84 | 137.28 | 137.42 | 140.71 | 140.27 |

## 3.3　能源数据的处理

相对于土地面积来说，北京市分行业能源数据的获取相对容易的多。2005、2007 和 2010 年第一产业和第二产业分行业的能源使用数据分别来自年《北京统计年鉴》(北京市统计局，2006，2008，2011)中的“分行业能源消费总量和主要能源品种消费量”;2000 年和 2002 年的工业分行业数据来自 2001 年和 2003 年《北京统计年鉴》(北京市统计局，2001，2003)中的“工业分行业能源消费总量和主要能源品种消费量”,农业使用能源的数据来自能源平衡表终端消费量中的“农林牧渔业”消费。需要指出的是,由上述方式获得的工业分行业的能源消费表中,其行业分类比投入产出表中的行业分类细。为此,我们按照投入产出表的分类标准对那些分类较细的部门进行了合并。

与第一产业和第二产业相比,第三产业的能源消费量数据的获取比较困难。在2006年和2011年《北京统计年鉴》(北京市统计局,2006,2011)的“分行业能源消费总量和主要能源品种消费量”表中,分别列出了2005年和2010年分14个第三产业部门的能源消费量,这是所能获得的最详细的资料。而对于其他年份,只从相应年份的“能源平衡表”中获得了分建筑业,交通运输、仓储及邮电通迅业,批发和零售贸易业、餐饮业和其他四部门的能源消费数据。但出现的问题是:如何求得与投入产出表部门分类一致的第三产业的能源消费情况(投入产出表中第三产业共有17个部门)。这里,同样采用3.1.2节中介绍的产出比例法进行处理。

将上述获得的数据进行简单的整理,就可以得到各年初始的分行业分种类的能源消费量。然而,每年能源消费的种类数并不一致,2000年和2002年的能源种类有19种,2005年和2010年的能源种类只有10种,而2007年的能源消费种类为14种。因此,利用“能源平衡表”中的数据,按照各年分行业的总产出,将能源消费总量按比例分配给了各个行业。因为有的行业可能并不消费该类能源,所以这样做会在一定程度上存在着误差。如果能够得到更加详细的数据,这部分的计算便可以省略。

通过以上方法整理得到的北京市分行业能源消费量,占据了北京市能源消费总量的很大一部分,但这并不是北京市能源消费的总量,还有一部分能源的消费来自于常住单位与非常住单位之间的轮机加油。这种情况消费的主要是煤油。具体的计算方法是用“能源平衡表”中的‘我轮机在外国加油量’减去‘外轮机在我国加油量’。将轮机加油对煤油的消费量加到交通运输及仓储业的相应能源种类下,就可以得到北京市分行业分能源种类的能源消费表。

为计算分行业能源足迹,需要将所有能源都转化为一次能源(Primary Energy)。目前我们整理得到的分行业能源消费表中包含着热力和电力两种二次能源。为此,我们需要将各个行业这两种能源的消费量转化成一次能源。第一步,在各年份的“能源平衡表”中找出生产电力(热力)所需要消耗的一次能源数量;第二步,从整理出的北京市分行业分能源种类的能源消费表中找出各行业对电力(热力)的消费情况,并求出各行业对电力(热力)的总消费量;第三步,用第一步获得的生产电力所要消耗的各种初级能源的数值除以第二步计算出的各行业电力(热力)消费总量;第四步,用第三步获得的分各种能源品种的比例数据分别乘以分行业的电力(热力)消费量,便将该行业对电力(热力)的消费情况转换成了该部门对各种初级能源的消费情况。这样便得到了42部门对各种一次能源的消费量。详细结果如表3—8所示。

**表3—8 2000—2010年北京市分行业能源消耗汇总表**

单位:万吨标准煤

| 部门＼年份 | 2000 | 2002 | 2005 | 2007 | 2010 |
|---|---|---|---|---|---|
| 农业 | 79.3 | 81.7 | 68.8 | 73.4 | 68.2 |
| 煤炭开采和洗选业 | 10.4 | 13.2 | 12.4 | 7.0 | 5.2 |
| 石油和天然气开采业 | 0.0 | 0.0 | 0.0 | 2.6 | 28.5 |
| 金属矿采选业 | 2.2 | 5.0 | 10.5 | 7.2 | 496.4 |
| 非金属矿及其他矿采选业 | 2.0 | 1.7 | 5.4 | 15.5 | 4.2 |
| 食品制造及烟草加工业 | 59.2 | 67.0 | 160.3 | 122.5 | 115.9 |
| 纺织业 | 25.7 | 23.0 | 21.9 | 21.9 | 11.6 |
| 纺织服装鞋帽皮革羽绒及其制品业 | 10.9 | 10.1 | 35.6 | 31.7 | 18.6 |
| 木材加工及家具制造业 | 4.5 | 8.6 | 11.6 | 19.7 | 7.0 |
| 造纸印刷及文教体育用品制造业 | 23.1 | 22.2 | 41.6 | 63.8 | 32.5 |
| 石油加工、炼焦及核燃料加工业 | 377.6 | 1867.8 | 375.8 | 303.7 | 232.9 |
| 化学工业 | 259.0 | 195.1 | 274.6 | 275.8 | 259.6 |
| 非金属矿物制品业 | 219.5 | 209.1 | 295.8 | 292.2 | 209.8 |
| 金属冶炼及压延加工业 | 719.4 | 1765.3 | 869.3 | 1291.0 | 41.6 |
| 金属制品业 | 13.7 | 14.3 | 48.1 | 50.6 | 32.0 |
| 通用、专用设备制造业 | 37.2 | 30.0 | 133.1 | 103.9 | 102.0 |
| 交通运输设备制造业 | 33.5 | 38.6 | 211.3 | 85.1 | 176.2 |
| 电气机械及器材制造业 | 12.2 | 18.1 | 54.9 | 29.1 | 52.1 |
| 通信设备、计算机及其他电子设备制造业 | 12.5 | 22.2 | 367.7 | 53.5 | 139.1 |
| 仪器仪表及文化办公用机械制造业 | 4.1 | 3.5 | 15.4 | 15.1 | 8.2 |
| 工艺品及其他制造业 | 2.3 | 7.2 | 28.7 | 15.3 | 12.3 |
| 废品废料 | 4.8 | 3.9 | 2.7 | 1.2 | 2.4 |
| 电力、热力的生产和供应业 | 75.5 | 715.7 | 1159.8 | 1168.4 | 1364.1 |
| 燃气生产和供应业 | 0.4 | 1.4 | 3.2 | 16.5 | 11.3 |

续表　　单位:万吨标准煤

| 部门＼年份 | 2000 | 2002 | 2005 | 2007 | 2010 |
|---|---|---|---|---|---|
| 水的生产和供应业 | 4.8 | 4.6 | 11.2 | 9.8 | 12.9 |
| 建筑业 | 51.2 | 69.3 | 81.9 | 84.2 | 124.0 |
| 交通运输及仓储业 | 254.4 | 357.6 | 504.3 | 731.1 | 958.4 |
| 邮政业 | 22.8 | 23.1 | 40.4 | 40.3 | 44.0 |
| 信息传输、计算机服务和软件业 | 25.4 | 88.9 | 33.5 | 175.1 | 55.7 |
| 批发和零售业 | 60.8 | 101.8 | 112.4 | 246.7 | 128.5 |
| 住宿和餐饮业 | 28.5 | 40.4 | 157.7 | 107.5 | 172.2 |
| 金融业 | 82.1 | 124.8 | 22.3 | 141.0 | 28.7 |
| 房地产业 | 53.7 | 73.3 | 257.7 | 89.5 | 287.4 |
| 租赁和商务服务业 | 45.7 | 82.2 | 93.0 | 98.2 | 134.9 |
| 研究与试验发展业 | 20.5 | 27.7 | 17.10 | 40.8 | 20.2 |
| 综合技术服务业 | 35.3 | 69.3 | 55.1 | 127.4 | 73.5 |
| 水利、环境和公共设施管理业 | 12.2 | 5.4 | 19.4 | 11.3 | 24.9 |
| 居民服务和其他服务业 | 8.2 | 6.6 | 56.5 | 13.9 | 27.1 |
| 教育 | 14.5 | 29.2 | 125.7 | 45.9 | 162.8 |
| 卫生、社会保障和社会福利业 | 4.8 | 13.7 | 45.2 | 46.2 | 49.9 |
| 文化、体育和娱乐业 | 103.9 | 35.2 | 35.6 | 41.5 | 43.4 |
| 公共管理和社会组织 | 38.4 | 31.3 | 70.7 | 52.6 | 89.8 |
| 合计 | 2855.9 | 6308.8 | 5948.0 | 6169.6 | 5869.6 |

## 3.4　温室气体排放量的估计

气候变化与能源的消费有着密切关系。由于能源燃烧和工业化过程产生的以二氧化碳等值(Carbon dioxide equivalent，$CO_2$ e)表示的温室气体(Greenhouse gas，GHG)排放，导致中国2007年以来已经超过美国成为全球第一大温室气体排放国家。全球气候变暖日益成为全球和各国政府以及人们关心的热点问题。温室气体排放量的增加是造成这一现象的主要原因。因此，我们利用能源消费数据计算出了温室气体的排放量，并将其加入到了生态足迹的计算中。

以二氧化碳等值表示的温室气体排放的计算可分为三步(Liu等，2012)：

第一步，利用表 3－9 中各种能源种类对应的净热值乘以能源消费数据，得到各种能源的热量值；

第二步，利用表 3－9 中各种气体（目前我国主要是二氧化碳、甲烷和氮氧化物）的排放因子乘以第一步获得的能源热值，就可以得到二氧化碳、甲烷和氮氧化物排放量；

第三步，加总这三种气体的排放量，就得到以二氧化碳等值表示的温室气体排放总量。详细结果如表 3－10 所示。

**表 3－9　分能源种类的能源转化因子和温室气体排放因子**

| 能源类型 | 氧化率 | 净热值 | $CO_2$ 排放因子 | $CH_4$ 排放因子 | $N_2O$ 排放因子 | GHG 排放因子 |
|---|---|---|---|---|---|---|
| | % | $10^{12}$ J/$10^3$ ton | ton $CO_2$/$10^{12}$ J | ton/$10^{15}$ J | ton/$10^{15}$ J | ton $CO_2$e/ton 或 ton$CO_2$e/$10^4$ $m^3$ |
| 原煤 | 100 | 20.9 | 94.6 | 1 | 1.5 | 2.0 |
| 洗精煤 | 100 | 26.3 | 98.3 | 1 | 1.5 | 2.6 |
| 其他洗煤 | 100 | 8.4 | 97.9 | 1 | 1.5 | 0.8 |
| 型煤 | 100 | 26.3 | 97.9 | 1 | 1.5 | 2.6 |
| 焦炭 | 100 | 28.4 | 107.1 | 1 | 1.5 | 3.1 |
| 焦炉煤气 | 100 | 17.4 | 44.4 | 1 | 0.1 | 7.7 |
| 其他煤气 | 100 | 17.4 | 44.4 | 1 | 0.1 | 7.7 |
| 其他焦化产品 | 100 | 28.4 | 104.9 | 1 | 1.5 | 3.0 |
| 原油 | 100 | 41.8 | 73.3 | 3 | 0.6 | 3.1 |
| 汽油 | 100 | 43.1 | 69.3 | 3 | 0.6 | 3.0 |
| 煤油 | 100 | 43.1 | 71.9 | 3 | 0.6 | 3.1 |
| 柴油 | 100 | 42.7 | 74.1 | 3 | 0.6 | 3.2 |
| 燃料油 | 100 | 41.8 | 77.7 | 3 | 0.6 | 3.3 |
| 液化 | 100 | 50.2 | 63.1 | 1 | 0.1 | 3.2 |
| 炼厂干气 | 100 | 46.0 | 66.7 | 1 | 0.1 | 3.1 |
| 其他石油制品 | 100 | 41.8 | 71.9 | 3 | 0.6 | 3.0 |
| 天然气 | 100 | 38.9 | 56.1 | 1 | 0.1 | 21.9 |

数据来源：Liu 等(2012)

焦炉煤气、其他煤气、天然气的 GHG 排放因子单位是 ton－$CO_2$e/$10^4$ $m^3$

焦炉煤气、其他煤气的 NCV 单位是 $10^3$ J/$m^3$

表 3—10　2000—2010 年北京市分行业温室气体排放汇总表

单位：万吨 $CO_2$ 当量

| 部门＼年份 | 2000 | 2002 | 2005 | 2007 | 2010 |
|---|---|---|---|---|---|
| 农业 | 206.5 | 198.4 | 169.8 | 181.2 | 159.3 |
| 煤炭开采和洗选业 | 28.3 | 34.5 | 31.2 | 17.2 | 12.2 |
| 石油和天然气开采业 | 0.0 | 0.0 | 0.0 | 5.8 | 54.2 |
| 金属矿采选业 | 5.7 | 13.2 | 26.6 | 17.4 | 1379.5 |
| 非金属矿及其他矿采选业 | 5.2 | 4.1 | 11.8 | 28.0 | 10.7 |
| 食品制造及烟草加工业 | 157.5 | 168.1 | 270.2 | 302.6 | 199.8 |
| 纺织业 | 65.9 | 52.3 | 53.0 | 54.1 | 26.9 |
| 纺织服装鞋帽皮革羽绒及其制品业 | 29.0 | 26.0 | 57.3 | 79.2 | 32.5 |
| 木材加工及家具制造业 | 12.0 | 18.4 | 24.9 | 47.0 | 14.5 |
| 造纸印刷及文教体育用品制造业 | 60.1 | 50.0 | 96.8 | 151.1 | 64.6 |
| 石油加工、炼焦及核燃料加工业 | 895.2 | 4126.5 | 894.1 | 566.3 | 419.9 |
| 化学工业 | 562.2 | 432.5 | 493.1 | 646.6 | 484.5 |
| 非金属矿物制品业 | 587.5 | 542.3 | 691.7 | 719.9 | 471.6 |
| 金属冶炼及压延加工业 | 1993.3 | 2538.0 | 2256.4 | 2140.9 | 36.3 |
| 金属制品业 | 35.5 | 34.1 | 66.6 | 117.3 | 41.6 |
| 通用、专用设备制造业 | 97.1 | 71.0 | 181.0 | 236.7 | 129.1 |
| 交通运输设备制造业 | 86.1 | 93.3 | 262.7 | 195.3 | 173.6 |
| 电气机械及器材制造业 | 31.6 | 42.5 | 60.9 | 66.6 | 53.4 |
| 通信设备、计算机及其他电子设备制造业 | 31.5 | 43.7 | 356.0 | 110.2 | 111.2 |
| 仪器仪表及文化办公用机械制造业 | 10.7 | 8.4 | 36.2 | 35.4 | 16.1 |
| 工艺品及其他制造业 | 6.0 | 16.0 | 46.7 | 38.0 | 16.8 |
| 废品废料 | 11.2 | 9.1 | 6.5 | 2.8 | 5.7 |
| 电力、热力的生产和供应业 | 201.8 | 1892.5 | 3041.9 | 2908.2 | 2776.2 |
| 燃气生产和供应业 | 0.9 | 2.5 | 6.8 | 28.5 | 12.7 |
| 水的生产和供应业 | 13.1 | 10.5 | 25.2 | 22.0 | 21.0 |
| 建筑业 | 106.3 | 146.7 | 181.0 | 178.4 | 251.4 |
| 交通运输及仓储业 | 548.0 | 766.6 | 988.6 | 1444.2 | 1849.3 |

续表 单位：万吨 $CO_2$ 当量

| 部门＼年份 | 2000 | 2002 | 2005 | 2007 | 2010 |
|---|---|---|---|---|---|
| 邮政业 | 49.1 | 49.5 | 79.2 | 79.8 | 85.0 |
| 信息传输、计算机服务和软件业 | 59.9 | 161.7 | 66.6 | 327.6 | 101.7 |
| 批发和零售业 | 132.8 | 162.0 | 219.0 | 434.5 | 246.5 |
| 住宿和餐饮业 | 62.0 | 64.3 | 248.7 | 189.1 | 252.4 |
| 金融业 | 194.2 | 226.9 | 45.9 | 263.8 | 54.5 |
| 房地产业 | 126.9 | 133.4 | 475.4 | 167.6 | 438.8 |
| 租赁和商务服务业 | 107.9 | 149.6 | 194.9 | 183.7 | 220.6 |
| 研究与试验发展业 | 48.4 | 50.3 | 31.7 | 76.3 | 33.5 |
| 综合技术服务业 | 83.3 | 126.1 | 102.2 | 238.4 | 121.9 |
| 水利、环境和公共设施管理业 | 28.8 | 9.8 | 41.5 | 21.1 | 46.3 |
| 居民服务和其他服务业 | 19.1 | 12.0 | 118.1 | 26.0 | 47.2 |
| 教育 | 34.2 | 53.0 | 214.8 | 86.0 | 256.0 |
| 卫生、社会保障和社会福利业 | 11.5 | 25.0 | 75.3 | 86.4 | 76.7 |
| 文化、体育和娱乐业 | 245.7 | 64.0 | 65.3 | 77.6 | 69.7 |
| 公共管理和社会组织 | 90.8 | 56.9 | 139.6 | 98.5 | 170.9 |
| 合计 | 7082.8 | 12685.4 | 12454.8 | 12697.1 | 11045.9 |

将计算得到的能源消费量和温室气体排放量转化成相应的生产性土地占用面积(公顷)，再与 3.2 计算出的土地面积分行业对应加总，就得到分行业的生态足迹总量。即北京市经济系统中，各行业生产过程中资源消耗和吸纳污染排放所需要的生产性土地面积。具体结果如表 3—11 所示。

**表 3—11　2000—2010 年北京市分行业生态足迹汇总表**

单位：万公顷

| 部门＼年份 | 2000 | 2002 | 2005 | 2007 | 2010 |
|---|---|---|---|---|---|
| 农业 | 167.9 | 166.2 | 156.4 | 158.9 | 152.1 |
| 煤炭开采和洗选业 | 7.4 | 9.2 | 8.4 | 4.7 | 3.4 |
| 石油和天然气开采业 | 0.0 | 0.0 | 0.0 | 1.6 | 16.6 |
| 金属矿采选业 | 1.5 | 3.5 | 7.1 | 4.7 | 354.3 |

续表

单位:万公顷

| 部门 \ 年份 | 2000 | 2002 | 2005 | 2007 | 2010 |
|---|---|---|---|---|---|
| 非金属矿及其他矿采选业 | 1.4 | 1.2 | 3.4 | 8.8 | 2.9 |
| 食品制造及烟草加工业 | 41.9 | 45.8 | 88.7 | 82.6 | 65.3 |
| 纺织业 | 17.9 | 15.1 | 14.8 | 14.9 | 7.7 |
| 纺织服装鞋帽皮革羽绒及其制品业 | 8.0 | 7.6 | 19.8 | 21.9 | 10.9 |
| 木材加工及家具制造业 | 3.2 | 5.5 | 7.4 | 13.1 | 4.5 |
| 造纸印刷及文教体育用品制造业 | 16.4 | 14.7 | 27.5 | 42.2 | 19.9 |
| 石油加工、炼焦及核燃料加工业 | 246.5 | 1172.2 | 245.6 | 174.9 | 132.0 |
| 化学工业 | 161.4 | 123.1 | 155.6 | 179.1 | 149.8 |
| 非金属矿物制品业 | 153.8 | 144.1 | 192.0 | 195.2 | 133.5 |
| 金属冶炼及压延加工业 | 513.8 | 902.2 | 597.1 | 702.9 | 18.1 |
| 金属制品业 | 9.6 | 9.8 | 24.6 | 33.0 | 16.1 |
| 通用、专用设备制造业 | 26.6 | 20.6 | 67.7 | 67.7 | 51.0 |
| 交通运输设备制造业 | 23.7 | 26.3 | 102.8 | 55.6 | 79.3 |
| 电气机械及器材制造业 | 8.8 | 12.4 | 25.8 | 19.1 | 23.9 |
| 通信设备、计算机及其他电子设备制造业 | 9.1 | 14.0 | 162.7 | 33.8 | 58.8 |
| 仪器仪表及文化办公用机械制造业 | 3.0 | 2.6 | 10.3 | 10.1 | 5.2 |
| 工艺品及其他制造业 | 1.7 | 4.7 | 15.6 | 10.4 | 6.3 |
| 废品废料 | 3.1 | 2.5 | 1.8 | 0.8 | 1.6 |
| 电力、热力的生产和供应业 | 52.9 | 496.4 | 800.8 | 783.2 | 820.5 |
| 燃气生产和供应业 | 0.3 | 0.9 | 2.1 | 9.2 | 5.3 |
| 水的生产和供应业 | 3.5 | 3.0 | 7.2 | 6.3 | 7.1 |
| 建筑业 | 31.3 | 42.8 | 51.9 | 52.1 | 74.8 |
| 交通运输及仓储业 | 161.4 | 223.4 | 300.3 | 435.9 | 564.1 |
| 邮政业 | 14.2 | 14.4 | 24.0 | 24.1 | 25.9 |
| 信息传输、计算机服务和软件业 | 16.8 | 51.1 | 20.7 | 102.4 | 33.5 |
| 批发和零售业 | 40.0 | 56.3 | 67.8 | 140.0 | 77.3 |
| 住宿和餐饮业 | 18.6 | 22.6 | 84.9 | 61.4 | 89.8 |
| 金融业 | 53.8 | 71.3 | 14.2 | 82.3 | 17.8 |
| 房地产业 | 35.6 | 42.5 | 148.5 | 52.9 | 151.9 |

续表 单位:万公顷

| 部门 \ 年份 | 2000 | 2002 | 2005 | 2007 | 2010 |
|---|---|---|---|---|---|
| 租赁和商务服务业 | 31.0 | 48.4 | 58.8 | 59.4 | 76.2 |
| 研究与试验发展业 | 14.0 | 16.3 | 10.3 | 24.1 | 11.6 |
| 综合技术服务业 | 23.9 | 40.1 | 32.3 | 74.3 | 40.7 |
| 水利、环境和公共设施管理业 | 8.2 | 3.3 | 12.3 | 6.9 | 14.7 |
| 居民服务和其他服务业 | 6.1 | 4.6 | 34.9 | 8.5 | 15.4 |
| 教育 | 10.4 | 17.5 | 70.1 | 27.3 | 87.2 |
| 卫生、社会保障和社会福利业 | 3.9 | 8.4 | 25.4 | 27.5 | 27.1 |
| 文化、体育和娱乐业 | 68.2 | 20.6 | 20.9 | 24.6 | 23.9 |
| 公共管理和社会组织 | 26.2 | 18.9 | 43.2 | 32.0 | 53.9 |
| 合计 | 2046.9 | 3905.9 | 3765.5 | 3870.4 | 3531.9 |

# 第4章　北京市生态足迹的投入产出分析

当前大都市地区的生态环境问题日益突出，大都市地区以其生态环境脆弱、生态压力巨大、生态问题独特而吸引着众多研究者对其进行各种研究。北京是我国的政治、经济、文化中心，也是我国的一张世界名片，因此其发展的可持续性一直受到多方的关注。然而自2000年以来，伴随着经济、社会快速发展，北京市的资源环境问题越来越严峻，人口、资源与环境的协调发展成为北京城市建设的一块短板。在这种背景下，本文定量测度了北京市可持续发展的状况，以了解经济发展对资源环境造成的影响，进而提出有利于北京市可持续发展的相关政策建议。本章采用了改进的生态足迹投入产出模型，从单一年份静态分析、不同年份纵向比较两个角度对北京市的生态足迹进行了实证分析。最后，针对北京市可持续发展中的具体问题，对三大产业分别提出了具体的目标及对策。

## 4.1　研究综述

生态足迹（Ecological Footprint，EF）作为一种资源利用分析工具，它用生态空间大小表示人类对自然资本的消费及自然系统能够提供的生态服务功能，从而对人类活动的可持续性做出评价。将其与该地区的生态能力相比较，可以判断该地区的发展是否处于生态承载能力的安全范围之内。

### 4.1.1　基于投入产出方法的生态足迹研究

在利用生态足迹模型的应用研究中，绝大部分是基于传统的生态足迹模型及其改进模型进行实证分析。EF模型在理论及应用上存在一定缺陷：一是无法对足迹消费中最终需求和中间投入环节进行区分，也难以考察生态足迹同国民经济部门的内在联系。该模型反映的仅仅是直接生态空间占用和区域综合生态影响，无法识别哪些生产和消费部门应对区域综合影响负责；二是对于计算开放经济体间足迹的贸易流动显得力不从心，需要通过贸易产品的数量及其能源密度来估算（赖力等，2006）。同时，在国家生态足迹计算中，为了便于国际比较，一般以全球性公顷"gha(global hectare)"为计量单位进行度量。但是等量因子的精确性受到质疑，因为很难准确的计算全球各类生物性产量的总平均值，gha的标准量难以统一。为了更真实反映不同省、市生态负荷及生态容量现状，应采用以"国家公顷"nha(national hectare)"为计量单位，对我国省、市级区域的生态足迹进行计算。

鉴于传统的生态足迹模型存在着上述的缺陷，而且前期的投入成本也比较大。因此本章采用投入产出生态足迹模型(Input－Output Ecological Footprint，IO－EF)来对北京市的生态足迹进行计算。IO－EF模型不仅可以计算出具体产业部门的足迹构成，还可以反映经济结构的转变引起的资源、能源消费结构的变化，并藉由产业部门相互间的内在联系及影响。目前，国内运用投入产出技术的生态足迹模型研究多在国家层面上，区域层面的研究数量少且仅停留在省级层面，目前只有赖力、尚海洋等分别以江苏省、甘肃省为例进行实证研究。有关城市方面的应用研究尚没有展开（赖力等，2006；尚海洋，2006）。

### 4.1.2 北京市生态足迹的相关研究

目前，已有多位学者利用生态足迹的方法对北京市的可持续发展状况进行了研究。在定量测算方面，张颖计算了北京市1990－2003年的生态足迹和生态承载能力，得到1990－2003年期间北京始终存在着生态赤字，处于不可持续发展状态。王亚菲将投入产出分析技术引入生态足迹模型，利用最新的2005年投入产出延长表计算得到了北京市的生态足迹情况，结果表明当年北京市生态足迹总需求为3853.8万公顷，约为北京市土地总面积的23倍（王亚菲、陈长，2009）。靳之更定量研究了北京、沈阳、哈尔滨三个城市2003－2006年间的生态足迹和生态承载能力的变化规律和特征，也指出北京市人口负荷超过其生态容量，生态承载能力不能满足生态足迹的需求（靳之更、王敏，2009）。王洪波通过对基本的生态足迹模型进行本地化改进，对北京市2005－2011年间的生态足迹进行了计算。结果表明，近年来北京市生态状况在逐年好转，但总体来看目前其生态足迹仍大于生态承载能力，生态安全仍然有很大的改善空间（王洪波，2013）。

除了采取定量的方法计算北京市的生态足迹外，还有学者引入相关指标对生态足迹进行分析。高君等计算了北京市2002－2007年的生态足迹数据，得到北京市人均资源消费已经严重超出了其土地本身的供给能力。但文章指出虽然生态赤字的存在已经说明北京市的发展处于不可持续状态，但还不能确切说明北京市发展的不可持续程度（高君、程会强，2010）。李月采用生态足迹指数、单位面积的生态足迹地区生产总值、生态足迹多样性指数等三个指标对北京市可持续发展程度进行了评价，结果均显示北京市已经处于严重的不可持续状态(李月，2013)。

也有一些学者对生态足迹方法进行了创新，例如吴燕等改进计算方法，将生态足迹和水足迹这两个综合指标放在一起评价了北京市居民食物消耗对自然资本(土地和水)的需求情况，结果表明：北京市的土地资源和水资源都不能满足居民需求，需要从其他地方输入(吴燕等，2011)。周文华等将生态足迹方法应用到水资源研究，认为北京的水资源利用是不可持续的(周文华等，2006)。张远索等采用改进过的生态足迹模型对北京市的人地关系现状进行了分析，表明北京市近十年来耕地生态赤字逐年加大(张远索等，2011)。

2000年以来，北京市的经济有了很大发展，产业结构发生了重大转变。北京作为一个本地资源、能源相对缺乏的城市，各产业对外部资源、能源有很高的依存度。本文利用北京市最新的2010年投入产出延长表，在已有研究的基础上改进IO－EF模型，通过投入产出技术对北京市行业生态足迹进行分解，展示"真实土地"在经济生产部门间的分配与流动，而不是虚拟的"全球公顷面积"，揭示各产业的发展和土地生态占用之间的关系，识别北京市社会经济活动的环境影响及其组成格局。

## 4.2 投入产出生态足迹模型

IO－EF模型本质上是利用投入产出标准系数，结合土地投入系数、能源投入系数和温室气体投入系数，计算土地、能量和温室气体组成乘数，进而求得某一区域最终需求的土地、能量投入，以及该地区的温室气体排放量。然后再利用一定的转换因子将能源投入和温室气体排放量均转换成以面积为单位，最后将这三种足迹加在一起，就得到了反映人类经济活动对环境影响的生态足迹。其具体建模过程如下：

### 4.2.1 计算土地生态足迹

(1)计算直接消耗系数矩阵A。直接消耗系数，指某一部门生产单位总产出需要直接消耗的各部门货物和服务的数量，也称为投入产出系数。直接消耗系数是根据投入产出表中分部门的各列数据计算得到的，即第j部门总投入除该部门直接消耗第i部门产品价值。其公式表示为：

$$a_{ij}=\frac{x_{ij}}{X_j}(i,j=1,2,3...n) \qquad (4-1)$$

其中，$a_{ij}$ 表示第 j 部门生产单位产出所消耗的第 i 部门产品或服务的数量；$x_{ij}$ 表示第 j 部门生产所消耗的第 i 部门产品或服务的总价值；$X_j$ 表示第 j 部门的总投入。

全部直接消耗系数构成的矩阵称为直接消耗系数矩阵，记为：

$$A=(a_{ij})_{n\times n} \tag{4—2}$$

(2)计算完全需求系数矩阵(L)，也称为 Leontief 逆矩阵。用公式表示为：

$$L=(I-A)^{-1} \tag{4—3}$$

其中的各元素 $l_{ij}(i,j=1,2,3...n)$ 为完全需求系数，又称为 Leontief 逆系数。它表明第 j 部门增加一个单位最终使用时，对第 i 部门产品或服务的完全需求量。

(3)计算土地投入系数矩阵( $T_l$ )。设各部门的直接土地投入面积为 $H=(h_1,h_2,h_3...h_n)$ ，各部门的总投入为 $M=(X_1,X_2,X_3...X_n)$ ，则土地投入系数矩阵可用公式表示为：

$$(T_l)_{1\times n}=(H)_{1\times n}diag\ (M)^{-1}{}_{n\times n} \tag{4—4}$$

其中，$diag()$ 是对角阵运算。

(4)计算土地组成乘数矩阵 $[\alpha_{ij}]_{n\times n}$ 。用完全需求系数矩阵(L)右乘土地投入系数矩阵( $T_l$ )，则土地组成乘数矩阵可用公式表示为：

$$[\alpha_{ij}]_{n\times n}=diag\ (T_l)_{n\times n}L \tag{4—5}$$

其中，土地组成乘数 $\alpha_{ij}$ 表示第 j 部门增加 1 单位价值的最终使用时，对第 i 部门生产性土地的总需求。

(5)计算土地生态足迹

设国内最终需求向量为 $F=(f_1,f_2,f_3...f_n)$ ，则土地足迹部分计算方法为矩阵 $diag\ (F)_{n\times n}$ 右乘土地组成乘数矩阵 $[\alpha_{ij}]_{n\times n}$ ，再对所得矩阵各行求和，便得到了分行业的土地生态足迹。其公式表示为：

$$(EF_{fl})_{n\times 1}=[\alpha_{ij}]_{n\times n}diag\ (F)_{n\times n}(1,1,1...1)_n{}^T \tag{4—6}$$

### 4.2.2 计算能源和温室气体生态足迹

能源组成乘数矩阵和温室气体组成乘数矩阵的计算方法与土地组成乘数的计算方法类似，只需获得各部门的直接能源投入量和直接温室气体排放量，再利用上面的公式(4—2)—(4—5)便可以求得。然后将能源组成乘数和温室气体组成乘数分别代入公式(4—7)和公式(4—8)便得到了能源生态足迹和温室气体生态足迹。

$$(E_{fe})_{n\times 1}=[\beta_{ij}]_{n\times n}diag\ (F)_{n\times n}(1,1,1...1)_n{}^T \tag{4—7}$$

$$(E_{fg})_{n\times1}=[\theta_{ij}]_{n\times n}diag(F)_{n\times n}(1,1,1...1)_n{}^T \quad (4-8)$$

其中，$E_{fe}$ 为各部门的能源消耗总量，$E_{fg}$ 为各部门温室气体排放总量，$\beta_{ij}$ 为能源组成乘数，$\theta_{ij}$ 为温室气体排放组成乘数。

与土地生态足迹的计算稍有不同的是，能源投入是以热量单位计量的，温室气体排放是以物量单位计量的，而我们在计算生态足迹的时候需要的是面积单位。为此，我们需要利用“能量－土地转化因子（$\gamma$）”和“温室气体－土地转化因子（$\tau$）”，将能源投入和温室气体排放转化成土地面积，具体的转化公式为：

$$(EF_{fe})_{n\times1}=(E_{fe})_{n\times1}\times\frac{1}{\gamma} \quad (4-9)$$

$$(EF_{fg})_{n\times1}=(E_{fg})_{n\times1}\times\frac{1}{\tau} \quad (4-10)$$

### 4.2.3 计算生态足迹总量

土地足迹部分与能量足迹部分和温室气体足迹部分相加便得到了生态足迹的最终需求 $EF_f$，即：

$$(EF_f)=(EF_{fl})+(EF_{fe})+(EF_{fg}) \quad (4-11)$$

同理，用流出向量(E)、流入向量(I)、替代最终需求向量(F)，就可以得到生态足迹流出量和流入量。

## 4.3 北京市2010年IO－EF模型的实证分析

本文首先根据北京市2010年42部门价值型投入产出延长表用公式(4－3)计算完全需求系数矩阵。上一章中已经提到，北京市2010年42部门价值型投入产出表可以在北京市统计局网站获取，而且因为我们在处理各年的投入产出表时是以2010年的投入产出表为标准的，所以可以直接利用它来计算北京市2010年的生态足迹。

对于生产部门土地投入系数矩阵，先要获得各部门生产性土地投入面积，我们在前期准备中已经计算整理出了该面积。不过，就像前文中提到的那样，由于有些部门的土地面积不易获得，或者相关部门并没有对该行业的占地面积进行统计，所以我们采用了一些近似的方法。需要指出的是，这种简化处理存在一定的误差，需要后期利用更充分的数据进行进一步的改进。

### 4.3.1 北京市2010年土地组成乘数

在获得了2010年北京市分行业的土地面积数据后，根据公式(4－4)我们便可以得到北京市2010年分部门的土地投入系数，计算结果如表4—1所示。

**表4—1 北京市2010年各部门土地投入系数**

单位：公顷/元

| 部门 | 土地投入系数 | 部门 | 土地投入系数 | 部门 | 土地投入系数 |
|---|---|---|---|---|---|
| 农业 | 3292.5 | 金属制品业 | 16.7 | 信息传输、计算机服务和软件业 | 5.9 |
| 煤炭开采和洗选业 | 1.0 | 通用、专用设备制造业 | 14.3 | 批发和零售业 | 6.3 |
| 石油和天然气开采业 | 0.0 | 交通运输设备制造业 | 6.5 | 住宿和餐饮业 | 11.2 |
| 金属矿采选业 | 0.2 | 电气机械及器材制造业 | 8.3 | 金融业 | 3.5 |
| 非金属矿及其他矿采选业 | 81.1 | 通信设备、计算机及其他电子设备制造业 | 5.2 | 房地产业 | 7.4 |
| 食品制造及烟草加工业 | 15.2 | 仪器仪表及文化办公用机械制造业 | 14.8 | 租赁和商务服务业 | 8.5 |
| 纺织业 | 30.1 | 工艺品及其他制造业 | 12.5 | 研究与试验发展业 | 6.8 |
| 纺织服装鞋帽皮革羽绒及其制品业 | 36.1 | 废品废料 | 12.6 | 综合技术服务业 | 2.5 |
| 木材加工及家具制造业 | 24.1 | 电力、热力的生产和供应业 | 2.6 | 水利、环境和公共设施管理业 | 16.0 |
| 造纸印刷及文教体育用品制造业 | 25.7 | 燃气生产和供应业 | 6.4 | 居民服务和其他服务业 | 13.9 |
| 石油加工、炼焦及核燃料加工业 | 2.7 | 水的生产和供应业 | 22.0 | 教育 | 8.5 |
| 化学工业 | 3.8 | 建筑业 | 1.2 | 卫生、社会保障和社会福利业 | 10.7 |
| 非金属矿物制品业 | 16.2 | 交通运输及仓储业 | 13.4 | 文化、体育和娱乐业 | 8.6 |
| 金属冶炼及压延加工业 | 12.2 | 邮政业 | 13.9 | 公共管理和社会组织 | 12.7 |

由表4—1数据并结合土地投入系数的意义分析可知，各行业部门的土地投入

系数与土地“生产能力”呈反比关系：北京市农业部门的土地投入系数最大为3292.5，其土地的“生产能力”相对较弱；金属矿采选业的土地投入系数最小为0.2，其土地“生产能力”最强；制造业、商业、服务业等归并后的部门的土地投入系数都较小，表现为土地的“生产能力”较强，主要是因为这些部门的土地具有较高的附加值。

根据公式(4—5)，利用表4—1中的土地投入系数以及完全需求系数矩阵，可以得到土地组成乘数矩阵，该矩阵表示部门为增加1单位的最终使用对土地资源的完全需求。由于篇幅限制，我们在这里并没有将其列出。

### 4.3.2 北京市2010年能源和温室气体组成乘数

能源是人类活动的物质基础。在当今世界，能源的发展、能源和环境，是全世界、全人类共同关心的问题，也是我国社会经济发展的重要问题。在生态足迹的计算中，化石能源主要包括煤炭、石油、天然气等不可再生资源，这些化石能源的使用，使得生态环境遭到严重的破坏。目前，北京市的经济发展正处在转型时期，虽然近年来一直在控制对这些能源的消耗量，加快清洁能源的生产，但是任务依然艰巨。

人类活动排放的温室气体主要有6种，即二氧化碳($CO_2$)、甲烷($CH_4$)、氧化亚氮($N_2O$)、氢氟碳化物(HFCS)、全氟化碳(PFCS)和六氟化硫($SF_6$)。大部分工业、交通运输业、农业、畜牧业等生产都直接地排放温室气体，尤其是能源部门更是与温室气体的排放有莫大的联系。此外，城市化的加速必然推动水泥、钢铁、电解铝、化工等传统高能耗、高排放产业的持续兴旺，因此温室气体的排放也将持续增加。

鉴于以上原因，我们在计算北京市的生态足迹时，将能源和温室气体排放纳入了北京市的生态足迹测算中。由于能源组成乘数矩阵和温室气体组成乘数矩阵的计算过程与土地组成乘数矩阵类似，为此我们在这里就省略了对其计算步骤的说明。

### 4.3.3 北京市2010年生态足迹

利用北京市2010年投入产出延长表提供的最终需求量数据(包括农村和城市居民最终消费、政府最终消费、固定资本形成和存货增加5项)，结合前文计算得到的土地、能量和温室气体排放组成乘数，根据公式(4—6)—(4—10)可以计算生态足迹的最终需求量。对于能量土地因子$\gamma$，本章采用100GJ/ha，对于温室气体土

地因子 $\tau$，本章采用 6.6t/ha(Wackernagel，1996)。分别计算土地部分、能量部分和温室气体部分的生态足迹后，加总得到生态足迹最终需求。生态足迹流出(调出和出口)量的计算与最终需求量类似，只需用投入产出表上的流出量数据代替最终需求量数据即可。

计算流入量(调入和进口)时，由于我们无法获得出口国的详细信息，因此这里采用两个简化假设：(1)假设与北京市有贸易活动的其他地区和国家与北京市具有相同的技术结构和技术水平；(2)调入或进口到北京市的货物和服务有最终使用和中间投入之分，由于我们无法获得用作中间投入的进口产品和服务的数据，所以我们在这里进行了忽略处理，认为进口的产品和货物都用于最终消费。故本文利用北京市 2010 年投入产出延长表中的流入数据以及前文计算的土地、能量和温室气体排放组成乘数，计算生态足迹流入量。利用最终需求量加上流出量再减去流入量就得到了北京市的生态足迹总量，计算结果请参见表 4－2。

**表 4－2　2010 年北京市分行业分种类的生态足迹情况**

单位：万公顷

| 部门 | 土地 | 能源 | 温室气体 | 合计 |
|---|---|---|---|---|
| 农林牧渔业 | 108.1 | 20.0 | 24.2 | 152.3 |
| 煤炭开采和洗选业 | 0.1 | 1.5 | 1.9 | 3.5 |
| 石油和天然气开采业 | 0.0 | 9.3 | 9.2 | 18.5 |
| 金属矿采选业 | 0.0 | 157.3 | 226.3 | 383.6 |
| 非金属矿及其他矿采选业 | 0.0 | 1.3 | 1.8 | 3.1 |
| 食品制造及烟草加工业 | 1.1 | 34.0 | 30.3 | 65.4 |
| 纺织业 | 0.3 | 3.4 | 4.1 | 7.8 |
| 纺织服装鞋帽皮革羽绒及其制品业 | 0.5 | 5.5 | 4.9 | 10.9 |
| 木材加工及家具制造业 | 0.2 | 2.0 | 2.2 | 4.5 |
| 造纸印刷及文教体育用品制造业 | 0.6 | 9.6 | 9.8 | 20.0 |
| 石油加工、炼焦及核燃料加工业 | 0.2 | 73.0 | 68.1 | 141.3 |
| 化学工业 | 0.5 | 76.2 | 73.7 | 150.3 |
| 非金属矿物制品业 | 0.7 | 61.5 | 71.6 | 133.8 |
| 金属冶炼及压延加工业 | 0.5 | 12.3 | 5.5 | 18.3 |
| 金属制品业 | 0.5 | 9.4 | 6.3 | 16.2 |
| 通用、专用设备制造业 | 1.6 | 29.9 | 19.6 | 51.1 |
| 交通运输设备制造业 | 1.5 | 51.7 | 26.4 | 79.5 |

续表

单位:万公顷

| 部门 | 土地 | 能源 | 温室气体 | 合计 |
|---|---|---|---|---|
| 电气机械及器材制造业 | 0.6 | 15.3 | 8.1 | 24.0 |
| 通信设备、计算机及其他电子设备制造业 | 1.2 | 40.8 | 16.9 | 58.9 |
| 仪器仪表及文化办公用机械制造业 | 0.4 | 2.4 | 2.4 | 5.2 |
| 工艺品及其他制造业 | 0.2 | 3.6 | 2.6 | 6.3 |
| 废品废料 | 0.1 | 2.4 | 3.0 | 5.4 |
| 电力、热力的生产和供应业 | 0.6 | 403.9 | 425.5 | 830.0 |
| 燃气生产和供应业 | 0.1 | 3.3 | 2.0 | 5.4 |
| 水的生产和供应业 | 0.1 | 3.8 | 3.2 | 7.1 |
| 建筑业 | 0.4 | 36.3 | 38.1 | 74.8 |
| 交通运输及仓储业 | 3.4 | 284.3 | 283.9 | 571.6 |
| 邮政业 | 0.2 | 12.9 | 12.9 | 25.9 |
| 信息传输、计算机服务和软件业 | 1.8 | 16.3 | 15.4 | 33.5 |
| 批发和零售业 | 2.4 | 37.7 | 37.5 | 77.5 |
| 住宿和餐饮业 | 1.2 | 50.5 | 38.3 | 90.0 |
| 金融业 | 1.2 | 8.4 | 8.3 | 17.8 |
| 房地产业 | 1.3 | 84.2 | 66.5 | 152.0 |
| 租赁和商务服务业 | 3.3 | 39.6 | 33.5 | 76.3 |
| 研究与试验发展业 | 0.6 | 5.9 | 5.1 | 11.6 |
| 综合技术服务业 | 0.8 | 21.5 | 18.5 | 40.8 |
| 水利、环境和公共设施管理业 | 0.4 | 7.3 | 7.0 | 14.7 |
| 居民服务和其他服务业 | 0.3 | 7.9 | 7.2 | 15.4 |
| 教育 | 0.8 | 47.7 | 38.8 | 87.3 |
| 卫生、社会保障和社会福利业 | 0.9 | 14.6 | 11.6 | 27.1 |
| 文化、体育和娱乐业 | 0.7 | 12.7 | 10.6 | 23.9 |
| 公共管理和社会组织 | 1.7 | 26.3 | 25.9 | 54.0 |
| 合计 | 140.6 | 1747.5 | 1708.4 | 3596.5 |
| 人均(公顷/人) | 0.1 | 0.9 | 0.9 | 1.9 |

从表4—2中的数据可以看出，北京市2010年的生态足迹总量为3596.5万公顷，与2005年的水平相比，降低了257.4公顷(王亚菲、陈长，2009)，但仍高于其生态承载能力(王洪波，2013)，因此北京市尚处于不可持续状态。从构成方式上来看，能源排放和温室气体排放吸收是影响北京市生态足迹大小的主要因素，分别占到了生态足迹总量的48.6% 和 47.5%；而直接占用的土地面积引起的生态足迹仅有140.6万公顷，还不到总量的3%。从人均量上来看，北京市2010年的人均生态足迹为1.9公顷，高于全国平均水平。

从生态占用方式来看：第一产业生产性土地占用最大，达0.06公顷，占人均土地总足迹的76.9%；第二产业能量用地和温室气体排放用地占用最大，达1.14公顷，占人均能量总足迹的58.6%。

从生产性土地占用的具体行业来看，占用100万公顷以上的行业有8个，它们分别是：农林牧渔业，金属矿采选业，石油加工、炼焦及核燃料加工业，化学工业，非金属矿物制品业，电力、热力的生产和供应业，交通运输及仓储业，房地产业。其中，第二产业有5个，集中于加工制造和热电生产供应；第三产业有2个，集中于交通运输和房地产业。近年来，随着人口的增加，交通运输压力和住房问题成为人们关注的热点问题。为了解决这些关系百姓民生的问题，政府在交通设施和保障性住房建设方面投入了大量的资金。由此我们可以推断，在短期内，这两个产业的生态足迹可能会进一步加大。

从三次产业生态足迹构成方面看：第二产业生态足迹最大，人均足迹为1.1公顷，占人均总足迹的59.1%；其次为第三产业，人均足迹为0.7公顷，占人均总足迹的36.7%；第一产业生态足迹最小，为0.1公顷，仅占人均总足迹的4.2%。

### 4.3.4 北京市生态足迹的流入和流出

随着经济全球一体化进程的迅速发展，地区之间以及地区与国家间的贸易活动促进了地区经济的发展，同时也造成地区的环境压力的进一步加大，投入产出法的分析结果体现了贸易活动对区域生态环境的影响，可以通过生态足迹流入、流出量进行具体分析。计算结果如表4—3所示。

**表 4—3　2000—2010 年北京市生态足迹的流入流出量**

单位:万公顷

| 部门 | 最终需求 | | | 流出 | | | 流入 | | |
|---|---|---|---|---|---|---|---|---|---|
| | 土地 | 能源 | 温室气体 | 土地 | 能源 | 温室气体 | 土地 | 能源 | 温室气体 |
| 农林牧渔业 | 288.8 | 53.4 | 64.5 | 149.5 | 27.6 | 33.4 | 330.1 | 61.0 | 73.8 |
| 煤炭开采和洗选业 | 0.1 | 2.2 | 2.7 | 0.1 | 3.2 | 3.9 | 0.2 | 4.0 | 4.7 |
| 石油和天然气开采业 | 0.0 | 35.0 | 34.5 | 0.0 | 186.6 | 183.8 | 0.0 | 212.2 | 209.0 |
| 金属矿采选业 | 0.0 | 496.0 | 713.6 | 0.0 | 940.3 | 1352.6 | 0.1 | 1279.0 | 1839.9 |
| 非金属矿及其他矿采选业 | 2.8 | 91.2 | 120.8 | 2.5 | 82.8 | 109.6 | 5.3 | 172.7 | 228.7 |
| 食品制造及烟草加工业 | 1.5 | 46.6 | 41.6 | 1.5 | 46.6 | 41.6 | 1.9 | 59.2 | 52.8 |
| 纺织业 | 1.4 | 19.2 | 23.2 | 1.4 | 18.7 | 22.6 | 2.5 | 34.6 | 41.7 |
| 纺织服装鞋帽皮革羽绒及其制品业 | 1.2 | 13.1 | 11.8 | 1.0 | 10.3 | 9.3 | 1.7 | 17.9 | 16.2 |
| 木材加工及家具制造业 | 0.4 | 3.8 | 4.1 | 0.4 | 3.7 | 3.9 | 0.6 | 5.4 | 5.8 |
| 造纸印刷及文教体育用品制造业 | 1.4 | 21.0 | 21.6 | 1.8 | 26.0 | 26.8 | 2.5 | 37.4 | 38.6 |
| 石油加工、炼焦及核燃料加工业 | 0.4 | 148.3 | 138.4 | 0.9 | 344.4 | 321.4 | 1.1 | 419.8 | 391.7 |
| 化学工业 | 0.9 | 146.1 | 141.2 | 1.1 | 179.2 | 173.2 | 1.5 | 249.1 | 240.7 |
| 非金属矿物制品业 | 1.2 | 108.3 | 126.0 | 1.2 | 109.2 | 127.0 | 1.7 | 155.9 | 181.4 |
| 金属冶炼及压延加工业 | 2.1 | 55.9 | 25.3 | 2.9 | 75.1 | 33.9 | 4.5 | 118.8 | 53.7 |
| 金属制品业 | 0.8 | 16.3 | 11.0 | 1.0 | 19.7 | 13.3 | 1.4 | 26.6 | 17.9 |
| 通用、专用设备制造业 | 1.5 | 28.2 | 18.4 | 1.5 | 28.4 | 18.6 | 1.4 | 26.7 | 17.5 |
| 交通运输设备制造业 | 1.0 | 33.7 | 17.2 | 3.0 | 107.3 | 54.8 | 2.5 | 89.4 | 45.6 |
| 电气机械及器材制造业 | 0.8 | 20.2 | 10.7 | 1.2 | 30.7 | 16.3 | 1.4 | 35.6 | 18.9 |
| 通信设备、计算机及其他电子设备制造业 | 1.3 | 43.2 | 17.9 | 2.9 | 100.0 | 41.4 | 3.0 | 102.4 | 42.3 |
| 仪器仪表及文化办公用机械制造业 | 0.3 | 2.3 | 2.3 | 0.6 | 4.0 | 4.1 | 0.6 | 3.9 | 3.9 |
| 工艺品及其他制造业 | 0.2 | 4.4 | 3.1 | 0.5 | 10.8 | 7.7 | 0.5 | 11.6 | 8.2 |
| 废品废料 | 0.2 | 8.6 | 10.4 | 0.3 | 12.6 | 15.3 | 0.4 | 18.7 | 22.7 |

续表

单位:万公顷

| 部门 | 最终需求 | | | 流出 | | | 流入 | | |
|---|---|---|---|---|---|---|---|---|---|
| | 土地 | 能源 | 温室气体 | 土地 | 能源 | 温室气体 | 土地 | 能源 | 温室气体 |
| 电力、热力的生产和供应业 | 0.8 | 577.0 | 607.9 | 1.0 | 695.9 | 733.1 | 1.2 | 869.0 | 915.5 |
| 燃气生产和供应业 | 0.2 | 6.4 | 3.7 | 0.2 | 7.3 | 4.3 | 0.3 | 10.3 | 6.0 |
| 水的生产和供应业 | 0.1 | 4.1 | 3.4 | 0.1 | 2.9 | 2.5 | 0.1 | 3.2 | 2.7 |
| 建筑业 | 0.4 | 33.7 | 35.3 | 0.2 | 21.1 | 22.2 | 0.2 | 18.5 | 19.4 |
| 交通运输及仓储业 | 6.1 | 502.8 | 502.2 | 10.1 | 835.4 | 834.4 | 12.7 | 1053.9 | 1052.7 |
| 邮政业 | 0.0 | 3.5 | 3.5 | 0.2 | 12.8 | 12.8 | 0.0 | 3.5 | 3.5 |
| 信息传输、计算机服务和软件业 | 0.9 | 8.0 | 7.6 | 1.2 | 11.0 | 10.4 | 0.3 | 2.7 | 2.5 |
| 批发和零售业 | 2.5 | 39.3 | 39.0 | 4.1 | 65.5 | 65.0 | 4.2 | 67.0 | 66.5 |
| 住宿和餐饮业 | 1.0 | 43.4 | 32.9 | 1.3 | 54.9 | 41.6 | 1.1 | 47.8 | 36.3 |
| 金融业 | 0.6 | 4.1 | 4.0 | 1.1 | 8.2 | 8.0 | 0.5 | 3.8 | 3.8 |
| 房地产业 | 1.3 | 80.6 | 63.7 | 0.2 | 14.4 | 11.4 | 0.2 | 10.9 | 8.6 |
| 租赁和商务服务业 | 2.2 | 26.0 | 22.0 | 4.4 | 52.3 | 44.3 | 3.2 | 38.8 | 32.8 |
| 研究与试验发展业 | 0.6 | 5.9 | 5.1 | 0.3 | 3.2 | 2.7 | 0.3 | 3.1 | 2.7 |
| 综合技术服务业 | 0.3 | 7.5 | 6.4 | 0.8 | 22.4 | 19.2 | 0.3 | 8.4 | 7.2 |
| 水利、环境和公共设施管理业 | 0.3 | 5.6 | 5.4 | 0.4 | 7.8 | 7.5 | 0.3 | 6.1 | 5.9 |
| 居民服务和其他服务业 | 0.3 | 8.1 | 7.3 | 0.2 | 6.1 | 5.5 | 0.3 | 6.2 | 5.6 |
| 教育 | 0.8 | 48.0 | 39.1 | 0.4 | 26.7 | 21.8 | 0.4 | 27.1 | 22.0 |
| 卫生、社会保障和社会福利业 | 1.3 | 22.3 | 17.8 | 0.0 | 0.7 | 0.6 | 0.5 | 8.4 | 6.7 |
| 文化、体育和娱乐业 | 0.5 | 10.5 | 8.8 | 0.6 | 11.1 | 9.3 | 0.5 | 8.9 | 7.4 |
| 公共管理和社会组织 | 1.8 | 27.3 | 26.9 | 0.9 | 14.0 | 13.8 | 1.0 | 15.0 | 14.8 |
| 合计 | 330.1 | 2860.9 | 3002.0 | 203.0 | 4240.9 | 4484.6 | 392.5 | 5354.3 | 5778.2 |
| | 6193.0 | | | 8928.5 | | | 11525.0 | | |
| 人均(公顷/人) | 3.3 | | | 4.8 | | | 6.2 | | |

从表4—3中可以看到，北京市2010年生态足迹总需求为6193万公顷，约为北京市土地总面积的37倍。生态足迹流入11525万公顷，流出8923.5万公顷，约是生态足迹流入的0.8倍，总体生态贸易呈现逆差。这表明，北京市的现有发展模式很大程度上依赖于对货物和服务的进口，在其光鲜亮丽的背后，其供给地区正承受着生态环境每况愈下的恶果。从人均量上来看，北京市2010年的人均生态足迹最终需求为3.3公顷；生态足迹输出也很大，达到人均4.8公顷，这更加重了北京市环境承载的负担，其可持续能力堪忧。

从生态贸易类型看：第一产业为净生态输入型，生产性土地与能量和温室气体用地均表现出逆差的特征；第二产业也为净生态输入型，同样表现出生产性土地与能量和温室气体用地均为逆差的特征；第三产业整体为净生态输入型，但是与前两个产业不同的是，生产性土地表现为逆差的特征。由此可见，要实现生态贸易平衡，必须减少生产性土地特别是农用地的输入以及能量用地的输入，所以第一产业各部门应加强土地利用效率，提高单位土地的生产能力，同时第二产业和第三产业各部门可以通过提高能源效率减少能量用地的进口。

## 4.4 2000—2010年北京市生态足迹的趋势变动分析

仅从单一年份对北京市的生态足迹进行分析，只能了解其当前的生态状况，而不能了解其演变进程。为了更为深刻的认识当前北京市资源环境问题所处的发展阶段，了解北京市生态状况的动态发展趋势，对其历史演变进行考察是十分必要的。2000年以来北京市在经济和社会发展方面都取得了显著成就，其城镇化程度也在不断提升。截止到2010年底，北京市城镇化率已经达到了86%，基本进入城镇化完成阶段。然而，在北京市社会经济不断取得长足发展的同时，其所面临的资源环境问题也日益突出。因此本文接下来的部分计算了北京市2000—2010年的生态足迹情况，意在从分析其生态足迹的历史变动趋势及现状中对北京市未来生态足迹的发展情况有一定的认识。

### 4.4.1 北京市生态足迹总量变动分析

我们利用前面已经编制的北京市2000年、2002年、2005年、2007年和2010年的不变价投入产出表、分行业的土地面积和能源及温室气体排放数据，分别计算了北京市相应年份的生态足迹。图4—1展示了2000年以来北京市生态足迹总量的变动情况。从图中可以看出，2000年到2002年，北京市的生态足迹总量呈现出明显的上升趋势，从 2000 年的 2048.1 万公顷增加到了 2002 年的 4117.7 万公顷，增加了一倍还多。出现这一现象的原因主要是由于利益因素的驱动，一些企业通过加大资源的投入量来达到增加利润的目的造成的；2002 年至 2010 年，北京市生态足迹总量整体上呈现出下降的趋势，但是绝对值依然很大。

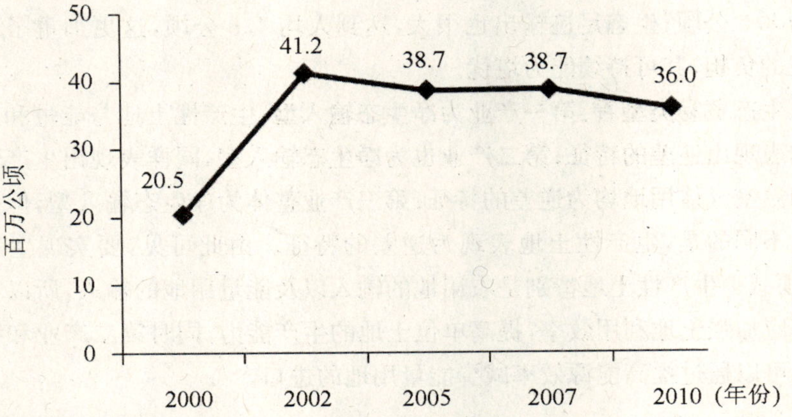


**图 4—1　2000—2010 年北京市生态足迹总量变动趋势图**

### 4.4.2　北京市生态足迹三次产业的变动分析

2000—2010 年，北京市的三次产业结构发生了很大的变化，这一变化对北京市生态足迹的变动趋势产生了很大的影响。为了揭示三次产业结构变革给北京市生态足迹总量带来的影响，我们计算了 2000 年至 2010 年北京市三次产业的生态足迹。从总量上来看，第一产业的生态足迹最小，大约在 150 万公顷左右；第二产业的生态足迹最大，这主要是由第二产业的特点决定的；第三产业的生态足迹总量一直在增加，由 2000 年的 532.4 万公顷增加到了 2010 年的 1319.4 万公顷，增加了一倍还多。从发展趋势上来看，第一产业和第二产业的生态足迹都经历了先上升后下降的过程，与总体生态足迹的发展趋势大体相同。这主要是由于北京市一直在努力优化产业结构、淘汰落后企业，以及不断加强开发和利用清洁能源的结果。

### 4.4.3　北京市生态足迹分行业变动分析

前面两个小节的分析，主要是从发展趋势上进行定性分析。为了观察行业生态足迹的变动情况，找出生态足迹大的部门，并针对该部门的特点提出相应的策略，我们计算了各年分行业的生态足迹。结果如表 4—4 所示。

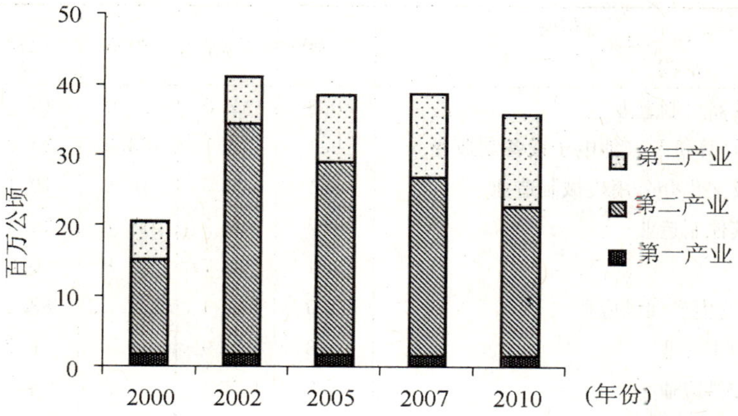


**图 4—2　2000—2010 年北京市三次产业的生态足迹构成情况**

**表 4—4　2000—2010 年北京市分行业的生态足迹情况**

单位:万公顷

| 部门＼年份 | 2000 | 2002 | 2005 | 2007 | 2010 |
|---|---|---|---|---|---|
| 农林牧渔业 | 167.9 | 173.0 | 161.2 | 158.9 | 152.3 |
| 煤炭开采和洗选业 | 7.4 | 10.5 | 8.7 | 4.7 | 3.5 |
| 石油和天然气开采业 | 0.0 | 0.0 | 32.2 | 1.6 | 18.5 |
| 金属矿采选业 | 1.6 | 13.1 | 10.1 | 4.7 | 383.6 |
| 非金属矿及其他矿采选业 | 1.7 | 4.4 | 4.2 | 8.8 | 3.1 |
| 食品制造及烟草加工业 | 41.9 | 53.0 | 98.9 | 82.6 | 65.4 |
| 纺织业 | 17.9 | 18.9 | 15.8 | 14.9 | 7.8 |
| 纺织服装鞋帽皮革羽绒及其制品业 | 8.0 | 8.7 | 20.3 | 21.9 | 10.9 |
| 木材加工及家具制造业 | 3.2 | 5.7 | 7.5 | 13.1 | 4.5 |
| 造纸印刷及文教体育用品制造业 | 16.4 | 15.5 | 28.1 | 42.2 | 20.0 |
| 石油加工、炼焦及核燃料加工业 | 246.8 | 1209.3 | 248.4 | 174.9 | 141.3 |
| 化学工业 | 161.4 | 126.9 | 158.0 | 179.1 | 150.3 |
| 非金属矿物制品业 | 153.8 | 194.0 | 208.4 | 195.2 | 133.8 |
| 金属冶炼及压延加工业 | 514.0 | 933.7 | 601.7 | 702.9 | 18.3 |
| 金属制品业 | 9.6 | 10.4 | 25.0 | 33.0 | 16.2 |
| 通用、专用设备制造业 | 26.6 | 20.9 | 68.1 | 67.7 | 51.1 |
| 交通运输设备制造业 | 23.7 | 26.6 | 103.5 | 55.6 | 79.5 |

续表 单位:万公顷

| 部门 \ 年份 | 2000 | 2002 | 2005 | 2007 | 2010 |
|---|---|---|---|---|---|
| 电气机械及器材制造业 | 8.8 | 12.8 | 26.0 | 19.1 | 24.0 |
| 通信设备、计算机及其他电子设备制造业 | 9.1 | 14.1 | 163.0 | 33.8 | 58.9 |
| 仪器仪表及文化办公用机械制造业 | 3.1 | 2.6 | 10.4 | 10.1 | 5.2 |
| 工艺品及其他制造业 | 1.7 | 4.9 | 15.7 | 10.4 | 6.3 |
| 废品废料 | 3.1 | 2.7 | 1.8 | 0.8 | 5.4 |
| 电力、热力的生产和供应业 | 53.0 | 541.4 | 814.5 | 783.2 | 830.0 |
| 燃气生产和供应业 | 0.3 | 0.9 | 2.1 | 9.2 | 5.4 |
| 水的生产和供应业 | 3.5 | 3.1 | 7.2 | 6.3 | 7.1 |
| 建筑业 | 31.3 | 42.9 | 51.9 | 52.1 | 74.8 |
| 交通运输及仓储业 | 161.5 | 227.7 | 302.6 | 435.9 | 571.6 |
| 邮政业 | 14.2 | 14.6 | 24.2 | 24.1 | 25.9 |
| 信息传输、计算机服务和软件业 | 16.8 | 51.4 | 20.8 | 102.4 | 33.5 |
| 批发和零售业 | 40.0 | 56.5 | 68.0 | 140.0 | 77.5 |
| 住宿和餐饮业 | 18.6 | 22.8 | 85.3 | 61.4 | 90.0 |
| 金融业 | 53.8 | 72.1 | 14.2 | 82.3 | 17.8 |
| 房地产业 | 35.6 | 42.7 | 148.5 | 52.9 | 152.0 |
| 租赁和商务服务业 | 31.0 | 49.1 | 59.1 | 59.4 | 76.3 |
| 研究与试验发展业 | 14.0 | 16.4 | 10.3 | 24.1 | 11.6 |
| 综合技术服务业 | 23.9 | 40.6 | 32.5 | 74.3 | 40.8 |
| 水利、环境和公共设施管理业 | 8.2 | 3.4 | 12.4 | 6.9 | 14.7 |
| 居民服务和其他服务业 | 6.1 | 4.7 | 35.1 | 8.5 | 15.4 |
| 教育 | 10.4 | 17.5 | 70.2 | 27.3 | 87.3 |
| 卫生、社会保障和社会福利业 | 3.9 | 8.5 | 25.4 | 27.5 | 27.1 |
| 文化、体育和娱乐业 | 68.2 | 20.8 | 21.0 | 24.6 | 23.9 |
| 公共管理和社会组织 | 26.2 | 18.9 | 43.2 | 32.0 | 54.0 |

从表 4－4 中我们可以发现,2000 年以来,电力、热力的生产和供应业,交通运输及仓储业,房地产业,建筑业的生态足迹大体上都在不断增加,尤其是电力、热力的生产和供应业,其生态足迹由 2000 年的 53.0 万公顷增加到了 2010 年的 830.0 万公顷,十年来增加了将近 16 倍;大多数工业行业的生态足迹总量都呈现出下降的趋势,这一方面归功于生产技术的提高,以及清洁能源的利用,一方面依赖于政

府采取了一系列的强制措施限制能源消耗量高的行业退出。

### 4.4.4 北京市人均生态足迹的变动分析

人均生态足迹表征每个居民对资源环境压力的变化情况，它能够不受人口总量因素的干扰，可以更为客观的反映生态足迹情况。图4—3展示了北京市2000—2010年人均生态足迹的变化情况，从中可以看出，北京市的人均生态足迹经历了先上升后下降的过程。其中2000—2002年期间，北京市人均生态足迹经历了一个较为剧烈的变化过程。人均生态足迹从1.6公顷骤增至了2.9公顷，增加幅度达到87.8%，这主要是由于北京市能源资源消费量的提高。2002年之后，人均生态足迹量呈现出下降的趋势，2010年的人均量更是降到了2公顷以下。分析其原因，这可能与2008年北京市奥运会成功举办和全球气候变化引发的发展低碳经济有不可分割的关系。

**图4—3 2000—2010年北京市生态足迹的人均变动情况**

### 4.4.5 北京市万元GDP生态足迹的变动分析

万元GDP生态足迹是衡量一个地区GDP生产所占用生态足迹的一个指标，它表示的是每万元GDP所占用的生态足迹，是一个GDP生产的生态效率指标，反映了技术进步和生活水平的提高对可持续发展和生态安全的影响（王洪波，2013）。与之相似的指标还有万元GDP能耗等，均是衡量经济发展效率的指标。万元GDP生态足迹的计算公式为：

$$万元GDP生态足迹=总生态足迹/GDP$$

该指标越高，表明目标地区生态足迹利用效率越低，反之则其资源利用效率越高。图 4－4 展示了北京市 2000－2010 年间万元 GDP 生态足迹的发展变化趋势。由此我们不难发现，万元 GDP 生态足迹在经历了 2002 年的大幅度上升之后，近年来在不断地下降。2010 年，万元 GDP 生态足迹降到了 0.4 公顷，仅为 2002 年的 35.8%。而且我们不难推断，随着技术的进步和人们环保意识的加强，这一指标会继续下降。

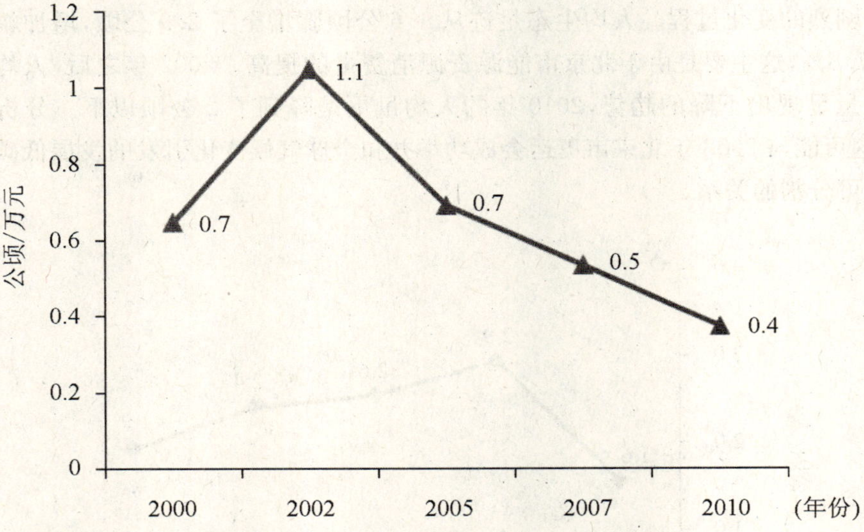


**图 4－4　2000－2010 年北京市万元 GDP 生态足迹的变动情况**

## 4.5　结论

本章结论为：北京市社会经济发展仍处于不可持续状态。北京市的生态足迹总量、人均量和万元 GDP 生态足迹都经历了先上升后下降的过程。其中 2000－2002 年期间，北京市生态足迹的总量、人均量和万元 GDP 指标经历了一个较为明显的增长过程。2002 年之后，这三个指标均呈现出下降的趋势，2010 年的人均量更是降到了 1.9 公顷。总体来看，以生态足迹测度的北京市生态环境压力仍高于其生态承载能力，因此，北京市的社会经济发展尚处于不可持续状态；总体生态贸易处于逆差状态，第一产业生产性土地占用最大，第二产业能量及温室气体排放用地占用最大；第一、二产业表现为生产性土地与能量和温室气体用地均为逆差的特征，而第三产业生产性土地表现为顺差的特征，其中，交通运输及仓储业的生产性土地占用最大。第一产业各部门应加强土地利用效率以减少生产性土地输入，同时第二产业各部门应提高能源效率以减少能量和温室气体用地输入，以实现北京市可持续发展的目标。

本章研究中需要进一步改进的地方有：(1)由于当前无法获得实物型投入产出表，本文是以货币型投入产出表为基础计算生态足迹的。货币型投入产出表假设货币流与物质流之间是线性的，这会造成一定的误差。(2)需要采用更准确的各部门土地投入量，提高计算的精度，以便更科学反映由人类活动造成的环境影响。(3)关于生态足迹流入量的计算采用了两个假设，简化了贸易问题，需要进一步完善生态足迹流入与流出的计算。(4)只能根据最终部门生态足迹的大小来提出相应的改善措施，不能追溯其上游供给企业的生态足迹状况，来达到从根源上控制生态足迹增加的目的。

# 第5章 北京市生产性土地的部门关联效应分析

随着国际金融危机的扩散和蔓延以及气候变化的进一步威胁，它们对北京市经济发展的冲击和造成的影响将更加明显。北京市在加快转变经济发展方式，调整优化经济结构，推进节能减排，发展低碳经济等方面，必须与资源环境的生态承载能力相协调。这就要求我们在低碳转型的发展过程中，对自然资源利用状况以及污染排放进行科学的定量测度。

## 5.1 研究综述

生态足迹(Ecological Footprint，EF)作为一种资源利用分析工具，主要用来计算一定的人口和经济规模下，人类为维持自身生存而利用的自然资源和吸纳产生的废物所必需的生产性土地面积。生产性土地的部门关联效应分析则是以生态足迹的投入产出模型为基础，从经济系统内部分析部门内部及部门间对生产性土地的利用情况，明确具体产业部门生产性土地的直接占用量及该部门对其他部门的间接投入与间接消耗，确定经济系统的关键部门，解析重要产业部门经济增长与生态环境的具体联系。在部门关联效应的研究中，假设抽取法(Hypothetical Extraction Method，HEM)最早用于分析产业结构变动时的经济影响(Schultz，1977)。通过假设某一部门在经济系统中消失，在缺少这个“被抽取的部门”与其他部门的相互作用时，计算损失的产量(机会产量)来评定该部门在经济系统中的重要程度(尚海洋，2006)。基于 HEM 方法评定部门间的关联效应只关注了部门的直接消耗与间接消耗关系，直接消耗系数因未与最终需求建立联系，计算结果只依赖于部门中间投入，不能完全反应部门间的关联(Sánchez Chóliz，Duarte，2003)。Duarte 在对西班牙经济系统的水资源利用研究中对此进行了改进，计算了生产部门水资源的直接效应、间接效应、混合效应、外部后向关联、外部前向关联及纵向总效应等六项部门关联效应指标，分析了西班牙生产部门对水资源的直接与间接消耗行为，并根据分析的结果确定关键的生产部门，准确地进行部门分类(Duarte 等，2002)。马忠等使用改进的 HEM 方法分别对国家和张掖市的产业部门用水关联进行了分析(马忠等，2010；马忠、徐中民，2008)。在此基础上，本文基于生态足迹的投入产出模型(Wiedmann 等，2003)，采用 Duarte 改进的 HEM 方法考察北京市具体产业部门直接和间接的土地资源消耗，以及部门间的相互联系和影响。

## 5.2 方法与数据

### 5.2.1 HEM 关联效应分析方法

基于投入产出分析的生态足迹模型最早由 Bicknell 提出，该模型将投入产出表应用于生态足迹分析中，通过土地投入系数的计算得到不同产业的生态占用面积(Bicknell 等，1998)。之后，Ferng 利用土地乘子分解矩阵对 Bicknell 的方法做了改进(Ferng，2001)。国内运用 IO－EF 模型的研究多在国家层面上(邱东、席玮，2008)，区域层面的研究数量少且仅停留在省级层面(赖力等，2006；尚海洋、徐中民，2007)。

关联效应分析法以投入产出模型为基础，其基本思想是：要明确部门 $i$ 对于经济系统的影响，可以通过比较经济系统的产量 $x$ 与假设不存在部门 $i$ 情形下经济系统的产量 $x^*$ 得到。假设该情形下的技术系数矩阵为 $A^*$，抽取 $i$ 部门的最终需求 $y_i$ 后的向量为 $y^*$，假设情形下的经济系统产量可以描述为：$x^* = (I - A^*)^{-1} y^*$。按照这种假设，部门的产量将下降。通过对经济系统进行部门分块，可以确定相似经济部门构成的部门块(块内各部门)与经济系统其他部门块(其他部门)间的关联作用。

假设 $Q_s$ 代表由经济系统若干部门(也可以是一个部门)构成的部门块，那么 $Q_{-s}$ 则表示由其他剩余部门构成的部门块。依照矩阵分块方法，对于任意矩阵 $Q$ 可以表示为：

$$Q = \begin{bmatrix} Q_{s,s} & Q_{s,-s} \\ Q_{-s,s} & Q_{-s,-s} \end{bmatrix} \tag{5-1}$$

根据经济系统的分块方法，对分块后的经济系统可以描述为：

$$\begin{bmatrix} x_s \\ x_{-s} \end{bmatrix} = \begin{bmatrix} A_{s,s} & A_{s,-s} \\ A_{-s,s} & A_{s,s} \end{bmatrix} \begin{bmatrix} x_s \\ x_{-s} \end{bmatrix} + \begin{bmatrix} y_s \\ y_{-s} \end{bmatrix} = \begin{bmatrix} \Delta_{s,s} & \Delta_{s,-s} \\ \Delta_{-s,s} & \Delta_{s,s} \end{bmatrix} \begin{bmatrix} y_s \\ y_{-s} \end{bmatrix} \tag{5-2}$$

其中 $\Delta = (I - A)^{-1}$。

对于假设抽取某部门块后的经济系统，可以将一个或多个块的 $A_{ij}$ 省略或设空。假设经济中块 $Q_s$ 不与其他部门进行买卖，则假设经济系统的生产关系可以描述为：

$$\begin{bmatrix} x_s^* \\ x_{-s}^* \end{bmatrix} = \begin{bmatrix} A_{s,s}^* & 0 \\ 0 & A_{s,s}^* \end{bmatrix} \begin{bmatrix} x_s^* \\ x_{-s}^* \end{bmatrix} + \begin{bmatrix} y_s \\ y_{-s} \end{bmatrix} = \begin{bmatrix} (I-A_{s,s})^{-1} & 0 \\ 0 & (I-A_{s,s})^{-1} \end{bmatrix} \begin{bmatrix} y_s \\ y_{-s} \end{bmatrix} \tag{5—3}$$

“被抽取的部门块”对产量变化的影响可以表示为：

$$x - x^* = \begin{bmatrix} x_s - x_s^* \\ x_{-s} - x_{-s}^* \end{bmatrix} = \begin{bmatrix} \Delta_{s,s} - (I - A_{s,s})^{-1} & \Delta_{s,-s} \\ \Delta_{-s,s} & \Delta_{-s,-s} - (I - A_{-s,-s})^{-1} \end{bmatrix} \begin{bmatrix} y_s \\ y_{-s} \end{bmatrix}$$

$$= \begin{bmatrix} B_{s.s} & B_{s.-s} \\ B_{-s.s} & B_{-s.-s} \end{bmatrix} \begin{bmatrix} y_s \\ y_{-s} \end{bmatrix} \tag{5—4}$$

对于部门块 $Q_s$ 的总关联(Total Linkage, TL)、前向关联(Forward Linkage, FL)和后向关联(Backward Linkage, BL)，分别可以定义为：$TL = u'(x - x^*)$、$BL_s = u' \begin{bmatrix} B_{s,s} \\ B_{-s,s} \end{bmatrix} y_s$ 和 $FL_s = u' \begin{bmatrix} B_{s,-s} \\ B_{-s,-s} \end{bmatrix} y_{-s}$，其中 $u' = (1, 1, \ldots, 1)$，向量 $u'$ 表示单位货币价值。

### 5.2.2 改进的 HEM 关联效应分析方法

改进的 HEM 方法将(5—4)式进行分解，即对部门块 $Q_s$ 的影响分解为内部效应、混合效应、外部(或净)后向关联、外部(或净)前向关联和纵向总效应几个部分(Duarte 等，2002)。

(1)内部效应(Internal Effect, IE)

$$IE = u_s' (I - A_{s,s})^{-1} y_s \tag{5—5}$$

指部门块 $Q_s$ 为取得最终消费 $y_s$，而消耗的由部门块 $Q_s$ 自身独立生产的产品。“内部”即生产、销售和购买都只发生在部门块 $Q_s$ 内部。

(2)混合效应(Mixed Effect, ME)：

$$ME = u_s' [\Delta_{s,s} - (I - A_{s,s})^{-1}] y_s \tag{5—6}$$

指部门块 $Q_s$ 为取得最终消费 $y_s$，而消耗的由部门块 $Q_s$ 及其他部门块参与生产的产品。“混合”是因为产品最初是由部门块 $Q_s$ 售出，经过其他部门的生产加工后，又被重新购买回到部门块 $Q_s$，在实现最终需求过程中消耗。

(3)外部(或净)后向关联(External or net Backward Linkage, EBL)：

$$EBL = u_{-s}' \Delta_{-s,s} y_s \tag{5—7}$$

指为实现最终需求 $y_s$，部门块 $Q_s$ 对部门块 $Q_{-s}$ 的直接和间接总需求，代表了部门块为满足自己需求的“净进口”。

(4)外部(或净)前向关联(External or net Forward Linkage，EFL)：

$$EFL = u_s' \Delta_{s,-s} y_{-s} \tag{5-8}$$

外部前向关联代表了总产出中，没有被部门块在实现最终需求过程中消耗(直接或间接消耗)的产出，也就是说部门块 $Q_s$“卖”给 $Q_{-s}$，供其在实现最终需求 $y_{-s}$ 过程中消耗，它代表部门块 $Q_s$ 的“净出口”。

(5)纵向总效应(Vertically Integrated Production，VIP)：

$$VIP = IE + ME + EBL \tag{5-9}$$

$VIP$ 表示为了取得 $y_s$ 最终需求需要的直接与间接总投入。

要研究部门间生产性土地使用的关联关系，利用土地资源投入系数向量 $T_l$ 替代 $u'$ 向量，相应地可以得到生产性土地资源部门间关联效应的四项基本指标：$T_l(I - A_{s,s})^{-1} y_s$ 、$T_l[\Delta_{s,s} - (I - A_{s,s})^{-1}] y_s$ 、$T_{-l}\Delta_{-s,s} y_s$ 和 $T_l \Delta_{s,-s} y_{-s}$ ；通过指标的组合，可以得到土地资源纵向总效应。

对于土地资源而言，内部效应是部门块在生产仅由本部门块内的部门使用的产品过程中所消耗的土地资源；混合效应是部门块用以生产先由本部门块出售给其他部门块、再被本部门回购的产品所消耗的土地资源；外部后向关联指本部门块在实现最终需求时，通过其他部门提供的产品过程中所利用的土地资源，即本部门块通过进口产品，对其他部门块土地资源的利用；外部前向关联指本部门块在生产作为其他部门投入的产品过程中利用的土地资源，并且这种产品是不购回的，即本部门块通过产品出口向其他部门块提供的土地资源。内部效应、混合效应、外部后向关联的组合可以得到土地资源纵向总效应，它表示部门块实现最终需求的直接和间接土地资源使用，反映了实现最终需求的土地资源总使用。

比较土地资源的纵向总效应与直接消耗，如果土地资源纵向总效应大于直接消耗，表明其生产过程使用其他部门的土地资源；如果纵向总效应小于直接消耗，表明其节省了土地资源以供给其他部门使用。

## 5.3 北京市2007年生产性土地的部门关联效应分析

### 5.3.1 数据来源与部门块划分

本章利用北京市 2007 年 42 部门的投入产出表及有关数据，计算出北京市

2007年生态足迹最终需求量。在进行生产性土地的部门关联效应分析时，参照Duarte的研究，将北京市42部门投入产出表分类划为9个部门块（Sánchez Chóliz, Duarte, 2003），每个部门块内的部门都具有相近的生产性质。具体分块为：部门块1：农业；部门块2：煤炭开采和洗选业、石油和天然气开采业、金属矿采选业、非金属矿采选业、石油加工及核燃料加工业、电力热力的生产供应业、燃气生产和供应业、水的生产和供应业；部门块3：食品制造及烟草加工业；部门块4：纺织业、木材加工及家具制造业、造纸印刷及文教用品制造业、服装皮革羽绒及其制品业、非金属矿物制品业；部门块5：化学工业、金属冶炼及压延加工业、金属制品业、通用专用设备制造业、电气机械及器材制造业、仪器仪表及文化办公机械制造业、交通运输设备制造业、通信设备及其他电子设备制造业、其他制造业、废品废料；部门块6：建筑业；部门块7：交通运输及仓储业；部门块8：邮政业、批发和零售贸易业、信息传输计算机服务和软件业、金融保险业、房地产业、租赁和商务服务业、旅游业、科学研究事业、综合技术服务业、其他社会服务业、教育事业、卫生、社会保障和社会福利业、文化、体育和娱乐业、公共管理和社会组织；部门块9：住宿和餐饮业。

### 5.3.2 生产性土地的直接消耗与纵向总效应

北京市9个部门块生产性土地的关联效应指标计算结果如表5—1所示。

表5—1 各部门块土地资源关联效应计算结果

| 部门块 | 直接消耗 | | 纵向总效应 | | 内部效应 | | 混合效应 | | 外部后向关联 | | 外部前向关联 | |
|---|---|---|---|---|---|---|---|---|---|---|---|---|
| | 万公顷 | % | 万公顷 | % | 万公顷 | % | 万公顷 | % | 万公顷 | % | 万公顷 | % |
| 1 | 35.6 | 72.5 | 49.1 | 137.9 | 48.4 | 98.4 | 0.5 | 1.0 | 0.3 | 0.6 | 2.3 | 4.7 |
| 2 | 1.0 | 263.9 | 0.4 | 37.9 | 0.1 | 27.8 | 0.0 | 5.6 | 0.2 | 66.7 | 2.2 | 613.9 |
| 3 | 0.3 | 5.1 | 5.7 | 1951.7 | 0.2 | 3.0 | 0.0 | 0.0 | 5.5 | 97.0 | 0.2 | 3.2 |
| 4 | 0.4 | 3.6 | 11.8 | 2814.3 | 0.6 | 4.7 | 0.1 | 0.6 | 11.2 | 94.8 | 0.9 | 7.4 |
| 5 | 3.4 | 60.2 | 5.6 | 166.1 | 1.6 | 28.7 | 0.3 | 5.2 | 3.7 | 66.1 | 3.0 | 52.9 |
| 6 | 0.5 | 6.6 | 7.1 | 1506.4 | 0.4 | 5.2 | 0.0 | 0.1 | 6.7 | 94.6 | 0.1 | 0.9 |
| 7 | 0.9 | 209.8 | 0.4 | 47.7 | 0.1 | 19.5 | 0.0 | 2.4 | 0.3 | 78.1 | 1.0 | 234.2 |
| 8 | 6.1 | 53.6 | 11.5 | 186.5 | 1.6 | 14.1 | 0.4 | 3.1 | 9.5 | 82.8 | 1.9 | 16.7 |
| 9 | 0.6 | 21.1 | 2.9 | 475.0 | 0.2 | 6.3 | 0.0 | 0.4 | 2.7 | 93.3 | 0.5 | 17.2 |
| 合计 | 48.7 | 696.4 | 94.3 | 7323.4 | 53.0 | 207.6 | 1.3 | 18.4 | 40.1 | 673.9 | 11.9 | 950.9 |

由表5—1可以看出，在所划分的9个部门块中，只有包含煤炭开采和洗选业、

石油和天然气开采业、金属矿采选业、非金属矿采选业、石油加工及核燃料加工业、电力热力的生产供应业、燃气生产和供应业、水的生产和供应业的部门块 2 和交通运输及仓储业部门块 7 的生产性土地的纵向总效应比相应部门块土地的直接消耗小，其他部门生产性土地的直接消耗均大于纵向总效应。由此可知，部门块 2 与部门块 7 在实现最终需求过程，可以向部门块以外的经济部门以产品或服务形式提供土地资源，而其他部门在实现最终需求时需要部门块以外的其他部门土地资源投入。从部门分块的化分原则来看，部门块 2 主要以煤炭、石油、天然气及矿物资源的开采等为主，可以通过大量的能源输出，间接为其他部门生产提供土地资源；部门块 7 主要以交通运输和仓储业为主，通过向其他部门块提供运输服务，间接转让土地资源。比较部门块 2、部门块 7 土地资源纵向总效应的相对关系，部门块 2(37.9%)要小于部门块 7(47.7%)，这表明部门块 2 比部门块 7 能向本部门块以外转让出更多土地资源。

部门块 1 主要以农业部门为主，其土地资源的纵向总效应约为直接消耗的 1.4 倍，也需要其他部门输入土地资源。比如由于农业用水紧张，需要间接占用其他部门如水的生产供应业的土地资源。对于部门块 3、部门块 4、部门块 5、部门块 6 等四个部门块来说，由于主要以工业生产部门为主，其表现出来的土地资源的关联特征相似。从纵向总效应与直接消耗的比较可以看到，各部门块的土地直接消耗远小于纵向总效应。

部门块 8、部门块 9 主要是由服务业等非物质生产部门构成。从表 1 的计算结果可知，两部门块直接消耗土地资源都很小，但实现最终需求过程中占用的土地资源量远远超过直接消耗量，并且部门块 8 要远高于部门块 9。主要原因是：部门块 9 中包含住宿和餐饮业部门等经营性质的服务行业，而部门 8 中主要是以金融保险、社会文教娱乐等社会服务行业为主。

由上述分析可知，土地资源纵向总效应超过直接消耗的部门块主要是由制造业、建筑业和服务业等部门构成。这是由生产性质所决定的，这些行业需要大量的初级产品投入，导致这些部门在实现最终需求过程中，需要通过部门外产品的投入，间接利用其他部门的土地资源。

### 5.3.3 生产性土地的内部效应、混合效应和外部关联效应

以农业生产为主的部门块 1，由于本部门块内消耗了大部分的最终产品，生产性土地的内部效应达到了 98.4%；其回购部门块前期出售的产品作为投入部分，使得土地资源的混合效应部分为 1.0%；而通过进口部门块以外产品，用于实现最

终需求部分即土地资源的外部后向关联仅为0.6%,所占用的比例较小。

部门块2的纵向总效应占直接消耗的比重为37.9%,因此可以提供给其他部门使用的生产性土地的比例达到62.1%,表明部门块2在实现最终需求的过程中,将大部分土地资源输出到其他部门块,所以其外部后向关联达到613.9%,这也是由部门块2的生产性质所决定。煤炭、石油、天然气及矿物资源是其他行业进行生产的能源来源,必然要向其他部门进行大量的能源输出,以满足生产需要。

部门块7向经济系统其他部门间接转让土地资源,可以提供转让的比例达到52.3%(1-47.7%);其内部效应与纵向总效应比值为19.5%,表明部门块7在实现最终需求的过程中,部门块在生产供自身消耗的本部门产品利用的土地资源量,是部门块7土地资源总使用量的19.5%。由于交通运输及仓储业可以作为特殊的加工部门,其加工过程很少造成产品质与量的变化,却只改变物质的空间位置等属性,这样就便于理解部门块的外部后向关联达到78.1%,外部前向关联达到234.2%。

部门块3、4、5、6这四个部门块,各部门土地资源的外部后向关联都很大。原因是:这些部门的生产活动主要是以加工其他部门提供的产品为主,特别是来自部门块1的农业部门的初级产品投入,以及部门块2中开采的煤炭、石油、天然气及金属、非金属矿产资源。这四个部门块土地资源的内部效应都较小,表明部门块在生产供本部门块使用的产品过程中,消耗土地资源较小;同时,这些部门块的土地资源混合效应也很小,说明这些部门在生产前期出售给其他部门,之后回购并作为本部门生产投入的产品过程中消耗的土地资源较小。

部门块8和部门块9作为服务生产部门,在其实现最终需求过程中,需要进口其他部门的产品作为投入,表现在部门块的后向关联效应占纵向总效应的比例较大,两部门块分别达到82.8%和92.3%。由于部门块的生产部门构成特性,住宿和餐饮业等构成的部门块9的外部后向与外部前向关联,要比社会及个人服务行业等构成的部门块8略大些;两部门块由于回购部门产品现象产生的混合效应都很小。

## 5.4 结论

本章基于生态足迹的投入产出模型,利用Duarte改进后的HEM方法,计算土地资源部门块关联效应分析指标,并以北京市2007年9部门块土地资源部门块关联效应分析为例进行了实证研究。主要结论为:只有采选业部门块和交通运输及仓储业部门块可以向本部门块以外转让部分土地资源；通过比较纵向总效应与直接消耗，可知采选业部门块有更大的土地资源转让潜力；其余几个部门块在实现最终需求过程中，都需要从部门块以外以产品形式获取土地资源，支持本部门块的发展，这样使得各部门块的外部后向关联及外部前向关联都很大。我们认为：土地资源利用来源于需求，土地资源关联效应实际上是经济系统部门间土地资源需求的转移。如果最终需求总量不变，则其结构调整不会对土地资源总量产生影响；改进的 HEM 方法结合了生态足迹最终需求，分析直接土地资源消耗数量，分解影响部门土地资源的组成因素，可以更直接、明确地量化部门间以及部门内部土地资源的关联关系；本文的研究以货币型投入产出表为基础计算生态足迹，分析土地资源的部门关联效应，如果能够以实物型投入产出表为基础，可以提高部门关联效应的分析精度，更加科学地反映经济系统中各产业部门土地资源的关联特性。

# 第6章 北京市生态足迹的结构分析

最终需求购买刺激了北京市生产过程的整个供应链，导致各个行业部门为生产用于中间投入和最终需求的产品而对生态产生影响(资源消耗和污染排放)。从生态足迹的角度看，就是消耗资源和吸纳污染的生产性土地面积。第4章和第5章基于投入产出分析对北京市生态足迹的研究，从总量的角度分析北京市生态足迹、足迹变化以及行业间的土地关联效应。而政策以及商业决策通常是在行业层面上实施的，需要识别产生显著生态足迹的生产供应链，对此进行相应的治理与控制措施，降低能源资源消耗和减少环境污染。

北京是从城市层面研究生产、消费和贸易环境影响的理想案例。因为，北京具有以服务业为主导的国际大都市特征，近年来经济处于转型的关键时期，人口规模巨大，城镇化程度高。而且，北京的社会经济发展对外部区域的依存度很高；建筑和房地产等行业发达。因此，本章我们从经济系统供应链的角度，深入分析北京市生态足迹的生产、消费和贸易结构路径。

## 6.1 研究综述

大多数研究使用投入产出分析(Input—Output Analysis, IOA)研究经济活动的环境影响(Gay, Proops, 1993; Lenzen, 1998; Munksgaard 等, 2005)。IOA 的突出优势是给定最终需求对生产过程的刺激作用，能够追踪错综复杂的生产供应链。反映 IOA 这项功能的技术通常称为结构路径分析(Structural Path Analysis, SPA)(Defourny, Thorbecke, 1984)。尽管 SPA 具有这样的功能，但其应用至今为止还比较有限。早期的研究主要关于社会核算矩阵(Social Accounting Matrix, SAM)框架中的关联效应(Defourny, Thorbecke, 1984; Khan, Thorbecke, 1989)。

近年来，使用混合生命周期评估的方法研究环境影响(Lenzen, 2002; Treloar, 1997; Treloar 等, 2001)。Manfred Lenzen 和 Glen Peters 在 SPA 的环境应用中

发挥了重要作用，例如，澳大利亚经济中的重要环境关联效应（Lenzen，2003）；生态流量以及相互关联的生态一经济网络（Lenzen，2007）；国际贸易驱动的发达国家的生态多样化威胁（Lenzen 等，2012）；全球稀缺水贸易（Lenzen 等，2013）；挪威住户消费模式对环境的影响（Peters，Hertwich，2006a）；国际贸易对挪威的环境影响（Peters，Hertwich，2006b）。

尽管现有研究从供应链的角度关注经济活动的环境影响。但很少有研究从城市供应链的角度关注消费、生产和贸易的关联关系，也没有识别出环境影响发生在生产链的具体环节。在研究实践中，SPA 技术能够生成无数路径，但仅能够分析很小部分的典型路径（Sonis 等，1997）。虽然 SPA 可以识别最重要的路径，但它无法识别特定生产过程的总环境影响；以及为满足特定消费篮子的重要生产过程的环境影响。因此，本章的目标是利用 SPA 技术结合生产和消费观点分析城市环境影响的生产、消费和贸易结构；利用测度可持续发展的综合指标生态足迹，以北京为例分析各种方法的政策作用点。

## 6.2 方法与数据

本章以第 3 章 2010 年北京市 42 部门投入产出表和对应的行业生态足迹作为基础数据，采用 SPA 技术和基于生产观点与消费观点等方法对北京市生态足迹的结构路径进行研究。

### 6.2.1 结构路径分析方法

根据投入产出分析（Input—Output Analysis，IOA），经济系统的总产出为：

$$x = Ax + y \tag{6—1}$$

其中，$y$ 是最终需求，$A$ 为中间需求矩阵（Leontief，1941；Miller，Blair，2009；United Nations，1999）。解公式（6—1）中的总产出 $x$ 可以得到：

$$x = Ly = (I - A)^{-1} y \tag{6—2}$$

其中 $L$ 是 Leontief 逆矩阵。给定经济系统的产出，就可以使用公式（6—3）决定环境影响与资源使用。

$$Q = qx = q\ (I - A)^{-1} y \tag{6—3}$$

其中，根据 Leontief 在 1970 年对环境投入产出开创性的研究（Leontief，1970），要素 $q_{pi}$ 是生态足迹强度，指单位产出对第 $i$ 行业部门第 $p$ 种资源的消耗或污染排放的生态占用情况（在本章中仅仅考虑生态足迹指标，因此 $p=1$）。利用无穷级数扩展 Leontief 逆矩阵可以得到(Waugh，1950)：

$$\begin{aligned} Q &= q(I - A)^{-1} y \\ &= q(I + A + A^2 + A^3 + \ldots) \qquad (6-4) \\ &= qIy + qAy + qA^2 y + qA^3 y + \ldots \end{aligned}$$

其中，$qA^t y$ 表示来自第 $t$ 个生产层的生态足迹。例如，如果 $y$ 表示购买一辆生产出来的汽车，那么 $qIy$ 是汽车制造行业生产汽车过程中的直接生态足迹。为了生产该汽车，需要来自其他行业的投入 $Ay$；这些行业的生态足迹为 $qAy$。而这些行业也需要来自 $A(Ay)$ 的投入和 $qA^2 y$ 的生态足迹。这个过程通过公式(6—4)中的无穷级数持续扩展下去。

通常对生态足迹产生最大贡献的产业链不会发生在由最终需求直接产生的第 0 个生产层(Lenzen，2002；Peters，Hertwich，2006b；Treloar，1997)。而且在同一个生产层上，只有少量部门对生态足迹做出贡献。例如，在铝的生产过程中，直接投入是电力投入，所需电力是由煤来产生，因此，对环境产生最大影响的部门很可能就发生在煤电这个生产环节。而该生产层中保险服务作为投入所产生的环境影响几乎可以忽略。这说明对产生较大环境影响的生产链之间的关联进行分析可以识别能够有效改进环境影响的领域。这种类型的分析方法通常称为结构路径分析(Structural Path Analysis，SPA)(Defourny，Thorbecke，1984)。

SPA 可以用数学图论来说明，系数 $q$，$A$ 和 $y$ 用来获取对应的产业链结果。$A$ 中 $n$ 部门，每个部门表示一个节点，节点连接形成图，$q$ 表示每个节点的生态足迹强度，$y$ 表示最终产品。根据方程(6—4)，这个图可以表示成树状结构；树的每一层表示不同的生产层，每个节点根据最终需求 $y$ 给出其对生态足迹总量的贡献。图 6—1 展示了一个两部门经济系统的图(图 6—1a)和树(图 6—1b)。

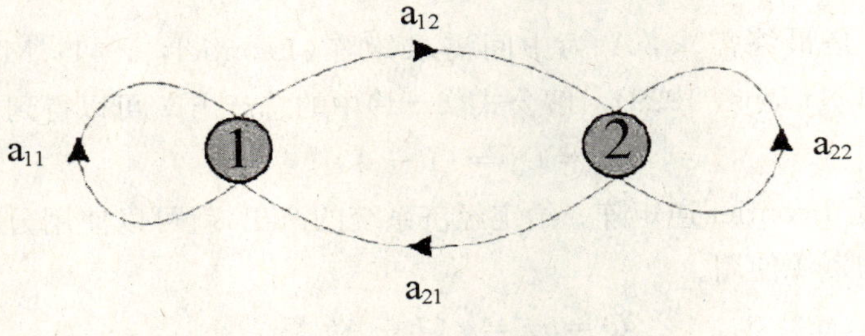


(a)图

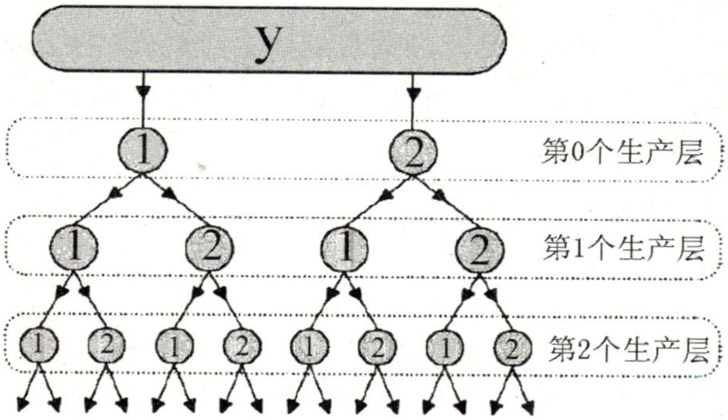


(b)树

**图 6—1 两部门经济的图和树表示法**

树中的节点数在每层呈指数增长；每层有 $n^{t+1}$ 个节点。根据生态足迹 $p$，第 0 个生产层给出来自每个生产层的直接贡献。

$$q_{pi}y_i \tag{6—5}$$

第一个生产层有 $n^2$ 个节点，对生态足迹的贡献总量为：

$$q_{pj}a_{ji}y_i \tag{6—6}$$

公式(6—6)的表示的路径为 $j \rightarrow i$。第二个生产层节点可以表示为：

$$q_{pk}a_{kj}a_{ji}y_i \tag{6—7}$$

公式(6—7)表示的路径为 $k \rightarrow j \rightarrow i$，其他生产层以相同的模式发展下去。以第二个生产层为例，说明路径含义。最终需求购买（消费）表示为生产链的末端，在部门 $i$；该生产链的起点在部门 $k$，表示生产部门的生态占用（消耗的资源或排放的污染物）$p$；任意中间部门 $j$ 的生态足迹则是以 $j$ 结尾的路径。一般来说，两个部门间有无数条路径。通过计算所有的路径，就可以从所有生产层中找出最重要的生产路径。

从给定的 $q$，$A$ 和 $y$ 提取所有路径的计算量非常大。现有研究已经给出了对树枝修剪算法来减少计算的路径（Lenzen，2002，2003；Peters，Hertwich，2006b；Treloar，1997）。因此，本研究也采用这种方式来提取必要的路径。

### 6.2.2 生产者观点与消费者观点

SPA 描述了生产、消费和贸易供应量中生态足迹的生产路径。所有的路径的起点是最终需求购买，而其对应的部门则是产生生态足迹的生产链末端对应的部门。因此对路径起点的分析可以识别产生生态足迹的消费活动（消费观点），对路径末端的分析可以识别产生生态足迹的生产活动(生产观点)。

根据方程(6—3),可以直接确定消费观点和生产观点对生态足迹总量的贡献。从消费观点看,$Q_{消费}$ 矩阵中的元素($p,i$)表示,对每个消费品集合 $y$ 中的产品 $y_i$,其对应的生态足迹总量。

$$Q_{消费}=q\ (I-A)^{-1}\hat{y} \tag{6—8}$$

从生产的观点看,

$$Q_{生产}=q\hat{x} \tag{6—9}$$

其中,$x=(I-A)^{-1}y$ 。$Q_{生产}$ 矩阵中的元素($p,k$)表示,为了生产整个消费品 $y$,每个生产过程 $k$ 所产生的生态足迹总量。

消费观点和生产观点可以根据 SPA 的原理来解释。对于路径 $k \rightarrow \ldots \rightarrow i$,矩阵 $Q_{消费}$ 的元素($p,i$)表示以部门 $i$ 为终点的全部路径的生态足迹,$Q_{生产}$ 矩阵中的元素($p,k$)表示以部门 $k$ 为起点的全部路径的生态足迹。二者的差异产生的不同政策含义将在后面详细说明。

## 6.3 结果与讨论

根据 SPA 模型和数据计算结果,2010 年北京市生态足迹总量为 3531.9 万公顷,国内调入隐含的生态足迹总量为 1259.2 万公顷,国际进口隐含的生态足迹总量为 948.5 万公顷。

### 6.3.1 主要生产层分解

2010 年北京市最终需求产生的生态足迹的生产层分解结果如图 6—1 和表 6—1 所示。根据 SPA 的应用研究结果,当生产层达到 7 或 8 以后,经济活动所产生的环境影响总量已经非常显著,可以近似替代全部环境影响(Miller, Blair, 2009)。对于北京来说(图 6—2),前 4 个生产层的生态足迹累计结果已经占总足迹的 93.7%;前 7 个生产层的生态足迹累计结果占总足迹的 98.9%;当最终需求购买拉动整个供应链达到第 10 个生产层时,所产生的生态足迹累计结果已经达到总足迹的 99.8%,基本涵盖了整个生态足迹的供应链。

从表 6—1 来看,对生态足迹总量产生最大贡献的产业链发生在由最终需求直接拉动的第 0 个生产层(37.3%),第 1 个生产层次之(26.5%),第 3 个生产层为 15.9%。这一点与针对中国国家层面的类似研究保持一致,即对中国环境影响主要是由最终需求直接拉动的(Lenzen 等, 2012)。而针对其他国家的研究中,对环

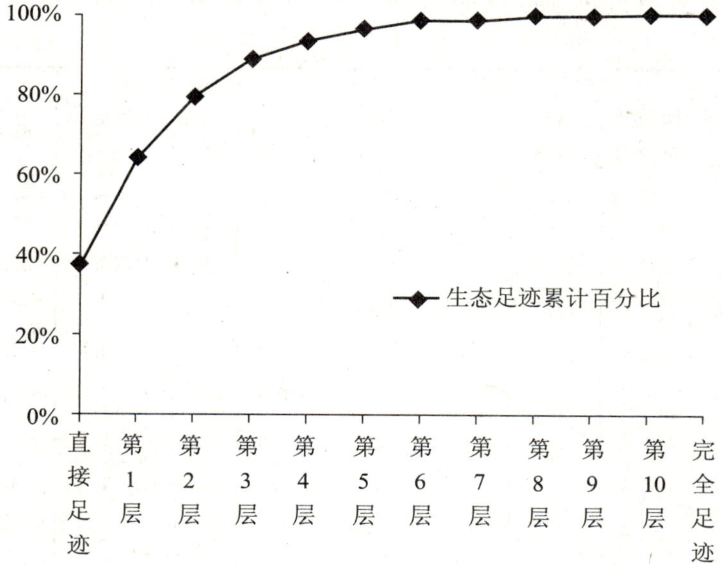


**图6—2 北京市生态足迹的生产层分解**

境影响贡献最大的生产层通常是第1和第2个生产层(Lenzen等，2013；Treloar，1997)。

从最终需求的类型上看,所有的最终需求类别前10个生产层累计结果对需求下的生态足迹贡献总量都几乎达到了99.8以上。除了政府消费外,其他几项生态足迹对总足迹的最大贡献都是由最终需求直接拉动的;农村居民消费和城镇居民消费对环境的影响主要体现在直接最终需求购买上,存货变化所产生的生态足迹生产层特点与居民消费类似;政府最终需求对生态足迹的贡献略小于其对第1生产层的拉动作用,贡献比例与固定资本形成类似;固定资本形成总额的第0层和第1层贡献比例最为接近,其原因主要是,投资对整个产业结构的直接拉动作用对促进经济增长最为显著;北京生产用于国内调出和国际出口的生产层比例相当,最终需求直接拉动占35%以上,第1生产层贡献26%以上,第2生产层贡献15%以上,第4生产层贡献9%左右。

表 6—1 北京市 2010 年前 10 个生产层对总足迹的贡献

单位:%

| 生产层 | 农村居民消费 | 城镇居民消费 | 政府消费 | 固定资本形成总额 | 存货变化 | 调出 | 出口 | 北京总足迹 | 调入 | 进口 |
|---|---|---|---|---|---|---|---|---|---|---|
| 0 | 45.2 | 44.0 | 29.4 | 31.1 | 41.7 | 39.3 | 36.2 | 37.3 | 41.9 | 54.6 |
| 1 | 23.5 | 24.6 | 30.3 | 28.2 | 25.8 | 25.5 | 26.9 | 26.5 | 27.1 | 21.9 |
| 2 | 13.6 | 13.8 | 17.7 | 18.4 | 14.6 | 15.2 | 16.2 | 15.9 | 14.3 | 10.8 |
| 3 | 7.8 | 7.8 | 10.0 | 10.0 | 8.0 | 8.8 | 9.2 | 9.0 | 7.5 | 5.7 |
| 4 | 4.4 | 4.3 | 5.6 | 5.5 | 4.4 | 4.9 | 5.1 | 5.0 | 4.1 | 3.1 |
| 5 | 2.5 | 2.4 | 3.1 | 3.0 | 2.4 | 2.8 | 2.8 | 2.8 | 2.3 | 1.7 |
| 6 | 1.4 | 1.4 | 1.7 | 1.7 | 1.4 | 1.5 | 1.6 | 1.5 | 1.3 | 1.0 |
| 7 | 0.8 | 0.8 | 1.0 | 0.9 | 0.8 | 0.9 | 0.9 | 0.9 | 0.7 | 0.5 |
| 8 | 0.4 | 0.4 | 0.5 | 0.5 | 0.4 | 0.5 | 0.5 | 0.5 | 0.4 | 0.3 |
| 9 | 0.3 | 0.2 | 0.3 | 0.3 | 0.2 | 0.3 | 0.3 | 0.3 | 0.2 | 0.2 |
| 10 | 0.1 | 0.1 | 0.2 | 0.2 | 0.1 | 0.2 | 0.2 | 0.2 | 0.1 | 0.1 |
| 合计 | 99.8 | 99.8 | 99.8 | 99.8 | 99.8 | 99.8 | 99.8 | 99.8 | 99.8 | 99.9 |

国内调入和进口所产生的生态足迹发生在国内其他区域和国外。从表 6—1 可以看出,北京市调入和进口的生态足迹的最大贡献也体现在直接需求购买,其次是对其他区域和国外经济系统第 1 生产层和第 2 生产层的拉动作用。由于是单一区域投入产出模型,其隐含的假设是:国内其他地区和国外的生产技术与北京一致,这样北京的国内调入和国际进口需求就无法反映出其他区域和国外由于此经济活动所产生的反馈作用。这是单一区域投入产出模型的内在特点决定的,进一步深入研究需要使用多区域投入产出模型来解决这个问题。

### 6.3.2 主要供应链分析

生产层分解展示的是每个生产层上的总量情况。政策与商业通常需要在行业或产品层面上做决策,为了提取更为详细的结果,我们识别出产生主要作用的供应链,能够给相应的政策与决策的制定与实施提供更为准确的方向。这部分对隐含在全部结构路径中的生态足迹进行提取和排序。按最终需求总量、最终需求类型,以及调入和进口分别展开。具体分析如下。

### 1. 最终需求总量路径分析

表6—2展示了2010年对北京市生态足迹总量贡献最大的10个供应链。北京市的生态足迹主要是由最终需求直接驱动的。排名前4位的最终产品需求所产生的生态足迹最为突出，其他行业的生态足迹差别不大，水平基本维持在50万公顷以上。金属矿采选业生态足迹占总足迹的5.7%(202.5万公顷)，排在第1位；房地产业位居第2，其生态足迹占总足迹的3.6%(126.4万公顷)。排在第8位的供应链是前10位中唯一一个拉动第1生产层的路径。其最终需求来自建筑业，建筑业需要来自非金属矿物制品业(例如，建筑用水泥、玻璃和沙土等)的投入，该行业对建筑业的投入对生态环境产生了显著的影响。

**表6—2　北京市2010年生态足迹贡献最大的前10个路径**

| 序号 | 生产层 | 路径 | 生态足迹 | 对总足迹贡献 |
|---|---|---|---|---|
| | | | 万公顷 | % |
| 1 | 0 | 金属矿采选业 | 202.5 | 5.7 |
| 2 | 0 | 房地产业 | 126.4 | 3.6 |
| 3 | 0 | 农林牧渔业 | 95.7 | 2.7 |
| 4 | 0 | 交通运输及仓储业 | 91.3 | 2.6 |
| 5 | 0 | 教育 | 72.8 | 2.1 |
| 6 | 0 | 石油加工、炼焦及核燃料加工业 | 66.0 | 1.9 |
| 7 | 0 | 建筑业 | 63.2 | 1.8 |
| 8 | 1 | 非金属矿物制品业 → 建筑业 | 58.0 | 1.6 |
| 9 | 0 | 化学工业 | 57.9 | 1.6 |
| 10 | 0 | 食品制造及烟草加工业 | 46.0 | 1.3 |

### 2. 农村居民消费路径分析

北京市农村居民消费隐含的生态足迹排名前10位的生产链分别来自第0个生产层、第1个生产层和第2个生产层。其中，排在第1位的房地产业直接产生的生态足迹是5.2万公顷，占农民消费总足迹的10.9%。农林牧渔业和电力、热力的生产和供应业的生态足迹分别占农民消费总足迹的9.5%(4.6万公顷)和7.4%(3.6万公顷)。此外，电力、热力的生产和供应业的生产需要来自本行业的投入所隐含的生态足迹为1.8万公顷(3.8%)；排名第8位的供应链，电力、热力的生产和供应业对本行业第1和第2生产层的拉动在农村居民消费中作用显著，其隐含生态足迹为0.9万公顷，占农村居民消费总足迹的1.9%。这说明北京市农村居民建房、农业的生产，以及电力、热力的需求是影响生态环境的主要活动。

**表 6—3　农村居民消费对生态足迹贡献最大的前 10 个路径**

| 序号 | 生产层 | 路径 | 生态足迹 | 贡献 |
|---|---|---|---|---|
| | | | 万公顷 | % |
| 1 | 0 | 房地产业 | 5.2 | 10.9 |
| 2 | 0 | 农林牧渔业 | 4.6 | 9.5 |
| 3 | 0 | 电力、热力的生产和供应业 | 3.6 | 7.4 |
| 4 | 1 | 电力、热力的生产和供应业 → 电力、热力的生产和供应业 | 1.8 | 3.8 |
| 5 | 0 | 食品制造及烟草加工业 | 1.7 | 3.5 |
| 6 | 1 | 电力、热力的生产和供应业 → 房地产业 | 1.4 | 2.9 |
| 7 | 0 | 住宿和餐饮业 | 1.1 | 2.3 |
| 8 | 2 | 电力、热力的生产和供应业 → 电力、热力的生产和供应业 → 电力、热力的生产和供应业 | 0.9 | 1.9 |
| 9 | 0 | 教育 | 0.8 | 1.7 |
| 10 | 0 | 交通运输及仓储业 | 0.8 | 1.7 |

**3. 城镇居民消费**

北京市 2010 年城镇居民消费隐含的生态足迹主要是最终需求直接拉动的结果。由表 6—3 和 6—4 可见，北京城镇居民消费隐含的生态足迹量要大大高于农村居民。主要原因是，2000 年以来北京市社会经济和城市建设发展迅速，城镇化水平进一步提高。人口规模巨大，2010 年常住人口已经接近 2000 万大关(1961.2 万人)，其中，居住在城镇的人口为 1685.9 万人，占常住人口的 86%；此外，新增人口的主要来源是外来人口，这部分人主要在城市范围内生活，因而对城市环境影响较大。

从表 6—4 可以发现，农林牧渔业等经济活动隐含的生态足迹为 59.3 万公顷，占北京城镇居民消费总足迹的 11.0%；由于人口规模和城镇化的快速发展，对电力、热力的需求很大，其直接拉动作用占到了 5.5%(29.4 万公顷)，对本行业的间接拉动占 2.8%(14.9 万公顷)；同时，由于对住房的需求一直处于供不应求的状态，房地产业的隐含生态足迹为 20.1 万公顷(3.7%)；相应地，对住宿餐饮(3.6%)、食品烟草(3.5%)、城市交通仓储(2.4%)等行业的需求拉动的生态足迹也非常明显。此外，教育、医疗和社会保障等由政府提供的公共服务行业在北京市城镇居民消费中的作用明显，原因是北京作为世界城市，其服务业已经成为三次产业中的主导行业，2010 年按 2000 年价格计算的不变价 GDP 中第三产业占 70%以上。服务业作为主导行业，其对生态环境的影响已经明显体现出来。

**表 6—4　城镇居民消费对生态足迹贡献最大的前 10 个路径**

| 序号 | 生产层 | 路径 | 生态足迹 | 贡献 |
|---|---|---|---|---|
| | | | 万公顷 | % |
| 1 | 0 | 农林牧渔业 | 59.3 | 11.0 |
| 2 | 0 | 电力、热力的生产和供应业 | 29.4 | 5.5 |
| 3 | 0 | 房地产业 | 20.1 | 3.7 |
| 4 | 0 | 住宿和餐饮业 | 19.3 | 3.6 |
| 5 | 0 | 食品制造及烟草加工业 | 18.9 | 3.5 |
| 6 | 1 | 电力、热力的生产和供应业 → 电力、热力的生产和供应业 | 14.9 | 2.8 |
| 7 | 0 | 交通运输及仓储业 | 12.9 | 2.4 |
| 8 | 0 | 教育 | 10.7 | 2.0 |
| 9 | 0 | 卫生、社会保障和社会福利业 | 9.7 | 1.8 |
| 10 | 1 | 化学工业 → 卫生、社会保障和社会福利业 | 8.4 | 1.6 |

**4. 政府消费**

政府消费支出主要是提供公共服务的领域(表 6—5)。排在第 1 位和第 2 位的教育、公共管理和社会组织最终需求直接拉动的生态足迹，在政府消费隐含的生态足迹里分别占 9.8%(38.8 万公顷)。公共管理和社会组织在政府消费中的环境影响非常明显，其最终需求直接产生的生态足迹为 34.6 万公顷(8.7%)；对电力、热力的生产和供应业和交通运输及仓储业的第 1 轮拉动作用产生的生态足迹分别为 17.6 万公顷(4.4%)和 11.0 万公顷(2.8%)；对电力、热力的生产和供应业的连续两轮拉动作用产生的生态足迹为 9.0 万公顷(2.3%)。卫生、社会保障和社会福利业的最终需求(15.8 万公顷，4.0%)以及其对化学工业的需求投入(13.6 万公顷，3.4%)所产生的生态足迹也较为突出。此外，农林牧渔业，文化、体育和娱乐业和研究与试验发展业等服务业的最终需求所产生的直接影响也较为明显。

表 6—5 政府消费对生态足迹贡献最大的前 10 个路径

| 序号 | 生产层 | 路径 | 生态足迹 万公顷 | 贡献 % |
|---|---|---|---|---|
| 1 | 0 | 教育 | 38.8 | 9.8 |
| 2 | 0 | 公共管理和社会组织 | 34.6 | 8.7 |
| 3 | 1 | 电力、热力的生产和供应业 → 公共管理和社会组织 | 17.6 | 4.4 |
| 4 | 0 | 卫生、社会保障和社会福利业 | 15.8 | 4.0 |
| 5 | 1 | 化学工业 → 卫生、社会保障和社会福利业 | 13.6 | 3.4 |
| 6 | 1 | 交通运输及仓储业 → 公共管理和社会组织 | 11.0 | 2.8 |
| 7 | 0 | 农林牧渔业 | 10.0 | 2.5 |
| 8 | 2 | 电力、热力的生产和供应业 → 电力、热力的生产和供应业 → 公共管理和社会组织 | 9.0 | 2.3 |
| 9 | 0 | 文化、体育和娱乐业 | 7.2 | 1.8 |
| 10 | 0 | 研究与试验发展业 | 6.7 | 1.7 |

**5. 固定资本形成总额**

固定资本形成总额所隐含的生态足迹规模较大，这与基础设施建设等投资的性质有关，主要体现在房地产业和建筑业及其相关生产链中（表 6—6）。房地产业作为最终需求，直接生态足迹为 99.9 万公顷，占固定资本形成总额足迹的 17.8%；该行业对电力、热力的生产和供应业的第 1 层需求，以及由此电力、热力的生产和供应业对本行业的需求投入第 2 层需求所带来的生态占用分别为 27.0 万公顷（4.8%）和 13.7 万公顷（2.5%）。

建筑业最终需求产生的直接生态足迹为 41.6 万公顷（7.4%）；建筑业对非金属矿物制品业、电力、热力的生产和供应业和交通运输及仓储业的第 1 轮拉动作用明显，其生态足迹分别为 38.2 万公顷（6.8%）、11.5 万公顷（2.1%）和 11.1 万公顷（2.0%）；建筑业对金属冶炼及压延加工业和金属矿采选业这一生产链上的生态足迹明显（14.4 万公顷，2.6%）。

此外，通用、专用设备制造业（17.7 万公顷，3.2%）和信息传输、计算机服务和软件业（10.7 万公顷，1.9%）两个行业的最终需求对生态环境的直接影响也较大。

表 6—6　固定资本形成总额对生态足迹贡献最大的前 10 个路径

| 序号 | 生产层 | 路径 | 生态足迹 | 贡献 |
|---|---|---|---|---|
| | | | 万公顷 | % |
| 1 | 0 | 房地产业 | 99.9 | 17.8 |
| 2 | 0 | 建筑业 | 41.6 | 7.4 |
| 3 | 1 | 非金属矿物制品业 → 建筑业 | 38.2 | 6.8 |
| 4 | 1 | 电力、热力的生产和供应业 → 房地产业 | 27.0 | 4.8 |
| 5 | 0 | 通用、专用设备制造业 | 17.7 | 3.2 |
| 6 | 2 | 金属矿采选业 → 金属冶炼及压延加工业 → 建筑业 | 14.3 | 2.6 |
| 7 | 2 | 电力、热力的生产和供应业 → 电力、热力的生产和供应业 → 房地产业 | 13.7 | 2.5 |
| 8 | 1 | 电力、热力的生产和供应业 → 建筑业 | 11.5 | 2.1 |
| 9 | 1 | 交通运输及仓储业 → 建筑业 | 11.1 | 2.0 |
| 10 | 0 | 信息传输、计算机服务和软件业 | 10.7 | 1.9 |

**6. 存货变化**

存货变化是对当期存量的消耗，由此产生的生态足迹规模相对于固定资本形成规模不大，主要体现为最终需求的直接生态占用。农林牧渔业和非金属矿物制品业这两个行业直接占用非常突出，分别为 10.8 万公顷（16.9%）和 6.5 万公顷（10.2%）；食品、交通运输及相关设备制造和金属冶炼及采矿的需求都对本期存货产生变化。

表 6—7　存货变化对生态足迹贡献最大的前 10 个路径

| 序号 | 生产层 | 路径 | 生态足迹 | 贡献 |
|---|---|---|---|---|
| | | | 万公顷 | % |
| 1 | 0 | 农林牧渔业 | 10.8 | 16.9 |
| 2 | 0 | 非金属矿物制品业 | 6.5 | 10.2 |
| 3 | 0 | 食品制造及烟草加工业 | 3.8 | 5.9 |
| 4 | 0 | 交通运输及仓储业 | 3.5 | 5.5 |
| 5 | 1 | 金属矿采选业 → 金属冶炼及压延加工业 | 2.7 | 4.3 |
| 6 | 0 | 化学工业 | 2.3 | 3.6 |

续表

| 序号 | 生产层 | 路径 | 生态足迹 | 贡献 |
|---|---|---|---|---|
| | | | 万公顷 | % |
| 7 | 0 | 通用、专用设备制造业 | 2.3 | 3.6 |
| 8 | 0 | 交通运输设备制造业 | 1.5 | 2.3 |
| 9 | 0 | 批发和零售业 | 1.4 | 2.1 |
| 10 | 1 | 农林牧渔业 → 食品制造及烟草加工业 | 1.1 | 1.8 |

**7. 国内调出**

北京生产系统的最终产出除了用于本地居民消费和投资外，还用于国内其他区域的需求和国外需求。用于国内调出这部分中，主要是最终需求的直接生态占用。其中，外地对北京市金属矿采选业的最终需求最大，相应产生的生态足迹为207.9万公顷，占国内调出生态足迹总量的14.4%；金属矿采选业对本行业的需求投入所隐含的生态足迹为30.9万公顷(2.1%)。剩余8个供应链的生态占用相差不大，基本在20—40万公顷之间，所占比例也维持在1.4%—2.9%之间。

**表6—8　国内调出生态足迹贡献最大的前10个路径**

| 序号 | 生产层 | 路径 | 生态足迹 | 贡献 |
|---|---|---|---|---|
| | | | 万公顷 | % |
| 1 | 0 | 金属矿采选业 | 207.9 | 14.4 |
| 2 | 0 | 化学工业 | 41.2 | 2.9 |
| 3 | 0 | 交通运输设备制造业 | 33.4 | 2.3 |
| 4 | 0 | 石油加工、炼焦及核燃料加工业 | 31.0 | 2.2 |
| 5 | 1 | 金属矿采选业 → 金属矿采选业 | 30.9 | 2.1 |
| 6 | 0 | 综合技术服务业 | 23.3 | 1.6 |
| 7 | 0 | 非金属矿物制品业 | 21.4 | 1.5 |
| 8 | 0 | 教育 | 20.7 | 1.4 |
| 9 | 0 | 食品制造及烟草加工业 | 20.4 | 1.4 |
| 10 | 0 | 住宿和餐饮业 | 20.1 | 1.4 |

**8. 国际出口**

从表6—9可以看出，北京最终产品出口隐含的生态足迹，其中最大的供应链是对交通运输及仓储业的最终需求直接产生的生态足迹 58.3 万公顷，占出口总量隐含生态足迹的 12.1%；该行业活动对本行业需求投入产生的生态足迹为 14.7 万公顷(3.1%)。租赁和商务服务业最终需求直接生态足迹和该行业对交通运输及仓储业的需求投入所带来的生态占用分别为 26.2 万公顷(5.4%)和 16.1 万公顷(3.3%)。除了国外对石油加工、炼焦及核燃料加工业的最终需求生态足迹接近 30 万公顷外(28.9 万公顷)，剩余行业生产链的生态足迹占用基本在 10 万公顷以下。

**表 6—9 国际出口生态足迹贡献最大的前 10 个路径**

| 序号 | 生产层 | 路径 | 生态足迹 | 贡献 |
|---|---|---|---|---|
| | | | 万公顷 | % |
| 1 | 0 | 交通运输及仓储业 | 58.3 | 12.1 |
| 2 | 0 | 石油加工、炼焦及核燃料加工业 | 28.9 | 6.0 |
| 3 | 0 | 租赁和商务服务业 | 26.2 | 5.4 |
| 4 | 1 | 交通运输及仓储业 → 租赁和商务服务业 | 16.1 | 3.3 |
| 5 | 1 | 交通运输及仓储业 → 交通运输及仓储业 | 14.7 | 3.1 |
| 6 | 0 | 农林牧渔业 | 11.0 | 2.3 |
| 7 | 0 | 通信设备、计算机及其他电子设备制造业 | 7.9 | 1.7 |
| 8 | 0 | 建筑业 | 6.9 | 1.4 |
| 9 | 1 | 金属矿采选业 → 金属冶炼及压延加工业 | 6.4 | 1.3 |
| 10 | 1 | 非金属矿物制品业 → 建筑业 | 6.4 | 1.3 |

**9. 国内调入**

国内调入是北京对国内其他地区的最终产品需求，伴随的生态足迹发生在其他地区。从表 6—10 可以看出，北京对非金属矿物制品业，化学工业和石油加工、炼焦及核燃料加工业三个行业产品最终需求导致的足迹最大，三个行业均占 60 万公顷以上(5%以上)。对金属冶炼及压延加工业及其上游金属矿采选业的生态占用，农林牧渔业和电力、热力的生产和供应业的直接占用基本都在 45 万公顷以上(3.5%以上)。剩余供应链产生的生态足迹总量都在 20—30 万公顷之间(1.8%—2.1%之间)。

表 6—10 国内调入对态足迹贡献最大的前 10 个路径

| 序号 | 生产层 | 路径 | 生态足迹<br>万公顷 | 贡献<br>% |
|---|---|---|---|---|
| 1 | 0 | 非金属矿物制品业 | 65.4 | 5.2 |
| 2 | 0 | 化学工业 | 65.1 | 5.2 |
| 3 | 0 | 石油加工、炼焦及核燃料加工业 | 62.9 | 5.0 |
| 4 | 1 | 金属矿采选业 → 金属冶炼及压延加工业 | 52.5 | 4.2 |
| 5 | 0 | 农林牧渔业 | 50.8 | 4.0 |
| 6 | 0 | 电力、热力的生产和供应业 | 45.1 | 3.6 |
| 7 | 0 | 食品制造及烟草加工业 | 27.2 | 2.2 |
| 8 | 0 | 交通运输及仓储业 | 25.4 | 2.0 |
| 9 | 0 | 通信设备、计算机及其他电子设备制造业 | 23.5 | 1.9 |
| 10 | 1 | 电力、热力的生产和供应业 → 电力、热力的生产和供应业 | 23.0 | 1.8 |

**10. 国际进口**

北京对国外产品的进口需求所产生的生态足迹突出的体现在金属矿采选业和交通运输及仓储业中，这两个行业产品的直接生态足迹分别为 180.7 万公顷和 177.9 万公顷，占进口总足迹近 40%；交通运输及仓储业对本行业的需求产生的生态足迹为 44.9 万公顷(4.7%)，金属矿采选业对本行业需求的生态足迹为 26.8 万公顷(2.8%)。农林牧渔业直接生态足迹 38.6 万公顷(4.1%)。北京对国外教育资源的获取相对较明显，导致对国外教育的生态占用 23.0 万公顷(2.4%)。剩余的 4 个国际供应链石油和天然气开采业，石油加工、炼焦及核燃料加工业，交通运输设备制造业和租赁和商务服务业，都是最终需求直接生态足迹，规模在 11—15 万公顷(1.2%—15%)。

表 6—11 国际进口对生态足迹贡献最大的前 10 个路径

| 序号 | 生产层 | 路径 | 生态足迹<br>万公顷 | 贡献<br>% |
|---|---|---|---|---|
| 1 | 0 | 金属矿采选业 | 180.7 | 19.1 |
| 2 | 0 | 交通运输及仓储业 | 177.9 | 18.8 |
| 3 | 1 | 交通运输及仓储业 → 交通运输及仓储业 | 44.9 | 4.7 |

续表

| 序号 | 生产层 | 路径 | 生态足迹<br>万公顷 | 贡献<br>% |
|---|---|---|---|---|
| 4 | 0 | 农林牧渔业 | 38.6 | 4.1 |
| 5 | 1 | 金属矿采选业 → 金属矿采选业 | 26.8 | 2.8 |
| 6 | 0 | 教育 | 23.0 | 2.4 |
| 7 | 0 | 石油和天然气开采业 | 14.2 | 1.5 |
| 8 | 0 | 石油加工、炼焦及核燃料加工业 | 12.9 | 1.4 |
| 9 | 0 | 交通运输设备制造业 | 12.5 | 1.3 |
| 10 | 0 | 租赁和商务服务业 | 11.8 | 1.3 |

### 6.3.3 生产观点与消费观点分析

生产者观点从行业生产的角度出发，行业生产产品用作中间消耗和最终需求所带来的环境影响，也就是说，生产观点的生态足迹由产出决定(参见公式 6—9)；而消费者观点表明，谁消费生产的产品，谁负担产生的相应环境影响，也就是说，消费观点的生态足迹由最终需求决定(参见公式 6—8)，最终需求产生的无穷阶的供应链需求(中间需求)带来的环境影响即隐含环境影响。因此，从生产观点的生态足迹是生产产出直接产生的生态足迹，而消费观点的生态足迹是最终需求和对应中间需求的生态足迹总和。

从生产观点和消费观点看，北京 2010 年生态足迹行业分布的情况如图 6—3 所示。生产足迹占前 3 位的行业情况是：电力、热力的生产和供应业生产足迹在所有行业生产足迹中最大 820.5 万公顷，占生态足迹总量的 23.2%；而其消费足迹在所有行业消费足迹中仅排名 23 位(72.6 公顷，2.1%)。这主要是由于该行业产出的电力和热力大部分都用于其他行业最终需求导致的中间投入。交通运输及仓储业的生产足迹为 564.1 万公顷(16.0%)，而其消费足迹为 151.5(4.3%)，这主要是因为交通运输和仓储服务主要是为其他行业最终需求提供中间投入。金属矿采选业的生产生态足迹为 354.3 万公顷(10.0%)，而其消费生态足迹为 278.9 公顷(7.9%)，这说明该行业的消费足迹大多数来自于本行业的生产。

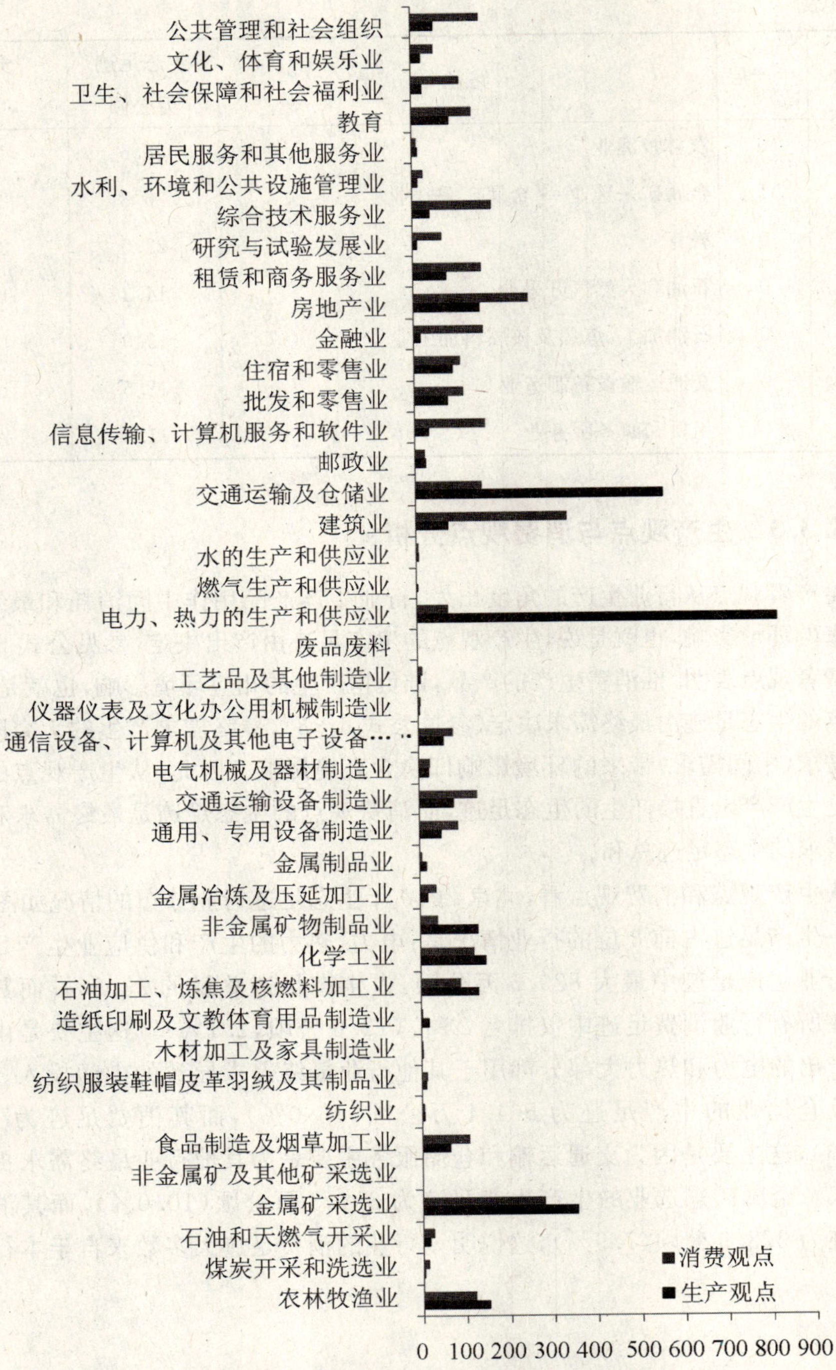


**图 6—3　北京市 2010 年生态足迹生产观点与消费观点的比较**

在图6－3中，消费足迹占前3位的行业中，除金属矿采选业位居第2已经分析之外，建筑业的消费足迹为344.4万公顷(9.8%)，而其生产足迹仅为74.8万公顷(2.1%)，这主要是因为建筑业建筑产品除对本行业产生小部分最终需求外，大部分中间需求都来自其他行业。与建筑业类似，房地产业的消费足迹为262.7万公顷(7.4%)，生产足迹为151.9万公顷(4.3%)。

如图6－4所示，国内其他地区的需求是产生北京环境压力的主要因素。由各种类型最终需求产生的生态足迹中，国内调出所占比重最大为41%(1440.8万公顷)；固定资本形成总额(561.9万公顷)、城镇居民消费(537.5万公顷)、出口(482.3万公顷)和政府消费(397.3万公顷)生态足迹差别不大，均在10%以上；农村居民消费(48.2万公顷)和存货变化(64.0万公顷)导致的生态足迹仅为1%和2%。

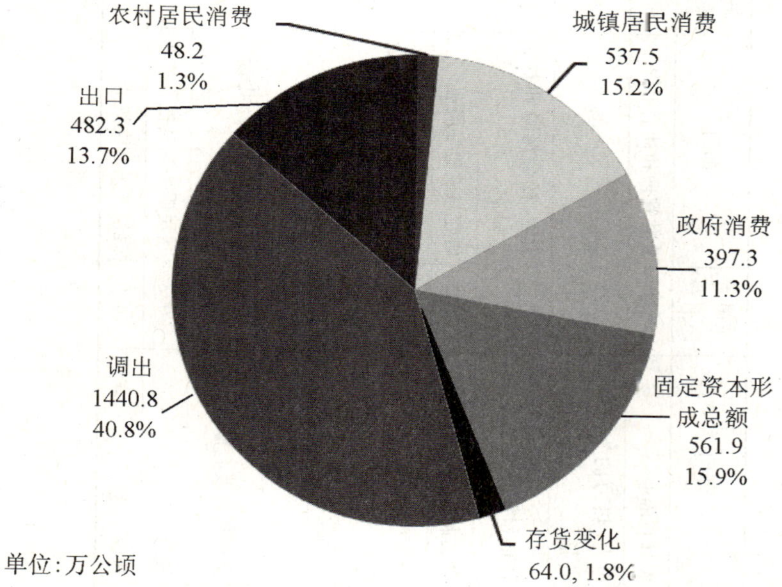


**图6－4 最终需求驱动的北京市生态足迹**

在行业水平上细化图6－4的结果，排名前10位的行业如表6－11所示。农村居民消费足迹最大的行业是房地产业，与表6－3一致；城镇居民消费足迹最大的行业是农林牧渔业，与表6－4一致；政府消费足迹最大的行业是公共管理和社会组织，与表6－5一致；固定资本形成总额足迹最大的行业是建筑业，与表6－6一致；存货变化足迹最大的行业是农林牧渔业，与表6－7保持一致；国内调出足迹最大的行业是金属矿采选业，与表6－8一致；出口足迹最大的行业是租赁和商务服务业，与表6—9一致。

**表6—11　按需求类型划分的排名前10位部门生态足迹**

单位：万公顷

| 序号 | 部门 | 农村居民消费 | 部门 | 城镇居民消费 | 部门 | 政府消费 | 部门 | 固定资本形成总额 |
|---|---|---|---|---|---|---|---|---|
| 1 | 房地产业 | 10.9 | 农林牧渔业 | 75.1 | 公共管理和社会组织 | 143.4 | 建筑业 | 226.8 |
| 2 | 电力、热力的生产和供应业 | 7.9 | 电力、热力的生产和供应业 | 64.4 | 教育 | 73.7 | 房地产业 | 207.5 |
| 3 | 农林牧渔业 | 5.8 | 住宿和餐饮业 | 49.5 | 卫生、社会保障和社会福利业 | 64.7 | 信息传输、计算机服务和软件业 | 60.9 |
| 4 | 食品制造及烟草加工业 | 3.9 | 食品制造及烟草加工业 | 44.2 | 研究与试验发展业 | 60.4 | 通用、专用设备制造业 | 50.8 |
| 5 | 住宿和餐饮业 | 2.9 | 房地产业 | 41.7 | 文化、体育和娱乐业 | 26.9 | 批发和零售业 | 5.9 |
| 6 | 卫生、社会保障和社会福利业 | 2.4 | 卫生、社会保障和社会福利业 | 39.9 | 农林牧渔业 | 12.7 | 通信设备、计算机及其他电子设备制造业 | 3.7 |
| 7 | 金融业 | 2.3 | 金融业 | 36.7 | 综合技术服务业 | 8.7 | 交通运输及仓储业 | 2.4 |
| 8 | 教育 | 1.6 | 交通运输及仓储业 | 21.4 | 水利、环境和公共设施管理业 | 6.5 | 交通运输设备制造业 | 1.6 |
| 9 | 交通运输及仓储业 | 1.3 | 教育 | 20.3 | 居民服务和其他服务业 | 0.2 | 电气机械及器材制造业 | 1.4 |
| 10 | 化学工业 | 1.2 | 化学工业 | 16.9 | 煤炭开采和洗选业 | 0.0 | 综合技术服务业 | 0.3 |

续表

单位:万公顷

| 序号 | 部门 | 存货变化 | 部门 | 调出 | 部门 | 出口 |
|---|---|---|---|---|---|---|
| 1 | 农林牧渔业 | 13.7 | 金属矿采选业 | 286.4 | 租赁和商务服务业 | 146.6 |
| 2 | 非金属矿物制品业 | 9.0 | 综合技术服务业 | 172.5 | 交通运输及仓储业 | 96.8 |
| 3 | 食品制造及烟草加工业 | 8.8 | 金融业 | 115.1 | 石油加工、炼焦及核燃料加工业 | 39.7 |
| 4 | 通用、专用设备制造业 | 6.6 | 交通运输设备制造业 | 100.8 | 建筑业 | 37.8 |
| 5 | 交通运输及仓储业 | 5.8 | 化学工业 | 87.2 | 通信设备、计算机及其他电子设备制造业 | 29.0 |
| 6 | 批发和零售业 | 5.7 | 信息传输、计算机服务和软件业 | 76.3 | 信息传输、计算机服务和软件业 | 15.4 |
| 7 | 金属冶炼及压延加工业 | 5.3 | 建筑业 | 73.2 | 批发和零售业 | 14.9 |
| 8 | 化学工业 | 4.9 | 批发和零售业 | 72.1 | 农林牧渔业 | 13.9 |
| 9 | 交通运输设备制造业 | 4.5 | 住宿和餐饮业 | 51.5 | 交通运输设备制造业 | 13.3 |
| 10 | 通信设备、计算机及其他电子设备制造业 | 3.9 | 食品制造及烟草加工业 | 47.7 | 金属冶炼及压延加工业 | 12.4 |

## 6.4 结论与政策含义

本章将结构路径技术应用于北京市经济活动的生产链分析。通过考虑各种类型最终需求(农村居民消费、城镇居民消费、政府消费、固定资本形成总额、存货变化、国内调出和国际出口)和国内调入与国际进口所产生的生态足迹,我们可以突出北京市经济与环境的不同结构差异。主要结论为:(1)北京市环境影响主要是最终需求直接足迹产生的,这与其他研究环境影响主要发生在第1和第2生产层不同,与其他研究中的结构路径分析、生产观点与消费观点的结论不同;(2)北京生态足迹是城镇居民消费、调出和出口、调入和进口行业密集型,主要依赖于农林牧渔业,房地产业,金属矿采选业,交通运输及仓储业,非金属矿物制品业,化学工业和石油加工、炼焦及核燃料加工业等;(3)生产观点与消费观点是SPA全部路径从来源和目的地两个角度分别汇总的结果。

通过SPA技术,我们以北京经济活动为起点,以其产生的生态足迹为终点,识别出生产路径网络。我们发现,重要的生态足迹路径大部分是由于城镇居民消费、固定资本形成总额和调入调出及进出口活动引起的。北京2010年服务业比重占到70%以上,服务业单位产出的生态足迹较小,来自城镇居民巨大的人口规模和投资以及国内外贸易引致的生态足迹明显。

我们使用生产观点和消费观点来研究北京经济活动的累计生态足迹。生产观点可以识别出哪个部门产生了生态足迹,而消费观点识别哪些消费者购买导致生态足迹。我们在给定最终需求的情况下考虑生产观点,因而建立了消费与生产的关联关系。根据SPA,生产者观点是加总SPA路径中产生生态足迹的部门(不考虑该生态足迹是由哪些部门引起的);消费观点是加总SPA路径中消费者购买产生(导致生产)的生态足迹。

以前的研究表明SPA太过具体和琐碎,在研究实践中的有用性值得商榷(Sonis等,1997)。我们的研究结果表明,SPA应该与其他方法结合使用。例如,从生产观点看,电力、热力的生产和供应显然是非常重要的;而SPA识别出电力热力生产和供应排名靠前的路径非常有限。这种显然的矛盾的出现是因为:电力热力生产和供应在全部路径中是大量的、生态足迹较小的,而非少数贡献大的路径。这些小的路径通常在SPA研究中被忽略掉(Lenzen,2002;Treloar等,2001),并且列出所有路径也是不可行的(Sonis等,1997)。不过,计算出大于某个数值的所有路径并进行排序,SPA是可以作为识别特定生产过程与消费活动关联的重要工具。

生产观点与消费观点的比较可以突出两种方法的差异。例如,北京没有大量购买电力、热力的生产和供应业的产品,但是由于最终需求购买引发生产过程的中间需求,导致大量使用电力和热力。来自电力间接使用的生态足迹在北京的环境影响中占据了主要位置。另一个例子是交通运输及仓储业,只有1/4的生态足迹来自直接需求购买,剩余的3/4是最终需求购买通过生产过程引发的。SPA识别出国际出口和国内调出是北京交通运输及仓储业的主要来源。从这个角度说,不同的方法提供了相互补充的信息。

根据可持续生产和消费政策,这三种方法识别出的重要生态足迹部门是不同的。消费观点决定了消费活动的总量影响,例如北京建筑业的综合生态足迹影响,或者金属矿采选业的综合生态足迹影响。该方法对某些类型的分析非常有用,但有可能将重点转换到了其他领域。例如,消费观点可以识别关键的产品和服务,例如,信息传输、计算机服务和软件业,金融业等对生态环境影响较大的产品。对这些服务产品进行替代不现实,但可以从服务的生产网络中将对生态环境影响大的行业部门产品进行替代。在这种情况下,生产观点更为合适。

生产观点更适合识别不同生产过程中的综合生态环境影响。在本研究中,我们识别出与煤关系密切的电力、热力的生产和供应业是生态足迹最大的行业。该行业是汇总了整个生产链中的大量电力热力的小量投入,而形成了巨大的生态环境压力。因此,如果政策关注在生产网络中生态足迹的产生部门,那么会对大多数消费活动产生相应的影响,因此成本也会通过生产网络进行传播。最终,消费者将为此付费,而成本发生在整个生产链的上游部门。

对生产观点的最大挑战是生态足迹在消费区域之外。我们的结果显示,由北京消费活动导致的国内调入和进口生态足迹关联效应的重要性。从政策的角度看,我们的结果表明,北京本地的环境经济政策应该在全国和全球范围内考虑生产和消费活动。从投入产出模型方法改进的角度看,本研究中使用的北京市投入产出模型是单一区域投入产出模型,其隐含的假设是:国内其他地区和国外的生产技术与北京一致,这样北京的国内调入和国际进口需求就无法反映出其他区域和国外由于此经济活动所产生的反馈作用,据此计算出来的调入和进口生态足迹不能真实反映出北京经济活动对国内其他地区和其他国家的环境影响。

# 第7章　北京市生态足迹的驱动因素分析

城市是人类活动的中心，近年来我国的城镇化水平一直在不断地提高，由城市引发的资源能源危机也越来越多的引起了人们的关注。北京在进入新世纪的第一个十年间，经历了密集的工业化和城镇化发展。与此同时，北京市政府一直在优化产业结构，努力将其从工业导向型转变为服务导向型。尽管政府部门采取了一系列的措施，意在使北京走上生态可持续的发展道路，但是由第四章的分析可知，北京市的生态足迹总量依然很大。因此，分析其生态足迹增加的社会经济驱动因素，从深层次剖析其生态足迹增加的原因，不仅能为北京市的发展提供有力的政策建议，同时也能为全球范围的大都市制定低碳发展的政策提供借鉴（Wang 等，2013）。为此，本章利用投入产出结构分解技术，对北京市 2000—2010 年的生态足迹从生产和消费两种观点进行了分解分析。

## 7.1　研究综述

一般来说，一种现象的产生是由诸多因素共同作用引起的。为了深入地剖析现象变化的原因，从而能够制定更加有效的促进或者抑制这种现象变化的政策，需要运用一些方法测量出这些因素对某种现象的影响程度。因素分解分析模型可以通过计量影响研究对象的各种因素对研究对象变化的贡献率或贡献值，来判断不同组成因素的相对重要性。目前，该模型被广泛地应用于经济、能源、温室气体排放等各个领域，以确定各种因素对研究现象的影响程度。

用于因素分解分析的方法主要包括三种：指数分解分析法、结构分解分析法和生产理论分解分析法。指数分解分析（Index Decomposition Analysis，IDA）以指数理论为基础。20 世纪 70 年代石油危机的爆发使指数分解分析逐渐被应用到能源问题的研究之中，目前最为常用的两种方法是 Laspeyres 和 Divisia 分解法（张炎治、聂锐，2008）。生产理论分解分析模型是在生产理论框架下，通过距离函数或 Malmquist 指数对环境能源指标的变动进行分解，利用数据包络分析模型估计各因素的效应水平(李娟，2011)。该模型因其在影响环境能源指标变化因素效应研究方面的有效功能而受到了广泛关注。结构分解分析(Structural Decomposition Analysis,SDA)是建立在投入产出模型基础上的一种因素分解分析方法，其于20世纪70年代早期被应用到环境能源领域的研究中(Leontief，Ford，1972)。

SDA的起源可追溯到投入产出技术的创始人Leontief，其在20世纪40－50年代对美国的经济进行了投入产出分析，这是经济学领域的一项重大创新成果(Leontief，1941；Leontief，1953)。之后，Carter利用投入产出方法分析了投资和技术的动态变化(Carter，1970)。Chenery等则将投入产出方法用于一般宏观经济发展分析中，这为基于投入产出技术的经济发展因素分析的一般方法奠定了基础。日本学者Yasuhiko Torii和Kiichiro Fukasaku通过对Chenery等工作中存在随机性的改进，为后来的工作提供了更成熟的基础(孟彦菊，2012)。

到了上世纪80年代，结构分解分析理论和实证研究的发展进入了一个繁荣时期。在这期间，学者们不仅研究SDA模型的分解因素，而且在模型构建技术上也提出了不同的处理方法，为结构分解分析的发展做出了开创性的贡献。Feldman等利用结构分解技术将美国1963－1978年的工业总产出分解成了投入产出系数、最终需求水平和最终需求构成三个因素，为国家工业政策的制定提供了依据(Feldman等，1987)。Skolka对估计方程进行了扩展，将净产出值和就业的变化分解为技术、国内最终需求、对外贸易和劳动生产力的影响。这两篇经典论文在以后的结构分解研究中的引用率都很高(Skolka，1989)。Rose和Chen指出了之前的SDA模型中存在的两个缺点，并针对这两个问题设计了一个包含两级资本、劳动力、能源、物质[Capital (K)，Labour (L)，Energy (E)，Materials (M)，KLEM]框架，将1972－1982年美国的能源消费变化分解为11种因素的作用，第一次将结构分解分析生产函数与新古典经济学进行了比较研究(Rose，Chen，1991)。Rose和Casler对结构分解分析研究曾作过一个高屋建瓴的系统综述并对其理论基础提出了质疑(Rose，Casler，1996)。Wolff等发表的论文主要集中在利用投入产出结构分解技术(IO－SDA)度量全要素生产率进步方面。并证明了将全要素生产率进步的度量方法与多区域投入产出模型相结合的重要性(Wolff，1996；Wolff，2005)。

目前，SDA模型已经广泛地应用于经济系统的各个领域，特别是国外学者最早做出相关工作并取得了很多经典的结果。在能源应用方面，Leontief和Ford首次将SDA模型引入到了环境能源研究领域，其将美国主要工业中能源消费导致空气污染排放物的变化来源分解为三部分，为SDA模型广泛地用于能源和环境分析打开了大门(Leontief，Ford，1972)。Lin 和 Polenske 利用 SDA 技术对八十年代中国能源使用变化情况进行了分析(Lin，Polenske，1995)；Dietzenbacher 和 Stage 提出解决既有能量单位又有货币单位的混合能源投入产出表在结构分解时会出现的问题(Dietzenbacher，Stage，2006)。Kagawa 等利用包含累积产品生命周期分布的投入产出结构分解方法度量产品生命周期替换和能源效率变化对具体能源消耗的影响，以日本进行实证分析，在修业期间旧的车辆延长他的生命周期比购买新的耗能低的车辆更能对环境有益。其他方面的应用主要有经济增长、技术进步、价格机制的变动、国际贸易、废弃物污染等。

## 7.2 结构分解分析方法

投入产出表既能反映出某一特定时期内国民经济各部门投入要素的来源与生产产品的去向，也能反映出部门之间相互供给、相互消耗产品的技术经济关系。SDA 正是以投入产出模型和数据作为分解的基础，利用投入产出表中所包含的原始投入、中间投入、中间使用、最终使用、总产出部分以及各部分内部之间的经济联系和数量依存关系来确定影响研究对象的某些因素，因此结构分解分析也被称为投入产出结构分解分析或投入产出分解分析(Input－Output Structural Decomposition Analysis，IO－SDA)。SDA 模型利用两个时期的投入产出表将这一时间段内分析对象的变动分解为几个基本因素的变动，对这些变量的变动进行比较静态分析，从而克服了投入产出模型的静态特征。因此 SDA 模型成为分解经济增长、能源使用、材料使用强度以及污染物排放等诸多变量影响因素的有效工具之一。

SDA 的基本思路是将经济结构中某一重要因素的变动分解成有关自变量各种形式的变动，以测度各自变量对因变量变动贡献的大小。按照分解方式的不同，结构分解又可分为乘数分解法和增量分解法两种形式。相比较而言，增量分解的准确性高于乘数分解，因此在实际中的应用更为广泛。目前，多数结构分解分析都是基于增量分解进行研究的，本小节也仅就增量分解的基本原理进行说明。

为了使大家对投入产出结构分解模型有一个大体上的了解，我们首先探讨总产出的变化。由前文关于投入产出表的基本结构介绍可知，各部门总产出 X 与最终需求 y 之间的关系可以借助 Leontief 逆矩阵 $(I-A)^{-1}$ 来表示，即 $X=(I-A)^{-1}y$ 。为了简便，通常情况下我们用字母 L 代替 Leontief 逆矩阵 $(I-A)^{-1}$ ，从而得到最基本的投入产出恒等式：

$$X=Ly \tag{7-1}$$

其中，y 是最终需求向量，其元素 $y_i$ 表示第 i 部门的最终使用；L 是 Leontief 逆矩阵，又称为完全投入系数矩阵，它的元素 $l_{ij}$ 表示第 j 个部门生产单位最终产品对第 i 个部门产品的完全需求量；X 是总产出向量，其元素 $X_j$ 表示第 j 部门的总产出。

假设我们可以获得两个不同时间点的投入产出数据，分别用下标 0 和下标 1 表示。我们的目的是分析在这两个时点间总产出的变化情况。令 Δ 表示变量在两个时点 0 和 1 之间的变化差额，则总产出在时点 0 和 1 之间的变动情况可以表示为：

$$\Delta X = X_1 - X_2 = L_1 y_1 - L_0 y_0 \tag{7—2}$$

SDA 法要解决的任务就是将因变量的变化分解到自变量的变化上，在(7—2)式中，就是将总产出的变化分解成生产技术的变化（$\Delta L = L_1 - L_0$）和最终需求的变化（$\Delta y = y_1 - y_0$）两部分。在公式(7—2)中用 ($L_1 - \Delta L$) 代替 $L_0$，用 ($y_0 + \Delta y$) 代替 $y_1$，我们就得到了总产出向量 X 的增量分解形式，即：

$$\Delta X = L_1(y_0 + \Delta y) - (L_1 - \Delta L) y_0 = \Delta L y_0 + L_1 \Delta y \tag{7—3}$$

其中，第一部分（$\Delta L y_0$）表示 L 代表的技术因素的变化对总产出的影响，准确的说是在最终需求 y 取 0 期值不变的情况下，技术因素变化对总产出的影响；第二部分（$L_1 \Delta y$）则表示在技术因素取 1 期值不变的情况下，最终需求 y 的变化对总产出的影响。

### 7.2.1　分解形式非唯一性的处理

从公式(7—3)中我们不难发现，总产出的分解形式并不唯一。如果在公式(7—2)中用 ($L_0 + \Delta L$) 代替 $L_1$，用 ($y_1 - \Delta y$) 代替 $y_0$，我们就得到了总产出向量 X 的另一种增量分解形式，即：

$$\Delta X = (L_0 + \Delta L) y_1 - L_0(y_1 - \Delta y) = \Delta L y_1 + L_0 \Delta y \tag{7—4}$$

我们无法证明到底是(7—3)式优于(7—4)式，还是(7—4)式优于(7—3)式，所以摆在我们面前的一个首要问题就是，到底采用哪种分解形式。对于这一问题，直至 Dietzenbacher 和 Los 提出完全分解均值法，对各种分解形式的种类和数量进行系统总结之后，学术界才真正以此为基础开始探讨各种处理方法(Dietzenbacher, Los, 1998)。

**1. 完全分解均值法**

1998 年，Dietzenbacher 和 Los 在其论文《结构分解技术：感觉和敏感性》中提出了完全分解均值法，在文章中他们对因素结构分解的所有可能形式进行了系统的总结。他们认为,应该取所有可能的分解形式的平均值作为衡量各因素变量变化对被解释变量的贡献程度。两位学者指出,如果一个被解释变量等于 n 个因素变量的乘积,那么这个被解释变量的变动情况总共有 $n!$ 种分解形式。该结论是根据排列组合理论得到的,假设因素变量的先后顺序组成的集合 A 可以表示为{1,2,3…n},这样,一旦我们改变因素变量原始的排列顺序,我们就会得到一个不同的分解形式。集合 A 的第一个位置可以在 n 个因素变量中随意地进行选择,而当第一个位置的因素确定之后,第二个位置的因素只能在除去它的 n－1 个因素中进行选择,以此类推,最后一个位置只有 1 种选择。因此集合 A 就有 n×(n－1)... 3×2×1=$n!$ 种排列方式。所以,如果一个恒等式由一个被解释变量和 n 个解释因素变量组成,则这个恒等式可以被结构分解的形式共计 n! 种。以 n=3 的恒等式 y=a＊b＊c 为例,若要对被解释变量 y 在时期 0 和时期 1 之间的变动情况进行分解,则完成这个结构分解过程需要四个步骤:第一,从 $a$ ,$b$ ,$c$ 三个因素中选择一个作为第一次分解的开始,此时我们有三种选择;第二,从剩下的两个因素中选择一个作为第二次分解的开始,此时我们有两种选择;第三,对剩下的唯一一个因素进行分解,只剩下一种可能性。因此,这个结构分解过程共包含 3×2×1=3!=6 种分解形式,具体的表达式见表 7－1 所示。

**表 7—1 包含 3 个影响因素的所有结构分解形式**

| 分解步骤 | 分解形式 |
|---|---|
| a－>b－>c | $\triangle y=\triangle a*b_1*c_1+a_0*\triangle b*c_1+a_0*b_0*\triangle c$ |
| a－>c－>b | $\triangle y=\triangle a*b_1*c_1+a_0*\triangle b*c_0+a_0*b_1*\triangle c$ |
| b－>a－>c | $\triangle y=\triangle a*b_0*c_1+a_1*\triangle b*c_1+a_0*b_0*\triangle c$ |
| b－>c－>a | $\triangle y=\triangle a*b_0*c_0+a_1*\triangle b*c_1+a_1*b_0*\triangle c$ |
| c－>a－>b | $\triangle y=\triangle a*b_1*c_0+a_0*\triangle b*c_0+a_1*b_1*\triangle c$ |
| c－>b－>a | $\triangle y=\triangle a*b_0*c_0+a_1*\triangle b*c_0+a_1*b_1*\triangle c$ |

注:y 和 a,b,c 三个因素在 0 和 1 期的值分别为 $y_0,y_1;a_0,a_1;b_0,b_1;c_0,c_1$。$\triangle y=y_1-y_0;\triangle a=a_1-a_0;\triangle b=b_1-b_0;\triangle c=c_1-c_0$。

Dietzenbacher 和 Los 指出,从理论上来说,上述 $n!$ 种结构分解形式是等价的,我们无法指出一种分解形式优于另一种分解形式。但是从具体数值上来看,确实又存在较大差别,这主要通过计算其方差来体现。因此,从这一角度来看,只选取其中一种结构分解形式用于实证研究不足以反映真实情况，并且得出错误结论的可能性较大。两位学者基于大量实证测算认为，应取所有 $n!$ 种结构分解形式的平均值和标准差来衡量各种因素变化对被解释变量变化的贡献程度，这样得出的结论是最为准确的(Dietzenbacher, Los, 1998)。上述方法在理论上来说是可行的，但当将其应用到实际问题中时，我们又遇到了一个难题。当影响被解释变量的因素数量较多时，结构分解形式就会达到千万级以上(n>5)，此时我们的计算量会非常大。因此之后很多学者专门针对大量分解形式的处理问题提出各种解决办法，其中多数方法都是基于样本的估算值，与真实值之间存在偏差。

**2. 两极分解法**

针对结构分解形式的处理，Dietzenbacher 和 Los 在借助完全分解均值法系统掌握所有分解形式的同时，也提出了一种当计算量过大时的估算方法，即目前较为常用的“两极分解法(Polar Decompositions)”(Dietzenbacher, Los, 1998)。该分解法是分别从时期 0 和时期 1 进行分解，然后取两次分解的平均值作为因素的效应水平。这样，不管因素数量的大小，只需计算两个分解形式就可以了。仍以表 7—1 所示的三因素恒等式为例，按照两极分解法要求，先取从第一个因素 $a$ 开始的分解形式(公式 7—5)，再取从最后一个因素 c 开始的分解形式(公式 7—6)。最后对应各因素取平均值，就得到了各因素对被解释变量变化的贡献程度。

$$\Delta y = \Delta a b_1 c_1 + a_0 \Delta b c_1 + a_0 b_0 \Delta c \tag{7—5}$$

$$\Delta y = \Delta a b_0 c_0 + a_1 \Delta b c_0 + a_1 b_1 \Delta c \tag{7—6}$$

除两极分解法之外，类似的方法还有“中点权分解法”等。其原理也是通过固定选取样本的方法来减少计算量，在相关研究中也较为常用。但是需要指出的是，这些方法都是在需要分解的因素个数比较多的情况下，为了减少运算量而提出的估算方法，所以其结果会或多或少的存在偏差。鉴于此，本章建议在因素数量 n 较小的情况下，尽量采用完全分解均值法将所有分解形式都计算出来。

### 7.2.2 完全分解均值法的进一步简化处理

关于结构分解形式过多的问题，虽然已经存在很多样本选取方法来对其进行估值，但毕竟只有将所有分解形式全部计算出来才能得到完全准确的因素影响值。在 Dietzenbacher 和 Los 提出完全分解均值法之后，Seibel 基于大量计算并总结规律，对完全分解均值法下所有分解形式又成功地做出了进一步的简化处理。通过结构分解的基本原理可知，每个因素变化对被解释变量所造成的影响，是由该因素增量与其他 n—1 个因素在 0 期或 1 期的取值决定的(Seibel, 2003)。Seibel 的研究便针对这一基本原理，假定在除了被分析因素之外的其他 n－1 个因素中，有 k（0≤k≤n－1）个因素取基期（即 0 期）的值，则有如下规律："对于任何一个因素而言，在总共 n! 种结构分解形式中，表达该因素变化对被解释变量影响的方程式有（2n－1）种，这些方程式又可以根据 k 值的不同而划分为 k 类，每一个 k 类中所包含的方程式种类为（n－1）!/[（n－1－k）! ×k!]种，每种方程式在整个分解过程中出现的次数为（n－1－k）! ×k! 次。这样，根据上述规律可以较容易地计算出每个因素变化对被解释变量影响的（2n－1）种方程式所对应的结果和出现的次数，从而极大地降低计算量，得到所有分解形式的均值。

## 7.3 本章模型的建立

经济发展水平的提高对生态足迹总量的影响主要有两个途径，一是直接途径，即地区生产总值增加说明北京市生产产出增加，直接增加了消耗的物质资源和能源量；二是间接途径，即经济发展水平提高带动居民生活水平提高，从增加居民消费的途径导致生态足迹的上升。由第一章的分析可知，2011 年北京市的常住人口已经达到了 2018.6 万，比 2000 年增加了 598.3 万人。此外，居民的人均可支配收入水平较 2000 年也实现了大幅度的提升。庞大的人口规模和消费水平的提高必然会增加对物质资源的消费，从而提高生态足迹总量。本章分析了影响北京市生态足迹总量变化的 6 种驱动因素，分别是生态足迹密度、生产技术水平、最终需求结构、GDP 构成、人均 GDP 和人口。下面，我们将介绍详细的建模过程。

### 7.3.1 环境投入产出分析

环境投入产出模型是对只考虑货币项的投入产出模型的推广，它将对资源的消耗和环境污染等加入到了卫星账户，从最终需求的角度描述了经济系统中的物质流动，该模型的方程表示形式如公式（7－7）所示：

$$Q=qLy \tag{7-7}$$

其中 Q、q 均为 1×n 的行向量，Q 表示经济系统各部门的生态足迹总量（公顷），q 表示各部门生产单位产出所需要的生态足迹面积（公顷/元）；L 为 n×n 的 Leontief 逆矩阵，它表示某部门增加单位产出所引起的部门间的物质流动情况。矩阵 L 中的元素被认为是代表了所研究的经济体的技术水平。y 为 n×k 的最终需求矩阵（元），包括农村居民最终消费、城镇居民最终消费、政府消费、固定资本形成、存货增加、调入、调出、出口和进口 9 项。

令M为n×k的矩阵，代表最终需求的结构。M的组成元素$m_{ik}$的数值是由第k类最终消费对第i个部门的产品消费量除以该类最终消费的总量得到的。d为k×1的列向量，代表每种最终需求的人均消费量，即每种最终消费的人均份额。它是由每种最终消费的总量除以当年的人口总量得到的。p代表该年的人口总数。那么公式(7—7)中的最终消费矩阵y可以被进一步分解成公式(7—8)的形式。

$$y = M\mathrm{dp} \tag{7—8}$$

近年来，随着产业结构的不断优化以及经济的快速发展，北京市的地区生产总值构成发生了很大的变化。为了分析GDP的结构变化对生态足迹总量造成的影响程度，我们进一步将公式(7—8)中的d分解成了c和g两部分。其中k×1的列向量c代表GDP的构成情况，即最终需求占GDP总量的比值；g代表人均GDP。这样公式(7—7)最终变成了公式(7—9)的形式：

$$Q = \mathrm{q}LM\mathrm{cgp} \tag{7—9}$$

### 7.3.2 基于环境投入产出的结构分解分析

令$Q_0$代表时期0内生产活动所产生的生态足迹总量，$Q_1$代表时期1内生产活动所产生的生态足迹总量，那么$\Delta Q = Q_1 - Q_0$表示时期0和时期1之间生态足迹的总量变化值。按照前面所述的结构分解分析的原理，生态足迹的总变化量$\Delta Q$可以被分解成其6种组成元素的变化情况之和，即

$$\Delta Q = \Delta \mathrm{q} + \Delta L + \Delta M + \Delta \mathrm{c} + \Delta \mathrm{g} + \Delta \mathrm{p} \tag{7—10}$$

其中，$\Delta$q表示各部门生态足迹密度的变化对相应部门的生态足迹总量变化的贡献；$\Delta L$代表由生产结构的变化引起的生态足迹总量的变化；$\Delta M$代表最终需求的结构变化对生态足迹总量变化的贡献；$\Delta$c表示由GDP的构成变化引起的生态足迹总量的变化；$\Delta$g表示人均GDP的变化对生态足迹总量变化的贡献；$\Delta$p表示人口因素的变动对生态足迹总量变动的贡献。

本研究中引入6个影响因素，所以在应用SDA进行分解时，共有6！=720种分解形式。由于所有这些形式都是等价的，我们无法判定一种形式的分解是否优于另一种分解形式，为了使得到的结果尽量准确，我们采用了前边介绍的完全分解均值法。

## 7.4 北京市生态足迹的SDA结果分析

为了全面地了解公式(7—10)中的各因素对生态足迹总量变化的贡献情况，我

们对投入产出表上每两个相邻年份以及 2000—2010 年间的变动情况均进行了结构分解分析。

### 7.4.1 从生产的观点进行分析

从生产的角度来讲，人均 GDP 的变化是导致 2000 年至 2010 年北京市生态足迹增加的首要因素。在这期间，人均 GDP 的变化使生态足迹总量增加了 2125.0 万公顷，占生态足迹总增加量的 29.8%。由于经济的增长速度一直高于人口的增长速度，所以人均 GDP 持续增加。因此，从图 7—1 中我们不难发现，在其他因素保持不变的条件下，人均 GDP 的变化对每两个年份间的生态足迹总量都起到了“推波助澜”的作用。

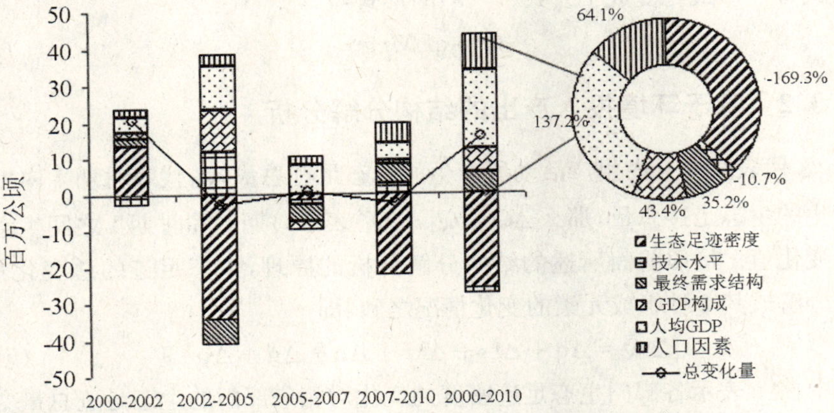


**图 7—1 2000—2010 年 6 种影响因素对北京市生态足迹变化的贡献**

人口的快速膨胀是导致北京市生态足迹总量增加的第二大因素。在其他因素保持不变的情况下，人口因素的变动导致生态足迹总量增加了 993.1 万公顷，占生态足迹总增加量的 64.2%。2010 年北京市的常住人口总量为 1961.9 万人，比 2000 年增加了 598.3 万人，年均增长率达 3.4%。而在《北京城市总体规划 2004—2020》中政府制定的目标是到 2020 年北京市总人口规模控制在 1800 万左右，年均增长率控制在 1.4%，但从目前来看，这一目标已经根本无法实现。从图 7—1 中我们还可以发现，2005 年以来，人口增加对生态足迹总量增加的贡献率在逐步加大。据最新的资料显示，截止到 2011 年末，北京市的常住人口总量已经突破了 2000 万大关。庞大的人口规模势必会引起消费量的增加，从而导致生态足迹总量的进一步增加。当然，不可否认的是人们环保意识的提高和消费模式的转变会在一定程度上减少生态足迹的增加幅度。

GDP组成的变化和最终需求结构的变化对北京市2000—2010年生态足迹增加的贡献，相比前两种变化来说效果比较有限。在这期间，GDP组成的变化使北京市的生态足迹总量增加了671.3万公顷，占这十年间生态足迹总量增加的43.4%；最终需求结构的变化使北京市的生态足迹增加了545.1万公顷，为总增加量的35.2%。从图7—1中我们也能发现，人均GDP和最终需求结构的变化，在每两个相邻年份的SDA分解结果中，对生态足迹总量变动的影响存在着较大的差异。2002—2005年和2005—2007年间，最终需求的变化都对北京市生态足迹的增加起到了抵消的作用；2005—2007年间，GDP组成的变化同样对该时间段内生态足迹总量的增加起到了减小的作用。

生态足迹密度是2000—2010年间北京市生态足迹减少的最主要驱动力，这期间生态足迹密度的变化使北京市的生态足迹减小了2620.9万公顷，降低幅度达169.3%。这主要有两方面的原因：第一，在北京市政府制定的第十个和第十一个“国民经济和社会发展的五年计划”中，一直在强调要“调整能源消费结构，控制终端燃煤总量、提高清洁能源、新能源和可再生能源的利用水平，以及保护加强土地审批的监督力度”等，这一系列措施的实施使生产单位产出所消耗的生态足迹量有了明显的下降；第二，为了迎接2008年奥运会的到来，北京市下令对那些污染严重的企业进行了关闭或者改迁。例如，2005年国家发展与改革委员会正式批复了首钢搬迁的方案，随后将其搬到了河北省唐山市的曹妃甸新区。经过这样一系列的整治工作，北京市的生态足迹密度必然有了很大幅度的下降。

相比生态足迹密度对北京市2000—2010年生态足迹总量的降低作用，生产技术变化的作用比较有限。在这十年间，生产技术的进步使北京市的生态足迹总量减少了165.4万公顷，占总量的10.7%。这主要是因为技术的革新需要有一定的周期性和不确定性，其在一定时期内的变化可能并不明显。但是一旦有新技术诞生，其带来的改变将会是颠覆性的。

### 7.4.2 从最终需求的观点进行分析

从最终需求的角度对北京市的生态足迹变动情况进行分析，能够找出隐含在整个供应链中的驱动因素。因此，我们计算了不同最终需求种类的生态足迹变动情况。

从图7—2可以看出，城镇居民消费的变化使北京市2000—2010年的生态足迹增加了1093.5万公顷。随着经济的发展，越来越多的人涌入到了城市之中。有

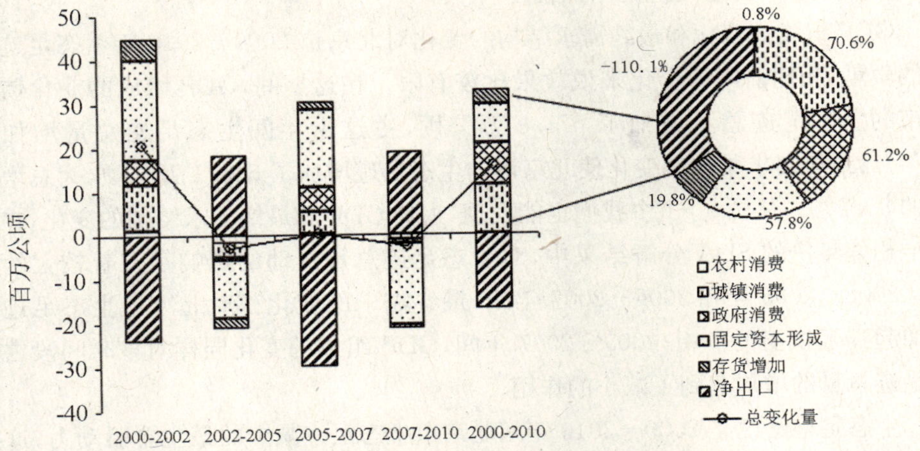


**图 7－2　2000－2010 年各种最终需求种类对北京市生态足迹的影响情况**

数据显示，北京市的城镇化率一直在上升，截止到 2010 年底，北京市的城镇化率已经接近 86％。随着城市人口的增加和生活条件的不断提高，城镇居民对各种各样的商品和服务的需求势必也会增加。因此，城市居民消费所引起的生态足迹变动量在其总变动中所占的比重也很大。在北京市政府制定的“第十二个国民经济和社会发展的五年规划”中，政府继续强调要加快城市群建设。由此可以推断，北京市未来城市人口数量还会进一步上升，这将毫无疑问的增加对商品和服务的需求。在人们沉浸在高品质的生活中的时候，北京市的生态足迹也增加了。但不可否认的是，消费模式等的进一步优化会在一定程度上抵消生态足迹的增加。

政府消费的变化使北京市 2000－2010 年间的生态足迹增加了 946.9 万公顷，占生态足迹总变化量的 61.2％。其中电力、热力的生产和供应业的生态足迹变动量最大（表 7－1），这主要是由于 2000 年以来，北京市政府一直在投入大量的资金来治理北京市的环境卫生状况。为了减少大气中 $CO_2$ 等温室气体的排放量，北京市政府一直在增加电力等清洁能源的利用以及增加集体供热面积，这都使该行业所引起的生态足迹变动量增加。在这期间，交通运输及仓储业的消费量增加是导致政府消费变化使北京市的生态足迹总量发生变化的又一原因。为了迎接奥运会的召开以及城市发展的需求，解决交通拥堵状况，北京市推行了建设“结构合理、功能完善，安全便捷、高效环保，城乡一体、统筹城际”的现代化综合交通体系的措施，这使北京市的生态足迹增加了 199.4 万公顷。

**表 7—1　2000—2010 年北京市分行业最终消费生态足迹变动情况**

单位：万公顷

| 部门 | 农村消费 | 城镇消费 | 政府消费 | 固定资本形成 | 存货增加 | 调出 | 出口 | 调入 | 进口 |
|---|---|---|---|---|---|---|---|---|---|
| 农林牧渔业 | 1.2 | 177.2 | 49.7 | 10.4 | 40.0 | 26.4 | 44.4 | 224.1 | 140.8 |
| 煤炭开采和洗选业 | −1.3 | −4.4 | −0.9 | −5.3 | −1.6 | −2.8 | −3.5 | −13.6 | −2.3 |
| 石油和天然气开采业 | 1.9 | 22.2 | 12.4 | 24.7 | 8.3 | 325.4 | 45.0 | 126.4 | 294.9 |
| 金属矿采选业 | 14.4 | 208.2 | 137.2 | 649.6 | 120.0 | 1829.1 | 434.6 | 2029.1 | 982.0 |
| 非金属矿及其他矿采选业 | 1.8 | 28.0 | 25.4 | 135.4 | 17.2 | 141.1 | 50.5 | 355.7 | 42.3 |
| 食品制造及烟草加工业 | −2.4 | 14.5 | 6.0 | 4.7 | 9.0 | 55.5 | 6.7 | 50.3 | 19.9 |
| 纺织业 | −2.1 | 4.6 | 1.1 | −1.0 | 1.9 | 9.0 | −11.0 | 13.7 | −1.2 |
| 纺织服装鞋帽皮革羽绒及其制品业 | −0.0 | 10.5 | 1.3 | 2.3 | 3.0 | 10.7 | 0.9 | 21.7 | 4.0 |
| 木材加工及家具制造业 | 0.0 | 0.6 | 0.6 | −0.6 | 0.8 | 5.5 | 1.5 | 5.4 | 1.7 |
| 造纸印刷及文教体育用品制造业 | −0.2 | 3.9 | 11.0 | 7.3 | 0.5 | 31.4 | 8.8 | 46.7 | 12.5 |
| 石油加工、炼焦及核燃料加工业 | −7.2 | 18.1 | 20.6 | −14.6 | 4.0 | 325.3 | 99.6 | 310.0 | 241.3 |
| 化学工业 | −9.9 | 11.2 | 62.6 | −35.0 | 1.4 | 174.4 | 5.2 | 196.6 | 24.3 |
| 非金属矿物制品业 | −7.6 | −20.6 | 18.7 | −6.4 | 7.0 | 126.5 | 16.3 | 155.8 | −2.0 |
| 金属冶炼及压延加工业 | −23.2 | −128.7 | −30.4 | −797.3 | −64.1 | −149.1 | −126.6 | −625.8 | −197.8 |
| 金属制品业 | 0.1 | 4.9 | 4.0 | 3.3 | 1.0 | 21.7 | 5.9 | 26.7 | 7.7 |
| 通用、专用设备制造业 | −0.2 | 1.4 | 3.1 | −4.0 | 2.8 | 35.9 | 3.6 | 10.0 | 8.1 |
| 交通运输设备制造业 | 0.1 | 9.5 | 5.3 | −7.5 | 4.4 | 126.0 | 19.8 | 45.8 | 55.9 |
| 电气机械及器材制造业 | −0.3 | 1.1 | 3.4 | 1.0 | 0.3 | 29.5 | 8.4 | 23.6 | 4.6 |
| 通信设备、计算机及其他电子设备制造业 | 0.4 | 11.0 | 5.4 | 21.9 | 5.2 | 88.5 | 37.6 | 106.6 | 13.7 |
| 仪器仪表及文化办公用机械制造业 | −0.4 | −0.9 | 0.2 | −3.2 | 0.2 | 4.4 | −1.7 | −3.4 | −0.3 |
| 工艺品及其他制造业 | −0.0 | 0.8 | 0.7 | 2.1 | 0.8 | 15.1 | −0.8 | 14.3 | −0.3 |

续表

单位：万公顷

| 部门 | 农村消费 | 城镇消费 | 政府消费 | 固定资本形成 | 存货增加 | 调出 | 出口 | 调入 | 进口 |
|---|---|---|---|---|---|---|---|---|---|
| 废品废料 | 0.1 | 2.2 | 2.1 | 5.8 | 1.3 | 20.5 | 4.9 | 29.8 | 4.8 |
| 电力、热力的生产和供应业 | 26.9 | 347.0 | 264.5 | 396.2 | 64.0 | 1059.1 | 309.9 | 1132.4 | 558.1 |
| 燃气生产和供应业 | 0.2 | 3.7 | 2.3 | 3.3 | 0.6 | 8.9 | 2.8 | 11.9 | 4.7 |
| 水的生产和供应业 | 0.0 | 2.1 | 1.0 | 1.2 | 0.2 | 2.9 | 0.7 | 3.0 | 1.4 |
| 建筑业 | 0.0 | 4.0 | 2.71 | 32.1 | 0.4 | 26.1 | 11.8 | 26.4 | 7.2 |
| 交通运输及仓储业 | 17.1 | 272.9 | 199.4 | 323.4 | 68.0 | 1028.4 | 458.5 | 1027.0 | 930.6 |
| 邮政业 | −0.4 | −1.6 | −0.4 | 0.1 | 0.1 | 17.4 | −1.7 | 1.9 | −0.2 |
| 信息传输、计算机服务和软件业 | −0.5 | −2.2 | −2.7 | 10.9 | −0.1 | 11.5 | −1.0 | 0.0 | −0.8 |
| 批发和零售业 | −1.6 | 5.5 | 10.1 | 10.0 | 3.3 | 83.1 | 16.2 | 61.6 | 27.4 |
| 住宿和餐饮业 | 1.7 | 32.1 | 15.1 | 14.6 | 2.3 | 68.6 | 15.4 | 55.8 | 22.6 |
| 金融业 | −1.2 | −6.9 | −1.0 | −4.5 | −0.3 | −18.7 | −6.6 | −2.2 | −1.0 |
| 房地产业 | 4.2 | 19.4 | 3.2 | 93.0 | 0.2 | 7.7 | −1.8 | 6.0 | 3.4 |
| 租赁和商务服务业 | 0.5 | 11.8 | 8.0 | 12.8 | 2.4 | 34.8 | 37.4 | 34.1 | 28.3 |
| 研究与试验发展业 | −0.6 | −3.3 | 2.8 | −4.2 | −0.5 | −2.9 | −10.4 | −5.0 | −11.9 |
| 综合技术服务业 | −0.1 | 2.0 | 2.1 | 3.0 | 0.5 | 18.2 | 0.6 | 7.9 | 1.5 |
| 水利、环境和公共设施管理业 | 0.1 | 3.0 | 3.3 | 1.3 | 0.4 | 8.0 | −0.1 | 7.6 | 1.9 |
| 居民服务和其他服务业 | 0.4 | 7.4 | 2.5 | 2.3 | 0.4 | 5.9 | 0.3 | 6.8 | 2.9 |
| 教育 | 1.0 | 16.9 | 57.9 | 3.5 | 0.6 | 38.7 | 6.5 | 9.0 | 39.2 |
| 卫生、社会保障和社会福利业 | 0.9 | 13.2 | 23.9 | 0.0 | 0.0 | 0.8 | 0.1 | 15.6 | 0.1 |
| 文化、体育和娱乐业 | −2.0 | −14.8 | −8.2 | −2.3 | −0.0 | −6.1 | −7.9 | 4.6 | −1.6 |
| 公共管理和社会组织 | 0.4 | 6.2 | 21.3 | 4.8 | 1.0 | 14.1 | 8.2 | 14.6 | 13.6 |
| 合计 | 11.9 | 1093.5 | 946.9 | 894.8 | 306.6 | 5656.2 | 1488.8 | 5568.2 | 3282.1 |

固定资本形成的变化是导致北京市2000—2010年间生态足迹增加的第三大因素，其增加量占生态足迹总增加量的57.8%。北京的投资率一直处于较高水平，这与人们靠储蓄拉动投资观念有很大的关系，而这种观念在短期内是很难完全消除的，由此我们可以推出，在未来的几年内固定资本形成很可能会继续促进生态足迹总量的增加。

净出口的变化是抵消2000—2010年北京市生态足迹总量增加的主要因素。十年间净出口的变化使北京市的生态足迹减少了1705.3公顷。北京是一个资源匮乏型的城市，其功能的正常运行在很大程度上依赖于从周边地区和其他国家的资源进口。随着城市的进一步发展，北京对外来资源的需求也会进一步增加。这样，北京将很大一部分的生态足迹消耗留在了资源的输出地，所以从长远来看，这种消费模式是不可持续的。

### 7.4.3 北京市隐含在进口中的生态足迹分析

从图7—2中我们可以看出，北京市2000—2010年间的进出口变化是导致其生态足迹变化的最主要因素。从中可以推断出，北京市进口量的增加是其供给地区生态足迹增加的主要因素。为此，我们对北京市的进口结构进行分析并且对其进行优化，将会毫无疑问地降低全球的生态足迹总量。在北京市投入产出表的中间使用矩阵中，已经包含了对中间产品的进口。由于目前我们还不能将这部分进口从中间矩阵中分离出来，而且这部分占进口总量的比重较小，所以在这里我们省略了对这部分进口的计算。对于最终产品和服务的进口，由于缺少其出口地区的信息，这里我们采用了一种近似的处理方法，即假设出口地区的技术水平与北京的生产水平相等。

同样，我们利用IO—SDA模型来分析2000—2010年间北京市进口的变化所引起的其生态足迹的变化情况。这里，我们将由进口引起的生态足迹分解成了4个因素，分别是生态足迹密度、生产结构、进口（调入）结构和进口（调入）总量。图7—3展示了对调入和进口进行因素分解的结果。从图7—3中可以看出，国内调入和进口量的变化是导致隐含在进口中的生态足迹增加的主要因素。2000—2010年，货物和服务的国内调入和进口分别使北京市的生态足迹增加了9902.7万公顷和4403.3万公顷，分别占到了生态足迹总增加量的117.8%和134.2%。这主要是由于人口的增加和人们生活水平的提高导致的结果。

生产结构的变化是导致隐含在进口中的生态足迹增加的第二大驱动因素。出于利益的驱动，重工业和一些生产技术落后的小企业一时间开始兴起，这些企业的突出特点就是投入高、产出低，极大地导致了资源能源的使用效率偏低。因此，在

2000—2010 年间，隐含在北京市调入和进口中的生态足迹分别增加了 2694.7 万公顷和 1309.7 万公顷。

生态足迹密度的变化是隐含在北京市进口中的生态足迹减小的主要驱动因素。在 2000—2010 年间，这一因素使隐含在调入中的生态足迹减少了 7327.6 万公顷，隐含在进口中的生态足迹减少了 2635.8 万公顷。引起这一现象的原因主要有两点：(1)一些环境污染严重的企业被强制关闭或安装减排装置，这大幅度的减少了资源的消耗以及温室气体的排放量；(2)技术的进步，例如清洁能源的利用和循环经济的发展。

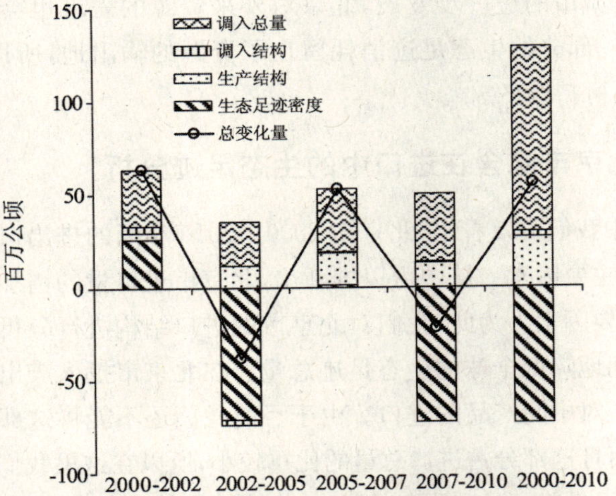


(a)北京市国内调入生态足迹的因素分解

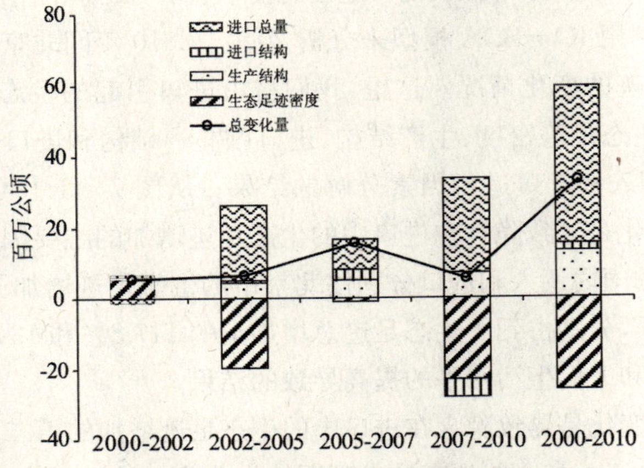


(b)北京市进口生态足迹的因素分解

**图 7—3　2000—2010 年隐含在北京市国内调入和进口中的生态足迹驱动因素分析**

## 7.5 结论与政策建议

本章对投入产出分解方法做了详细的介绍，并将其应用于北京市2000—2010年的生态足迹变化，从生产和消费两个方面进行了分解。从生产的角度来说，人均GDP的变化和人口规模的增加是导致2000—2010年北京市生态足迹增加的两个主要因素；而生态足迹密度的下降是使2000—2010年间北京市生态足迹减少的最主要驱动因素。从消费的角度来说，城市消费和政府消费的变化是使北京市2000—2010年的生态足迹增加的主要因素，分别占到了生态足迹总增加量的70.6%和61.2%；净出口的变化是抵消2000—2010年北京市生态足迹总量增加的主要因素。

此外，由于北京市对货物和服务进口的依赖性很大，我们还着重分析了进口对北京市生态足迹的影响。从分析的结果可以看出，北京将大量的生态足迹留在了其贸易进口省份和国家。而且我们可以推断，随着人口的增加和本地资源的消耗，北京的进口量会进一步的增加，这尤其表现为与其周边地区的贸易。

对生态足迹影响因素的结构分解分析，使我们厘清了主要因素对北京市生态足迹总量变动的影响作用，为提高北京市的生态环境、发展低碳经济起到了一定的启示作用。基于本章的研究结果，下面我们就降低北京市的生态足迹提出了几点建议。

**1. 提高资源利用效率**

人均GDP的增加是导致北京市生态足迹增加的最主要驱动因素。从目前的形式来看，北京的经济在很长一段时期内都将保持较快的增长速度，这将需要消耗大量的资源和能源。而当前北京市对资源的利用效率整体偏低，且其第三产业内部也存在着资源利用效率较低的现象，造成了巨大的资源浪费。为此，北京市应改变传统的仅通过调整产业结构来优化经济发展的思路，而应将着眼点放到各产业内部发展质量的提高上。此外，北京市应在第三产业中重点发展金融业等附加值较高的现代服务业，逐步降低住宿、餐饮等传统服务业的占比。

**2. 控制流动人口数量，提高流动人口素质**

常住人口总量仍将继续增长这已经是无法阻挡的趋势，因此北京市的人口调控政策重点应在于控制流动人口的数量，同时提高流动人口的素质。当前，北京市的流动人口主要集中在传统的服务业行业，所以北京市第三产业的结构升级将是减缓人口增加的一个重要途径。由此可以看出，发展现代服务业对北京的经济社会发展和环境保护都起着不可小觑的作用，因此应该作为政府工作的重点。同时，提高流动人口素质也是保证北京市健康有序发展的重要保证。北京市应加大流动人员管理措施，提供技术培训等服务，不断提高流动人员素质，这既可以提高北京市整体劳动力水平，也从一定程度上构成了北京市流动人口进入北京的门槛。

**3. 引导居民改变消费模式，提高环保意识**

经济水平的不断发展也使居民的生活水平得到了极大的改善。当前，居民消费已经成为导致北京市生态足迹增加的重要因素。为此，我们要向居民宣传环保的重要性，鼓励大众加入低碳消费的行列。首先，应倡导居民绿色出行，降低私家车出行率。目前，汽车排放的尾气是北京市空气污染的主要来源之一。虽然北京市政府已经采取一些限行的措施，但一些市民为了自己的出行便利，还是不愿意选择公共交通工具出行。因此，只有从根本上改变市民的思想意识，才能真正降低汽车尾气的排放量。其次，要加强推进节能环保家庭设备的普及，这是从微观层面改善生态问题的重要途径。具体可以通过对节能产品进行适当的补贴等方式来激发居民购买的积极性。总之，政府部门要加大环保意识的宣传力度，使环境保护的观念深入人心，只有这样才能实现真正的可持续发展。

# 第8章 北京市"十二五"末和2020年低碳发展的情景分析

在新世纪的第一个十年中，首都北京的经济社会实现了快速发展。尤其是在成功实现"新北京、新奥运"的战略构想之后，北京开始步入了新的发展阶段。经历了国际金融危机洗礼的全球经济正在发生深刻变化，国内处于全面建设小康社会的关键时期和深化改革开放、加快转变经济发展方式的攻坚时期。在进入新世纪的第二个十年，北京面临着难得的历史机遇，也面临着风险挑战。为紧紧抓住新世纪第二个十年的重要战略机遇期，充分利用好城市发展的良好机遇和承办2008年夏季奥运会的带动作用，实现首都经济社会的持续快速发展，解决城市发展中面临的诸多矛盾和问题，迫切需要为城市未来的长远发展确定新的目标，开拓新的空间，提供新的支撑条件。

生态足迹作为衡量地区承载能力和可持续性发展的一个重要指标，其大小在一定程度上能够反映地区的生态环境情况。前面的章节中我们已经对北京市目前的生态足迹情况从总量、驱动因素和产业链的角度进行了详细的分析，并提出了一些相应的政策建议。本章将在上述分析的基础上，运用情景分析法对北京市"十二五"末和2020年的生态足迹最终需求进行预测，并根据预测的结果，结合实现这些目标的情景假定条件，得出相应的政策措施，从而为有关部门提供更为有力的决策依据。

## 8.1 情景分析法

情景分析法又称"脚本法"或者"前景描述法"，是假定某种现象或某种趋势将持续到未来的前提下，对预测对象可能出现的情况或引起的后果作出预测的方法。该方法在企业管理、能源需求、气候变化等领域有着广泛的应用，但是到目前为止并没有统一的方法可循。本章我们结合前面对生态足迹的分析，将从最终需求的角度来模拟各要素的变动对未来年份生态足迹的影响情况。对于从最终需求角度

求解生态足迹的公式我们在第四章中已经介绍过,其计算公式如下所示:

$$Q=qLy \tag{8-1}$$

其中,Q 代表所求年份的分行业生态足迹总量;q 代表分行业的生态足迹密度;L 为 Leontief 逆矩阵,代表行业的生产水平;y 代表所求经济体的最终需求。由上式我们不难看出,生态足迹总量 Q 是生态足迹密度 q、行业的生产水平 L 和最终需求 y 这三个因素共同作用的结果。如果这三个因素中的一个或者多个因素发生变化,那么生态足迹总量就会随之发生改变。这里,我们设计了四种情景模式来预测北京市 2015 年和 2020 年的生态足迹情况。对这四种情景方案的详细描述请参见表 8—1。

**表 8—1 四种不同情景模式描述**

| 项目 | 情景描述 |
|---|---|
| 情景 1 | 目标年份的生态足迹密度降低,技术水平和最终需求保持 2010 年水平不变 |
| 情景 2 | 目标年份的技术水平提高,生态足迹密度和最终需求保持 2010 年水平不变 |
| 情景 3 | 目标年份的最终需求上升,生态足迹密度和技术水平保持 2010 年水平不变 |
| 情景 4 | 相对于 2010 年来说,目标年份的三种因素同时发生变动 |

## 8.2 2015 年生态足迹情景分析

### 8.2.1 情景 1

在《北京市"十二五"时期节能降耗及应对气候变化规划》中指出:"深入推进节能降耗、积极应对气候变化是调整经济结构、转变发展方式的内在要求,是有效破解资源环境约束的重要途径,是实现可持续发展、建设和谐宜居之都的战略举措,事关全局和长远发展。处理好城市经济社会发展与资源环境约束之间的关系,以降耗促发展,在发展中积极应对气候变化是北京市"十二五"期间的重要任务"。在此规划的附件中,列出了"十二五"时期重点行业领域节能目标分解方案,据此,我们整理出了北京市分行业单位产出能耗下降率。具体做法是:对于农业来说,该方案中已经给出了具体的数值;对于第二产业来说,该方案中只给出了工业这一产业的能耗下降率,没有给出分行业的数据。在此我们采用了简化处理,即认为每一个工业部门单位产出的能耗下降率相同,均为 22%;对于第三产业来说,其大部分行业都给出了具体的数值,对于少数几个没有给出数值的行业,我们统一采用公共机构的单位产出能耗下降率作为该行业的目标值(详细内容参见表 8—2)。需要指出的是,虽然这种近似的处理方式存在着一定的误差,但在更加详细的数据无法获得的情况下,这可以说是一种可行的替代办法。

**表8—2　北京市"十二五"时期分行业节能降耗标准——单位产出能耗**

单位:%

| 部门 | 下降百分比 | 部门 | 下降百分比 | 部门 | 下降百分比 |
|---|---|---|---|---|---|
| 农林牧渔业 | 8 | 金属制品业 | 22 | 信息传输、计算机服务和软件业 | 10 |
| 煤炭开采和洗选业 | 22 | 通用、专用设备制造业 | 22 | 批发和零售业 | 18 |
| 石油和天然气开采业 | 22 | 交通运输设备制造业 | 22 | 住宿和餐饮业 | 18 |
| 金属矿采选业 | 22 | 电气机械及器材制造业 | 22 | 金融业 | 10 |
| 非金属矿及其他矿采选业 | 22 | 通信设备、计算机及其他电子设备制造业 | 22 | 房地产业 | 15 |
| 食品制造及烟草加工业 | 22 | 仪器仪表及文化办公用机械制造业 | 22 | 租赁和商务服务业 | 18 |
| 纺织业 | 22 | 工艺品及其他制造业 | 22 | 研究与试验发展业 | 12 |
| 纺织服装鞋帽皮革羽绒及其制品业 | 22 | 废品废料 | 22 | 综合技术服务业 | 12 |
| 木材加工及家具制造业 | 22 | 电力、热力的生产和供应业 | 6.15 | 水利、环境和公共设施管理业 | 12 |
| 造纸印刷及文教体育用品制造业 | 22 | 燃气生产和供应业 | 6.15 | 居民服务和其他服务业 | 12 |
| 石油加工、炼焦及核燃料加工业 | 22 | 水的生产和供应业 | 6.15 | 教育 | 17 |
| 化学工业 | 22 | 建筑业 | 10 | 卫生、社会保障和社会福利业 | 8 |
| 非金属矿物制品业 | 22 | 交通运输及仓储业 | 10 | 文化、体育和娱乐业 | 12 |
| 金属冶炼及压延加工业 | 22 | 邮政业 | 10 | 公共管理和社会组织 | 12 |

注:数据来自《北京市"十二五"时期节能降耗及应对气候变化规划》

温室气体排放量的大小跟能源消耗有着密切的联系。该规划中给出了碳排放强度的总体目标，即万元地区生产总值二氧化碳排放比2010年下降18%，这与能耗强度下降率比较接近，但是其没有给出分行业的减排目标。为此，我们假设其下降率与单位产出能源消耗的下降率保持一致。需要指出的是，由于能源消费结构的调整以及新能源的利用等原因，温室气体排放的下降率可能会比能源消耗的下降率还高，这会使温室气体排放的生态足迹密度比我们计算的结果要小一些。但是我们无法估算这一差额，所以退而求其次选择了保守的估计值。

最后，对于土地面积来说，近年来北京市政府一直在严格控制土地审批，加大了对耕地的保护力度，目前《北京统计年鉴》上公布的耕地面积一直停留在2008年的水平上，因此，我们有理由相信北京市各行业的占地面积在未来几年内不会发生很大的变动。正是基于这样的考虑，加上占地面积在生态足迹总量中所占的比重比较小，所以我们假定2015年北京市分行业的占地面积与2010年保持一致。

利用2010年能源的消耗量和温室气体的排放量乘以各行业的节能降耗标准，然后将能源消耗量、温室气体排放量和土地面积相加，再除以对应部门的总产出数据，就得到了2015年分行业的生态足迹密度数据(详细情况参见表8—3)。由表8—1可知，在这种情景下我们假设2010年到2015年的五年间，技术水平和最终需求水平仍然保持在2010年的水平上不变。那么，将这三个变量代入公式(8—1)就得到了2015年分行业的生态足迹情况(结果参见表8—4)。与第四章中我们计算出的2010年分行业的生态足迹对比后可知：生态足迹密度的下降，将使北京市2015年的生态足迹总量比2010年减少491.1万公顷，降幅高达13.7%。

从这种情景的计算结果可以看出，生态足迹密度的下降能够降低各行业的生态足迹以及生态足迹总量。北京市“十二五”规划中指出，要大力削减煤炭终端消费量，显著提升天然气、电力、新能源和可再生能源利用水平，实现2015年优质能源占能源消费总量比重达到80%以上。这些措施降低了对化石能源的消耗以及温室气体的排放量，从而导致生态足迹密度降低，并最终达到了削减生态足迹总量的目标。

**表8—3　北京市2015年分行业生态足迹密度情况**

单位:公顷/万元

| 部门 | 生态足迹密度 | 部门 | 生态足迹密度 | 部门 | 生态足迹密度 |
|---|---|---|---|---|---|
| 农林牧渔业 | 0.45 | 金属制品业 | 0.04 | 信息传输、计算机服务和软件业 | 0.01 |
| 煤炭开采和洗选业 | 0.00 | 通用、专用设备制造业 | 0.04 | 批发和零售业 | 0.02 |
| 石油和天然气开采业 | 0.07 | 交通运输设备制造业 | 0.03 | 住宿和餐饮业 | 0.07 |
| 金属矿采选业 | 0.85 | 电气机械及器材制造业 | 0.03 | 金融业 | 0.00 |
| 非金属矿及其他矿采选业 | 0.49 | 通信设备、计算机及其他电子设备制造业 | 0.02 | 房地产业 | 0.07 |
| 食品制造及烟草加工业 | 0.07 | 仪器仪表及文化办公用机械制造业 | 0.02 | 租赁和商务服务业 | 0.02 |
| 纺织业 | 0.07 | 工艺品及其他制造业 | 0.04 | 研究与试验发展业 | 0.01 |
| 纺织服装鞋帽皮革羽绒及其制品业 | 0.06 | 废品废料 | 0.10 | 综合技术服务业 | 0.01 |
| 木材加工及家具制造业 | 0.04 | 电力、热力的生产和供应业 | 0.36 | 水利、环境和公共设施管理业 | 0.06 |
| 造纸印刷及文教体育用品制造业 | 0.06 | 燃气生产和供应业 | 0.03 | 居民服务和其他服务业 | 0.06 |
| 石油加工、炼焦及核燃料加工业 | 0.16 | 水的生产和供应业 | 0.13 | 教育 | 0.08 |
| 化学工业 | 0.10 | 建筑业 | 0.02 | 卫生、社会保障和社会福利业 | 0.03 |
| 非金属矿物制品业 | 0.26 | 交通运输及仓储业 | 0.20 | 文化、体育和娱乐业 | 0.03 |
| 金属冶炼及压延加工业 | 0.04 | 邮政业 | 0.20 | 公共管理和社会组织 | 0.03 |

表 8—4 情景 1 中北京市 2015 年分行业生态足迹情况

单位:万公顷

| 部门 | 生态足迹 | 部门 | 生态足迹 | 部门 | 生态足迹 |
|---|---|---|---|---|---|
| 农林牧渔业 | 148.8 | 金属制品业 | 12.7 | 信息传输、计算机服务和软件业 | 30.3 |
| 煤炭开采和洗选业 | 2.7 | 通用、专用设备制造业 | 40.2 | 批发和零售业 | 64.0 |
| 石油和天然气开采业 | 14.5 | 交通运输设备制造业 | 62.4 | 住宿和餐饮业 | 74.0 |
| 金属矿采选业 | 299.2 | 电气机械及器材制造业 | 18.9 | 金融业 | 16.2 |
| 非金属矿及其他矿采选业 | 2.5 | 通信设备、计算机及其他电子设备制造业 | 46.2 | 房地产业 | 129.4 |
| 食品制造及烟草加工业 | 51.2 | 仪器仪表及文化办公用机械制造业 | 4.1 | 租赁和商务服务业 | 63.2 |
| 纺织业 | 6.1 | 工艺品及其他制造业 | 4.9 | 研究与试验发展业 | 10.3 |
| 纺织服装鞋帽皮革羽绒及其制品业 | 8.6 | 废品废料 | 4.3 | 综合技术服务业 | 36.0 |
| 木材加工及家具制造业 | 3.5 | 电力、热力的生产和供应业 | 779.0 | 水利、环境和公共设施管理业 | 13.0 |
| 造纸印刷及文教体育用品制造业 | 15.8 | 燃气生产和供应业 | 5.1 | 居民服务和其他服务业 | 13.6 |
| 石油加工、炼焦及核燃料加工业 | 110.2 | 水的生产和供应业 | 6.6 | 教育 | 72.6 |
| 化学工业 | 117.4 | 建筑业 | 67.4 | 卫生、社会保障和社会福利业 | 25.0 |
| 非金属矿物制品业 | 104.5 | 交通运输及仓储业 | 514.8 | 文化、体育和娱乐业 | 21.2 |
| 金属冶炼及压延加工业 | 14.4 | 邮政业 | 23.4 | 公共管理和社会组织 | 47.7 |

### 8.2.2 情景 2

推进低碳经济发展的另一个方案就是要强调科技创新,强化技术支撑。“十二五"规划中指出，要充分发挥首都创新资源优势，结合中关村国家自主创新示范区建设，促进节能低碳共性关键技术研发创新。到目前为止，北京市在提高建筑能效、降低交通能耗、推行清洁生产等节能低碳发展的重点领域中，已经取得了一定的成就。在未来一段时间内，北京市政府会进一步加大低碳节能技术的研发力度，并加大重点用能领域的新技术、新产品的推介力度。由此我们不难推断出，未来北京市的技术水平进步会大幅度的降低北京市各行业的生态足迹。根据文献中的推测并结合对近年来北京市投入产出系数的观察，我们认为技术进步率大约为4%。

在这种情景下，我们假定生态足迹密度和最终需求水平保持不变。同样利用公式(8—1)，我们就计算得出了情景2下北京市2015年的生态足迹情况(详细结果参见表8—5)。从表8—5中可以看出，在生态足迹密度和最终需求水平保持不变的情况下，技术进步使北京市的生态足迹总量由2010年的3596.5万公顷降低到2015年的2987.2万公顷，平均每年降低3.4%。

**表8—5 情景2中北京市2015年分行业生态足迹情况**

单位：万公顷

| 部门 | 生态足迹 | 部门 | 生态足迹 | 部门 | 生态足迹 |
|---|---|---|---|---|---|
| 农林牧渔业 | 136.3 | 金属制品业 | 13.2 | 信息传输、计算机服务和软件业 | 33.0 |
| 煤炭开采和洗选业 | 2.8 | 通用、专用设备制造业 | 48.3 | 批发和零售业 | 68.9 |
| 石油和天然气开采业 | 9.9 | 交通运输设备制造业 | 72.1 | 住宿和餐饮业 | 83.4 |
| 金属矿采选业 | 257.0 | 电气机械及器材制造业 | 20.5 | 金融业 | 17.1 |
| 非金属矿及其他矿采选业 | —14.2 | 通信设备、计算机及其他电子设备制造业 | 50.4 | 房地产业 | 149.5 |
| 食品制造及烟草加工业 | 61.1 | 仪器仪表及文化办公用机械制造业 | 4.7 | 租赁和商务服务业 | 70.0 |
| 纺织业 | 5.6 | 工艺品及其他制造业 | 5.8 | 研究与试验发展业 | 11.1 |
| 纺织服装鞋帽皮革羽绒及其制品业 | 10.0 | 废品废料 | 3.5 | 综合技术服务业 | 39.1 |

续表

单位：万公顷

| 部门 | 生态足迹 | 部门 | 生态足迹 | 部门 | 生态足迹 |
|---|---|---|---|---|---|
| 木材加工及家具制造业 | 3.9 | 电力、热力的生产和供应业 | 681.6 | 水利、环境和公共设施管理业 | 14.0 |
| 造纸印刷及文教体育用品制造业 | 15.1 | 燃气生产和供应业 | 4.1 | 居民服务和其他服务业 | 14.3 |
| 石油加工、炼焦及核燃料加工业 | 107.6 | 水的生产和供应业 | 6.5 | 教育 | 85.4 |
| 化学工业 | 127.5 | 建筑业 | 73.4 | 卫生、社会保障和社会福利业 | 27.1 |
| 非金属矿物制品业 | 115.8 | 交通运输及仓储业 | 442.2 | 文化、体育和娱乐业 | 22.7 |
| 金属冶炼及压延加工业 | 10.5 | 邮政业 | 25.1 | 公共管理和社会组织 | 51.6 |

### 8.2.3　情景3

在情景 3 中，我们假设生态足迹密度和技术水平均保持不变，只有最终需求随着年份的增加而不断上升。由于数据的限制，我们没有获得北京市分行业的最终需求增长速度，在此我们采用国内生产总值(GDP)的增长速度进行替代。由第一章对北京市经济现状的介绍和北京市统计局公布的最新数据可知，扣除价格因素的影响后，北京市 2011 年的国内生产总值增长率为 8.1%；2012 年初步核算结果为 7.7%，低于“十二五”规划中制定的 8%的预期目标；2013 年前三个季度的 GDP 增速也在 7.7%左右。考虑到目前政府在不断地调整产业结构，在注重总量增加的同时也注重质量的提升，因此我们有理由相信经济的增长速度会有所放缓。这里，我们假定 2013 年到 2015 年地区生产总值的增长速度均为 7.7%。利用 2010 年的最终需求向量乘以 2011－2015 年间 GDP 的增长速度，就得到了 2015 年的最终需求向量。然后利用公式(8－1)，我们就得到了情景 3 下 2015 年分行业的生态足迹(详细结果请参见表 8－6)。从表 8－6 中可以看出，在其他两个因素保持不变的情况下，最终需求的增加会使每个行业的生态足迹都增加相当大的数值。通过计算可以得出，最终需求的增加使生态足迹总量增加了 1634.3 万公顷，相当于 2010 年生态足迹总量的 45.4%。这表明最终需求的增加是导致生态足迹增加的一个重要原因。随着人口的增加和人们生活水平的提高，消费总量势必会继续增加。为了应对这一现象，北京市政府也提出了调整消费结构和提高人们节能环保意识等措施。但是消费结构的调整和人们素质的提高需要一个过程，所以在未来短期内，最终需求的增加对生态足迹总量驱动作用可能很难大幅度的消除。

**表8—6 情景3下北京市2015年分行业生态足迹情况**

单位：万公顷

| 部门 | 生态足迹 | 部门 | 生态足迹 | 部门 | 生态足迹 |
|---|---|---|---|---|---|
| 农林牧渔业 | 221.5 | 金属制品业 | 23.6 | 信息传输、计算机服务和软件业 | 48.7 |
| 煤炭开采和洗选业 | 5.0 | 通用、专用设备制造业 | 74.3 | 批发和零售业 | 112.8 |
| 石油和天然气开采业 | 27.0 | 交通运输设备制造业 | 115.7 | 住宿和餐饮业 | 130.9 |
| 金属矿采选业 | 557.9 | 电气机械及器材制造业 | 34.9 | 金融业 | 25.9 |
| 非金属矿及其他矿采选业 | 4.6 | 通信设备、计算机及其他电子设备制造业 | 85.6 | 房地产业 | 221.1 |
| 食品制造及烟草加工业 | 95.1 | 仪器仪表及文化办公用机械制造业 | 7.6 | 租赁和商务服务业 | 111.0 |
| 纺织业 | 11.3 | 工艺品及其他制造业 | 9.2 | 研究与试验发展业 | 16.8 |
| 纺织服装鞋帽皮革羽绒及其制品业 | 15.9 | 废品废料 | 7.9 | 综合技术服务业 | 59.3 |
| 木材加工及家具制造业 | 6.5 | 电力、热力的生产和供应业 | 1207.2 | 水利、环境和公共设施管理业 | 21.4 |
| 造纸印刷及文教体育用品制造业 | 29.1 | 燃气生产和供应业 | 7.8 | 居民服务和其他服务业 | 22.4 |
| 石油加工、炼焦及核燃料加工业 | 205.5 | 水的生产和供应业 | 10.3 | 教育 | 126.9 |
| 化学工业 | 218.6 | 建筑业 | 108.8 | 卫生、社会保障和社会福利业 | 39.4 |
| 非金属矿物制品业 | 194.6 | 交通运输及仓储业 | 831.3 | 文化、体育和娱乐业 | 34.8 |
| 金属冶炼及压延加工业 | 26.6 | 邮政业 | 37.7 | 公共管理和社会组织 | 78.5 |

### 8.2.4 情景4

与上述三种情景相比，情景4综合考虑了组成生态足迹的三个变量的变动情况对生态足迹总量的影响，这也与实际比较相符。在这种情景下，到了2015年，各行业的生态足迹总量都有一定幅度的增加，但没有情景3中增加的量大。这主要是由于生态足迹密度的下降和技术进步部分抵消了由最终需求增加导致的生态足迹的增加。由表8—7展示的结果可知，综合三种因素共同的作用后，生态足迹总量为3759.3万公顷，比2010年增加了162.9万公顷，年均增长约1%。从各个行业来看，电力、热力的生产和供应业的生态足迹值最大，为930.4万公顷，占到了当年生态足迹总量的25.0%；其次是交通运输和仓储业，其生态足迹总量为579.2万公顷，占当年生态足迹总量的15.4%；其余占到100万公顷以上的行业还有农业、金属矿采选业、石油加工、炼焦及核燃料加工业、化学工业、非金属矿物制品业、房地产业和教育行业。由此我们得出的结论是，未来要重点降低这些行业的生态足迹，从而达到降低整个年份的生态足迹的目的。

**表8—7 情景4中北京市2015年分行业生态足迹情况**

单位：万公顷

| 部门 | 生态足迹 | 部门 | 生态足迹 | 部门 | 生态足迹 |
|---|---|---|---|---|---|
| 农林牧渔业 | 193.7 | 金属制品业 | 15.1 | 信息传输、计算机服务和软件业 | 43.5 |
| 煤炭开采和洗选业 | 3.2 | 通用、专用设备制造业 | 55.2 | 批发和零售业 | 82.7 |
| 石油和天然气开采业 | 11.2 | 交通运输设备制造业 | 82.3 | 住宿和餐饮业 | 99.7 |
| 金属矿采选业 | 291.6 | 电气机械及器材制造业 | 23.5 | 金融业 | 22.5 |
| 非金属矿及其他矿采选业 | −16.2 | 通信设备、计算机及其他电子设备制造业 | 57.5 | 房地产业 | 185.1 |
| 食品制造及烟草加工业 | 69.7 | 仪器仪表及文化办公用机械制造业 | 5.4 | 租赁和商务服务业 | 84.3 |
| 纺织业 | 6.4 | 工艺品及其他制造业 | 6.6 | 研究与试验发展业 | 14.3 |

续表

单位:万公顷

| 部门 | 生态足迹 | 部门 | 生态足迹 | 部门 | 生态足迹 |
|---|---|---|---|---|---|
| 纺织服装鞋帽皮革羽绒及其制品业 | 11.5 | 废品废料 | 4.0 | 综合技术服务业 | 50.2 |
| 木材加工及家具制造业 | 4.4 | 电力、热力的生产和供应业 | 930.4 | 水利、环境和公共设施管理业 | 18.0 |
| 造纸印刷及文教体育用品制造业 | 17.3 | 燃气生产和供应业 | 5.5 | 居民服务和其他服务业 | 18.3 |
| 石油加工、炼焦及核燃料加工业 | 122.1 | 水的生产和供应业 | 8.9 | 教育 | 103.2 |
| 化学工业 | 144.8 | 建筑业 | 96.1 | 卫生、社会保障和社会福利业 | 36.3 |
| 非金属矿物制品业 | 131.6 | 交通运输及仓储业 | 579.2 | 文化、体育和娱乐业 | 29.1 |
| 金属冶炼及压延加工业 | 12.0 | 邮政业 | 32.8 | 公共管理和社会组织 | 66.3 |

## 8.3 2020年生态足迹情景分析

### 8.3.1 情景1

2009年,我国政府积极应对气候变化,宣布到2020年全国单位国内生产总值二氧化碳排放(碳强度)比2005年下降40%—45%。2013年11月18日在华沙召开的气候大会上,国家发改委副主任解振华表示,中国2020年前的减排目标不会改变。北京作为首善之区,积极响应党的号召,全面实施"绿色北京"发展战略,不断加大节能减排的力度、改变增长方式、走低碳发展之路。在"十一五"期间,北京提前完成了节能减排任务,因此我们假设到2020年,北京市的$CO_2$强度将比2005年降低50%,略高于全国平均水平。生态足迹密度的计算和8.2节中的计算方法类似,将2005年的能源消费密度和温室气体排放密度分别降低50%就得到了2020年的对应值。对于土地面积,我们还是假设其密度保持2010年的水平不变,理由同上。这样我们就整理出了2020年分行业的生态足迹密度情况(参见表8—8)。

与2015年的生态足迹密度(表8—2)相比我们可以发现:2020年信息传输、计算机服务和软件业,金融业,居民服务和其他服务业以及文化、体育和娱乐业的生态足迹密度都较小，且与2015年的水平相等。这也证实了北京大力发展第三产业的原因：一方面第三产业对能源的消耗量比较小，因此排放的温室气体也比较少，而生态足迹的大部分是由能源和温室气体组成的。

将其与2010年的生产技术和最终消费水平一并代入公式(8-1)，便得到了情景1下北京市2020年分行业的生态足迹(参见表8-9)。北京市2020年生态足迹总量为4089.5万公顷，2020年比2010年增加493.0万公顷，增幅达到13.7%。

**表8-8　北京市2020年分行业生态足迹密度情况**

单位：公顷/万元

| 部门 | 生态足迹密度 | 部门 | 生态足迹密度 | 部门 | 生态足迹密度 |
|---|---|---|---|---|---|
| 农林牧渔业 | 0.4 | 金属制品业 | 0.1 | 信息传输、计算机服务和软件业 | 0.0 |
| 煤炭开采和洗选业 | 0.0 | 通用、专用设备制造业 | 0.1 | 批发和零售业 | 0.0 |
| 石油和天然气开采业 | 0.0 | 交通运输设备制造业 | 0.1 | 住宿和餐饮业 | 0.1 |
| 金属矿采选业 | 0.2 | 电气机械及器材制造业 | 0.1 | 金融业 | 0.0 |
| 非金属矿及其他矿采选业 | 0.3 | 通信设备、计算机及其他电子设备制造业 | 0.0 | 房地产业 | 0.1 |
| 食品制造及烟草加工业 | 0.1 | 仪器仪表及文化办公用机械制造业 | 0.0 | 租赁和商务服务业 | 0.0 |
| 纺织业 | 0.1 | 工艺品及其他制造业 | 0.1 | 研究与试验发展业 | 0.0 |
| 纺织服装鞋帽皮革羽绒及其制品业 | 0.1 | 废品废料 | 0.0 | 综合技术服务业 | 0.0 |
| 木材加工及家具制造业 | 0.1 | 电力、热力的生产和供应业 | 0.7 | 水利、环境和公共设施管理业 | 0.0 |
| 造纸印刷及文教体育用品制造业 | 0.1 | 燃气生产和供应业 | 0.0 | 居民服务和其他服务业 | 0.1 |
| 石油加工、炼焦及核燃料加工业 | 0.2 | 水的生产和供应业 | 0.1 | 教育 | 0.1 |
| 化学工业 | 0.1 | 建筑业 | 0.0 | 卫生、社会保障和社会福利业 | 0.0 |
| 非金属矿物制品业 | 0.4 | 交通运输及仓储业 | 0.1 | 文化、体育和娱乐业 | 0.0 |
| 金属冶炼及压延加工业 | 0.5 | 邮政业 | 0.1 | 公共管理和社会组织 | 0.1 |

**表8—9　情景1中北京市2020年分行业生态足迹情况**

单位:万公顷

| 部门 | 生态足迹 | 部门 | 生态足迹 | 部门 | 生态足迹 |
|---|---|---|---|---|---|
| 农林牧渔业 | 136.1 | 金属制品业 | 20.3 | 信息传输、计算机服务和软件业 | 22.3 |
| 煤炭开采和洗选业 | 19.5 | 通用、专用设备制造业 | 73.6 | 批发和零售业 | 99.2 |
| 石油和天然气开采业 | 0.0 | 交通运输设备制造业 | 133.2 | 住宿和餐饮业 | 86.1 |
| 金属矿采选业 | 66.4 | 电气机械及器材制造业 | 37.6 | 金融业 | 21.5 |
| 非金属矿及其他矿采选业 | 1.5 | 通信设备、计算机及其他电子设备制造业 | 99.7 | 房地产业 | 235.8 |
| 食品制造及烟草加工业 | 73.2 | 仪器仪表及文化办公用机械制造业 | 6.9 | 租赁和商务服务业 | 92.1 |
| 纺织业 | 7.4 | 工艺品及其他制造业 | 10.4 | 研究与试验发展业 | 16.0 |
| 纺织服装鞋帽皮革羽绒及其制品业 | 12.9 | 废品废料 | 1.1 | 综合技术服务业 | 56.9 |
| 木材加工及家具制造业 | 6.9 | 电力、热力的生产和供应业 | 1448.6 | 水利、环境和公共设施管理业 | 8.3 |
| 造纸印刷及文教体育用品制造业 | 19.8 | 燃气生产和供应业 | 7.0 | 居民服务和其他服务业 | 13.3 |
| 石油加工、炼焦及核燃料加工业 | 140.3 | 水的生产和供应业 | 5.2 | 教育 | 64.0 |
| 化学工业 | 160.9 | 建筑业 | 39.6 | 卫生、社会保障和社会福利业 | 32.0 |
| 非金属矿物制品业 | 165.5 | 交通运输及仓储业 | 354.6 | 文化、体育和娱乐业 | 19.1 |
| 金属冶炼及压延加工业 | 193.5 | 邮政业 | 15.9 | 公共管理和社会组织 | 65.9 |

### 8.3.2 情景 2

在信息爆炸的 21 世纪，技术革新的速度越来越快。但是需要指出的是，技术进步到了一定的时段，就会产生“瓶颈”作用。鉴于此，我们假定 2015—2020 年间的技术进步率仍为 4%，并利用其计算出了 2020 年的技术水平。然后我们将其与 2010 年的生态足迹密度和最终需求水平一起代入公式(8—1)，就得到了这种情景下北京市 2020 年分行业的生态足迹情况(参见表 8—10)。北京市 2020 年生态足迹总量为 2521.9 万公顷，比 2010 年减少 1074.6 万公顷。

**表 8—10　情景 2 中北京市 2020 年分行业生态足迹情况**

单位:万公顷

| 部门 | 生态足迹 | 部门 | 生态足迹 | 部门 | 生态足迹 |
|---|---|---|---|---|---|
| 农林牧渔业 | 123.3 | 金属制品业 | 10.8 | 信息传输、计算机服务和软件业 | 32.7 |
| 煤炭开采和洗选业 | 2.3 | 通用、专用设备制造业 | 46.0 | 批发和零售业 | 61.9 |
| 石油和天然气开采业 | 3.8 | 交通运输设备制造业 | 66.4 | 住宿和餐饮业 | 78.0 |
| 金属矿采选业 | 164.5 | 电气机械及器材制造业 | 17.7 | 金融业 | 16.5 |
| 非金属矿及其他矿采选业 | −28.5 | 通信设备、计算机及其他电子设备制造业 | 43.5 | 房地产业 | 147.5 |
| 食品制造及烟草加工业 | 57.6 | 仪器仪表及文化办公用机械制造业 | 4.2 | 租赁和商务服务业 | 64.9 |
| 纺织业 | 3.9 | 工艺品及其他制造业 | 5.3 | 研究与试验发展业 | 10.7 |
| 纺织服装鞋帽皮革羽绒及其制品业 | 9.3 | 废品废料 | 2.1 | 综合技术服务业 | 37.7 |
| 木材加工及家具制造业 | 3.4 | 电力、热力的生产和供应业 | 570.2 | 水利、环境和公共设施管理业 | 13.4 |
| 造纸印刷及文教体育用品制造业 | 11.1 | 燃气生产和供应业 | 3.1 | 居民服务和其他服务业 | 13.3 |
| 石油加工、炼焦及核燃料加工业 | 82.8 | 水的生产和供应业 | 6.1 | 教育 | 83.8 |

续表

单位:万公顷

| 部门 | 生态足迹 | 部门 | 生态足迹 | 部门 | 生态足迹 |
|---|---|---|---|---|---|
| 化学工业 | 109.2 | 建筑业 | 72.2 | 卫生、社会保障和社会福利业 | 27.0 |
| 非金属矿物制品业 | 100.7 | 交通运输及仓储业 | 343.6 | 文化、体育和娱乐业 | 21.6 |
| 金属冶炼及压延加工业 | 4.3 | 邮政业 | 24.3 | 公共管理和社会组织 | 49.7 |

### 8.3.3 情景3

与8.3节的预测方法类似,这里我们同样利用地区生产总值的增长率代替最终需求的增长率,来计算北京市2020年的最终需求向量。从目前的形式来看,2015—2020年北京市地区生产总值的增速由于经济转型等因素的作用很可能低于现有水平。因此,出于保守考虑,这里我们假设2015—2020年北京市的地区生产总值增长率为7.2%。在8.3节计算出的2015年最终需求向量的基础上,我们就获得了2020年北京市分行业的最终需求向量。在假定生态足迹密度和技术水平均保持在2010年水平的基础上,利用公式(8—1)计算出了北京市2020年分行业的生态足迹,具体结果如表8—11所示。2020年生态足迹总量由于最终需求的增加而增加了3808.7万公顷,相当于2010年生态足迹总量的105.9%。

**表8—11 情景3中北京市2020年分行业生态足迹情况**

单位:万公顷

| 部门 | 生态足迹 | 部门 | 生态足迹 | 部门 | 生态足迹 |
|---|---|---|---|---|---|
| 农林牧渔业 | 313.6 | 金属制品业 | 33.4 | 信息传输、计算机服务和软件业 | 68.9 |
| 煤炭开采和洗选业 | 7.1 | 通用、专用设备制造业 | 105.2 | 批发和零售业 | 159.7 |
| 石油和天然气开采业 | 38.2 | 交通运输设备制造业 | 163.8 | 住宿和餐饮业 | 185.3 |
| 金属矿采选业 | 789.8 | 电气机械及器材制造业 | 49.4 | 金融业 | 36.7 |

续表　　单位:万公顷

| 部门 | 生态足迹 | 部门 | 生态足迹 | 部门 | 生态足迹 |
|---|---|---|---|---|---|
| 非金属矿及其他矿采选业 | 6.5 | 通信设备、计算机及其他电子设备制造业 | 121.2 | 房地产业 | 313.0 |
| 食品制造及烟草加工业 | 134.6 | 仪器仪表及文化办公用机械制造业 | 10.7 | 租赁和商务服务业 | 157.2 |
| 纺织业 | 16.0 | 工艺品及其他制造业 | 13.0 | 研究与试验发展业 | 23.8 |
| 纺织服装鞋帽皮革羽绒及其制品业 | 22.5 | 废品废料 | 11.2 | 综合技术服务业 | 84.0 |
| 木材加工及家具制造业 | 9.2 | 电力、热力的生产和供应业 | 1709.0 | 水利、环境和公共设施管理业 | 30.3 |
| 造纸印刷及文教体育用品制造业 | 41.2 | 燃气生产和供应业 | 11.1 | 居民服务和其他服务业 | 31.8 |
| 石油加工、炼焦及核燃料加工业 | 290.9 | 水的生产和供应业 | 14.5 | 教育 | 179.7 |
| 化学工业 | 309.5 | 建筑业 | 154.0 | 卫生、社会保障和社会福利业 | 55.8 |
| 非金属矿物制品业 | 275.4 | 交通运输及仓储业 | 1176.9 | 文化、体育和娱乐业 | 49.3 |
| 金属冶炼及压延加工业 | 37.6 | 邮政业 | 53.4 | 公共管理和社会组织 | 111.2 |

### 8.3.4　情景 4

综合考虑上述三种因素的影响,我们计算出了情景 4 下北京市 2020 年的生态足迹情况(参见表 8－12)。在这种情景下,北京市的生态足迹总量增加到了 6051.7 万公顷,比 2015 年增加了 2292.4 万公顷。出现这一情况的原因,一方面是由最终需求的增加导致的,另外一个重要原因就是因为在计算生态足迹密度的时候,我们假设与 2005 年的状态相比,每个行业的密度都下降了 50%,这与现实情况并不相符,所以我们的计算存在着些许的误差。但不会影响对未来生态足迹发展方向的观测。2020 年由于三种因素综合作用的结果,导致北京市生态足迹总量为 6051.7 万公顷,比 2010 年增加了 2455.2 万公顷。

**表 8—12　情景 4 中北京市 2020 年分行业生态足迹情况**

单位:万公顷

| 部门 | 生态足迹 | 部门 | 生态足迹 | 部门 | 生态足迹 |
|---|---|---|---|---|---|
| 农林牧渔业 | 227.0 | 金属制品业 | 27.8 | 信息传输、计算机服务和软件业 | 44.7 |
| 煤炭开采和洗选业 | 26.1 | 通用、专用设备制造业 | 136.3 | 批发和零售业 | 163.1 |
| 石油和天然气开采业 | 0.0 | 交通运输设备制造业 | 229.0 | 住宿和餐饮业 | 153.7 |
| 金属矿采选业 | 58.6 | 电气机械及器材制造业 | 57.1 | 金融业 | 41.1 |
| 非金属矿及其他矿采选业 | —27.9 | 通信设备、计算机及其他电子设备制造业 | 151.5 | 房地产业 | 471.1 |
| 食品制造及烟草加工业 | 133.0 | 仪器仪表及文化办公用机械制造业 | 11.5 | 租赁和商务服务业 | 161.2 |
| 纺织业 | 7.7 | 工艺品及其他制造业 | 18.1 | 研究与试验发展业 | 30.6 |
| 纺织服装鞋帽皮革羽绒及其制品业 | 22.7 | 废品废料 | 0.9 | 综合技术服务业 | 108.3 |
| 木材加工及家具制造业 | 10.7 | 电力、热力的生产和供应业 | 2049.0 | 水利、环境和公共设施管理业 | 15.5 |
| 造纸印刷及文教体育用品制造业 | 22.6 | 燃气生产和供应业 | 8.1 | 居民服务和其他服务业 | 23.6 |
| 石油加工、炼焦及核燃料加工业 | 169.3 | 水的生产和供应业 | 9.3 | 教育 | 126.5 |
| 化学工业 | 240.5 | 建筑业 | 78.7 | 卫生、社会保障和社会福利业 | 65.8 |
| 非金属矿物制品业 | 256.5 | 交通运输及仓储业 | 438.8 | 文化、体育和娱乐业 | 35.4 |
| 金属冶炼及压延加工业 | 92.7 | 邮政业 | 30.8 | 公共管理和社会组织 | 124.8 |

## 8.5 结论与政策建议

本章对北京市2015年和2020年的生态足迹进行了情景预测。主要结论为：(1)生态足迹密度降低使得北京市2015年生态足迹总量降低(减少491.1万公顷，降幅达到13.7%)，2020年生态足迹总量增加(增加493.0万公顷，增幅为13.7%)。(2)技术进步对2015年和2020年生态足迹减少的作用非常明显，分别降低609.3万公顷和1074.6万公顷。(3)最终需求增加对北京市生态足迹总量增加贡献明显，使生态足迹总量2015年和2020年分别比2010年增加了1634.3万公顷和3808.7万公顷。(4)三种因素共同作用下，2015年和2020年生态足迹总量分别为3759.3万公顷和6051.7万公顷，比2010年分别增加了162.9万公顷和2455.2万公顷。(5)从各个行业来看，电力、热力的生产和供应业的生态足迹值最大；其次是交通运输和仓储业；此外，农业，金属矿采选业，石油加工、炼焦及核燃料加工业，化学工业，非金属矿物制品业，房地产业和教育行业的生态足迹值也维持在较高水平上。因此，未来要重点降低这些行业的生态足迹，从而达到降低整个年份的生态足迹的目的。

根据以上预测结果以及分析，为北京市可持续发展提出以下几点对策和建议，以期能够为各方提供参考。

**1. 开展农业减源增汇能力建设**

首先要大力发展低碳农业，加快发展都市型生态农业和设施农业等新兴农业，重点发展高效优质种植业、绿色低碳养殖业、生态观光休闲产业和低碳、循环农业示范园区。加强冬春季农田生物覆盖，治理裸露农田。推广建设新型节能日光温室大棚，推动建设一批低碳生态农业示范园区。积极推广农业生产节能设施设备，推广节能型农业机械，提高低耗高效农业设施比例。

其次要积极推进农业废弃物资源化综合利用，因地制宜开展秸秆、畜禽粪便等农业废弃物的生物能转化和资源化利用，实现农业的减源增汇。推广复式机械联合作业、保护性耕作与节水农业技术、测土配方施肥技术。发展绿色畜禽业，培育高产优良畜禽品种，采用生物处理，厌氧发酵等技术做好粪污治理与资源化利用。

**2. 推动工业技术创新**

就发展的现实而言，北京自然资源较为稀缺，土地、水资源和能源的瓶颈约束与日益增长的庞大人口数量之间的矛盾显得越来越突出，相应也加大了工业企业生产经营的成本，相比于其他能源资源丰富的地区，在成本竞争上处于弱势。但北京也具有其他省市不可比拟的优势，汇聚了各行各业、各种层次的优秀人才，人力资源优势突出，工业发展最需要的科技力量比较强大。因此，北京工业的发展需要和它具备的资源禀赋紧密结合，充分发挥科技优势，加快发展高新技术产业，适度发展现代制造业。这对于提高资源生产能力和生产条件，从而减少生态足迹最终需求具有直接影响和现实意义。

**3. 扩大生产性服务业**

生产性服务业是新经济的体现者，对支撑第一、第二产业，尤其是对工业制造业优化产业结构，提升整体竞争力具有重要意义。如研发服务业通过将高技术领域的创新成果产业化，推动高技术制造业和现代制造业行业的技术创新。而且，现代服务业的高素质人才具有强流动性特征，也能有力推进区域创新型人才培养和创新文化氛围的形成。这些发展不仅充分发挥了首都创新资源优势，进一步强化了首都国家知识创新中心和技术创新源泉的地位；而且通过创新成果的辐射和扩散，对全国其他地区经济和产业发展产生积极带动。在研发服务业领域，国内许多外埠企业纷纷把企业研发中心设立在北京，以充分利用北京的技术和人才资源来促进自身技术创新能力的提升，进一步增强企业的市场竞争力。

# 第9章 结论与建议

2000年以来的十多年间,北京市经济的高速发展同时给其资源环境带来了严重的压力。在北京成功举办2008年奥运会和着眼建设中国特色世界城市的背景下,发展低碳经济是促进节能减排、解决北京资源环境问题的内在要求。然而,发展低碳经济必须与资源环境的生态承载能力相协调。这就要求北京在低碳转型的发展过程中,对生产系统和消费系统的自然资源利用状况以及污染排放进行科学的定量测度,以了解并预测北京市经济社会发展的环境压力。

生态足迹(Ecological Footprint)核算是以生态生产性土地面积为当量转换标准,将人类系统所消耗的各种资源转换成统一的面积单位,来测度生产系统和消费系统对资源的消耗和污染物的排放。这种综合性的核算方法,是目前国际环境经济核算领域中研究经济转型与生态承载能力关系的最具代表性的热点工具之一。本书以此为基础,基本的研究思路是:将生态足迹作为投入产出表的卫星账户,从生态承载能力角度对支撑北京低碳经济发展的产业结构、供应链、驱动因素和未来发展情况进行研究。

## 9.1 主要研究结论

本书的主要结论与建议可归纳为如下五个方面:

### 9.1.1 北京市的社会经济发展仍处于不可持续状态

北京市的生态足迹总量、人均量和万元GDP生态足迹都经历了先上升后下降的过程。其中2000—2002年间,北京市的生态足迹总量、人均量和万元GDP指标经历了一个较为明显的上升过程。2002年之后,这三个指标均呈现出显著下降的趋势,2010年的人均量更是降到了1.9公顷。总体来看,以生态足迹测度的北京市生态环境压力仍高于其生态承载能力,因此,北京市的社会经济发展尚处于不可持续状态;总体生态贸易处于逆差状态,第一产业生产性土地占用最大,第二产业能量及温室气体排放用地占用最大;第一、二产业表现为生产性土地与能量和温室气体用地均为逆差的特征,而第三产业生产性土地表现为顺差的特征,其中,交通运输及仓储业的生产性土地占用最大。为此,第一产业各部门应加强土地利用效率以减少生产性土地输入,同时第二产业各部门应提高能源效率以减少能量和温室气体用地的输入,以实现北京市可持续发展的目标。

### 9.1.2 北京市土地资源潜力有限,需要从外部获取资源

北京市 2007 年 9 部门块土地资源部门块关联效应分析的主要结论为:只有采选业部门块和交通运输及仓储业部门块可以向本部门块以外转让部分土地资源;通过比较纵向总效应与直接消耗,可知采选业部门块有更大的土地资源转让潜力;其余几个部门块在实现最终需求过程中,都需要从部门块以外以产品形式获取土地资源,支持本部门块的发展,这样使得各部门块的外部后向关联及外部前向关联都很大。我们认为:土地资源利用来源于需求,土地资源关联效应实际上是经济系统部门间土地资源需求的转移。如果最终需求总量不变,则其结构调整不会对土地资源总量产生影响。我们的研究以货币型投入产出表为基础计算生态足迹,分析土地资源的部门关联效应,如果能够以实物型投入产出表为基础,可以提高部门关联效应的分析精度,更加科学地反映经济系统中各产业部门土地资源的关联特性。

### 9.1.3 北京市生态环境压力主要是最终需求拉动的结果

将结构路径技术应用于北京市经济活动的生产链分析,通过考虑各种类型的最终需求(农村居民消费、城镇居民消费、政府消费、固定资本形成总额、存货变化、国内调出和国际出口)和国内调入与进口所产生的生态足迹,可以突出北京市经济与环境的不同结构差异。主要结论为:(1)与其他研究环境影响主要发生在第 1 和第 2 生产层不同,北京市的最终需求直接足迹是影响其生态环境状况的主要原因,这与其他研究中的结构路径分析、生产观点与消费观点的结论也存在着不同;(2)北京市的生态足迹是城镇居民消费、调出和出口、调入和进口行业密集型,主要依赖于农林牧渔业,房地产业,金属矿采选业,交通运输及仓储业,非金属矿物制品业,化学工业和石油加工、炼焦及核燃料加工业等;(3)生产观点是 SPA 全部路径从来源角度汇总的结果,消费观点是 SPA 全部路径从目的地角度汇总的结果。

### 9.1.4　人口、经济增长和技术变化等因素是生态足迹变化的主要驱动力

从生产和消费两个角度对北京市2000－2010年生态足迹变化的驱动因素进行分析，主要结论为：(1)从生产的角度来说，人均GDP的变化和人口的增加是导致北京市2000－2010年生态足迹增加的两个主要驱动因素，在其他因素保持不变的情况下，人均GDP的变动使生态足迹增加了2125.0万公顷，人口的增加使生态足迹增加了993.1万公顷；而生态足迹密度的下降是使北京市2000－2010年间生态足迹减少的最主要驱动因素，在这期间，其使生态足迹的密度减小了2620.9万公顷。(2)从消费的角度来说，城市消费和政府消费的变化是使北京市2000－2010年生态足迹增加的主要驱动因素，分别占到了生态足迹总增加量的22%和19%；净出口的变化是抵消北京市2000－2010年生态足迹总量增加的主要因素。(3)从进口需求产生的生态足迹看，北京将大量的生态足迹留在了其贸易进口省市和国家。而且我们可以推断，随着人口的增加和本地资源的消耗，北京的进口量会进一步的增加，这尤其表现为与其周边地区的贸易。

### 9.1.5　情景分析结论

对北京市2015年和2020年的生态足迹进行了情景预测。主要结论为：(1)生态足迹密度的降低使北京市2015年的生态足迹总量降低了490万公顷，降幅达到13.7%，2020年生态足迹总量增加了493万公顷，增幅为13.7%。(2)技术进步使北京市2015年的生态足迹降低了609.3万公顷，使2020年得生态足迹降低了1074.6万公顷，降低效果显著。(3)最终需求的增加使北京市2015年的生态足迹总量比2010年增加了1634.3万公顷，使2020年的生态足迹增加了3808.7万公顷，成为未来北京市生态足迹增加的主要原因。(4)三种因素共同作用下，2015年和2020年的生态足迹总量为分别为3759.3万公顷和6051.7万公顷，比2010年分别增加了162.9万公顷和2455.2万公顷。(5)从各个行业来看，电力、热力的生产和供应业的生态足迹值最大；其次是交通运输和仓储业；此外，农林牧渔业，金属矿采选业，石油加工、炼焦及核燃料加工业，化学工业，非金属矿物制品业，房地产业和教育行业的生态足迹值也维持在较高水平上。因此，未来要重点降低这些行业的生态足迹，从而达到降低整体生态足迹的目的。

## 9.2 主要政策建议

基于本书的研究结果，从支撑北京低碳经济发展的角度，降低北京生态足迹的总量、调整行业结构，促使北京市的社会经济发展在其生态承载能力的范围内出发。我们提出如下几点建议：

### 9.2.1 积极推动新型农业发展，实现农业减源增汇建设

首先要大力发展低碳农业，加快发展都市型生态农业和设施农业等新型农业。例如发展高效优质种植业、绿色低碳养殖业、生态观光休闲产业和低碳、循环农业示范园区等环保产业。目前，北京的一些新型农业已经在有序地开展，但是缺乏统一的管理与指导，产业水平有待提高。

其次要推广节能环保设施，降低第一产业对资源的消耗量。例如推动建设一批低碳生态农业示范园区，推广农业生产节能设施设备，推广节能型农业机械，提高低耗高效农业设施比例等。

最后要积极推进农业废弃物资源化综合利用，因地制宜开展秸秆、畜禽粪便等农业废弃物的生物能转化和资源化利用，实现农业的减源增汇。推广复式机械联合作业、保护性耕作与节水农业技术、测土配方施肥技术。发展绿色畜禽业，培育高产优良畜禽品种，采用生物处理、厌氧发酵等技术做好粪污治理与资源化利用。

### 9.2.2 依托科技力量，推动高新技术产业发展

北京的自然资源比较稀缺，各种可利用资源的瓶颈约束与不断增加的人口数量之间的矛盾显得越来越突出，这也相应地增加了工业企业的生产经营成本。与其他能源资源丰富的地区相比，北京在成本竞争上处于弱势。但北京也具有其他省市不可比拟的优势：一是人力资源优势突出，汇聚了各行各业、各种层次的优秀人才；二是科技力量比较强大，这也是工业发展的主要推动力。因此，北京工业的发展需要和它所具备的资源禀赋紧密结合，充分发挥科技优势，加快发展高新技术产业，适度发展现代制造业。通过提高资源生产能力和生产条件，而达到降低生态足迹总量的目的。

### 9.2.3 调整服务业内部结构

作为新经济的体现者，生产性服务业对支撑第一产业和第二产业，尤其是对工

业制造业优化产业结构、提升整体竞争力具有重要意义。例如研发服务业通过将高新技术领域的创新成果产业化，推动高新技术制造业和现代制造业的技术创新。此外，现代服务业的高素质人才具有强流动性的特征，这也能有力地推进区域创新型人才培养和创新文化氛围的形成。这些发展不仅充分发挥了首都创新资源优势，进一步强化了首都国家知识创新中心和技术创新源泉的地位；而且通过创新成果的辐射和扩散，对全国其他地区经济和产业发展产生了积极的带动作用。在研发服务业领域，国内许多外埠企业纷纷把企业研发中心设立在北京，以充分利用北京的技术和人才资源来促进自身技术创新能力的提升，进一步增强企业的市场竞争力。

### 9.2.4 提高能源与资源利用效率

为了应对2009年全球金融危机，保持2008年北京奥运的发展契机与北京建设“世界城市”的要求，可以预见，北京的经济在很长一段时期内都将保持较快的增长速度，这将需要消耗大量的资源和能源。而当前北京市对资源的利用效率整体偏低，且其第三产业内部也存在着资源利用效率较低的现象，造成了巨大的资源浪费。为此，北京市应改变传统的仅通过调整产业结构来优化经济发展的思路，而应将着眼点放到各产业内部发展质量的提高上。例如，根据房地产业和建筑业对生态环境的重要作用，鼓励发展节能环保的绿色建筑。此外，北京市应在第三产业中重点发展金融业等附加值较高的现代服务业，逐步降低住宿、餐饮等传统服务业的占比。

### 9.2.5 控制流动人口数量，提高流动人口素质

与国内的其他省市相比，作为首都的北京具有非常明显的优势。例如，教育资源发达、工作机会多等。加上城镇化等因素的影响，可以预想，北京在未来仍将吸引大量的人口进入。因此，常住人口总量仍将继续增长已经是无法阻挡的趋势。所以北京市的人口调控政策重点应在于控制流动人口的数量，同时提高流动人口的素质上。当前，北京市的流动人口主要集中在传统的服务业行业，所以北京市第三产业的结构升级将是减缓人口增加的一个重要途径。由此可以看出，发展现代服务业对北京的经济社会发展和环境保护都起着不可小觑的作用，因此应该作为政府工作的重点。同时，提高流动人口素质也是保证北京市健康有序发展的重要保证。北京市应加大流动人员管理措施，提供技术培训等服务，不断提高流动人员素质，这既可以提高北京市的整体劳动力水平，也从一定程度上构成了流动人口进

入北京的门槛。

### 9.2.6 提高居民环保意识,改变居民消费方式

随着经济水平的不断提高,人们的生活水平也得到了极大的改善。目前的研究结果表明,居民消费(特别是城镇居民消费)已经成为导致北京市生态足迹增加的重要驱动因素。为此,当前的一项主要任务就是要使人们树立环保意识,向他们宣传环保的重要性,鼓励其加入低碳消费的行列。首先,应倡导居民绿色出行,降低私家车出行率。近年来北京市政府已经采取了一些限行的措施,但出于自身便利的考虑,一些市民还是不愿意选择公共交通工具出行。因此,要降低汽车尾气的排放量,必须从根本上提高市民的思想意识。其次,从微观层面上来说,要加强推进节能环保家庭设备的普及。例如可以通过对节能产品进行适当的补贴等方式来激发居民购买的积极性。总之,政府部门要加大环保意识的宣传力度,使环境保护的观念深入人心,只有这样才能实现真正的可持续发展。

## 9.3 进一步研究展望

为了提高我们研究的精度,得出更为准确的结果与可靠的结论。在未来的研究中,需要进一步改进的地方包括:

### 9.3.1 引入实物型投入产出表、提高卫星账户数据质量

本研究通篇是以北京市统计局发布的几个年份的货币型投入产出表为基础,结合实物流量的生态足迹卫星账户展开的。存在以下几个问题:(1)货币型投入产出表假设货币流与生态足迹流之间是线性的这会造成一定的误差。因此,可以需编制实物型投入产出表,以消除货币型投入产出表进行实物卫星账户分析的假设,这样还可以提高部门关联效应的分析精度,更加科学地反映经济系统中各产业部门土地资源的关联特性。(2)土地投入核算精度还需提高。现有计算中大量使用了估计方法以及转换因子,这导致核算出的生产性土地面积受估计方法及转换因子的影响较大。因此,各部门土地投入量的核算需要更为准确的数据来源与更为合理的方法,提高计算的精度,以便更科学反映由人类活动造成的环境影响。(3)为了估计生态足迹的流入流出量,我们的计算采用了两个假设,简化了贸易问题,以近似计算出研究需要的数据结果,这对环境卫星账户的数据质量影响较大。因此,需要进一步完善生态足迹流入与流出的计算。

### 9.3.2 开发北京市多区域投入产出模型

本研究中使用的北京市投入产出表属于单一区域投入产出表。单一区域投入产出表隐含的假设是:国内其他地区和国外的生产技术与北京一致,这样北京的国内调入和国际进口需求就无法反映出其他区域和国外由于此经济活动所产生的反馈作用。其产生的问题是:无法区分本地出口作为中间需求和最终需求的问题;无法反映出口的目的地。对北京生态足迹的一个重要来源是来自外地和国外的进口需求,利用单一区域投入产出模型,不能识别出北京生态足迹来源的区域和国家一级具体行业需求与最终产品需求;对应地,据此计算出来的调入和进口生态足迹不能真实反映出北京经济活动对国内其他地区和其他国家的环境影响。

多区域投入产出模型很好地解决了单一区域投入产出模型的内在问题,能够从上游供给和下游需求的角度分别实施环境治理与政策措施。从政策的角度看,北京本地的环境经济政策应该在全国和全球范围内考虑生产和消费活动。例如,北京市的大气污染治理,不仅要在北京当地实施重要的环境控制措施;还需要考虑周边五省(内蒙古、山西、河北、山东和天津)与北京联合的效应,以及由此对北京产生的生态环境压力。

# 参考文献

[1]Abernethy, V. D., 2001. Carrying capacity: the tradition and policy implications of limits. Ethics in Science and Environmental Politics 2001, 9—18.

[2]Arrow, K., Perrings, C., Pimentel, D., Bolin, B., Costanza, R., Dasgupta, P., Holling, C. S., Jansson, B. O., Levin, S., M Ler, K. G., 1995. Economic growth, carrying capacity, and the environment. Science 268, 520—521.

[3]Bicknell, K. B., Ball, R. J., Cullen, R., Bigsby, H. R., 1998. New methodology for the ecological footprint with an application to the New Zealand economy. Ecological Economics 27, 149—160.

[4]Buckley, R., 1999. An ecological perspective on carrying capacity. Annals of Tourism Research 26, 705—708.

[5]Carter, A. P., 1970. Structural change in the American economy. Harvard University Press.

[6]Cohen, J. E., 1997. Population, economics, environment and culture: an introduction to human carrying capacity. Journal of Applied Ecology 34, 1325—1333.

[7]Daily, G. C., Ehrlich, P. R., 1996. Socioeconomic equity, sustainability, and Earth's carrying capacity. Ecological Applications 4, 991—1001.

[8]Dasmann, R. F., 1984. Wildlife biology. John Wiley and Sons, New York.

[9]Defourny, J., Thorbecke, E., 1984. Structural Path Analysis and Multiplier Decomposition within a Social Accounting Matrix Framework. The Economic Journal 94, 111—136.

[10]Dietz, T. E. T. H., 2005. Carrying capacity dynamics, livestock commercialisation and land degradation in Mongolia's free market era. Poverty Reduction and Environmental Management.

[11]Dietzenbacher, E., Los, B., 1998. Structural decomposition techniques:

sense and sensitivity. Economic Systems Research 10，307—324.

[12]Dietzenbacher，E.，Stage，J.，2006. Mixing oil and water? Using hybrid input — output tables in a structural decomposition analysis. Economic Systems Research 18，85—95.

[13]Duarte，R.，Sánchez—Chóliz，J.，Bielsa，J.，2002. Water use in the Spanish economy：an input - output approach. Ecological Economics 43，71—85.

[14]Feldman，S. J.，McClain，D.，Palmer，K.，1987. Sources of structural change in the United States，1963—78：an input—output perspective. The Review of Economics and Statistics，503—510.

[15]Ferng，J.，2001. Using composition of land multiplier to estimate ecological footprints associated with production activity. Ecological Economics 37，159—172.

[16]Ferng，J.，2002. Toward a scenario analysis framework for energy footprints. Ecological Economics 40，53—69.

[17]Ferng，J.，2005. Local sustainable yield and embodied resources in ecological footprint analysis—a case study on the required paddy field in Taiwan. Ecological Economics 53，415—430.

[18]Ferng，J.，2009. Applying input - output analysis to scenario analysis of ecological footprints. Ecological Economics 69，345—354.

[19]Flint，K.，2001. Institutional ecological footprint analysis—A case study of the University of Newcastle，Australia. International Journal of Sustainability in Higher Education 2，48—62.

[20]Gabriel，J.，Saucy，F.，Bersier，L.，2005. Paradoxes in the logistic equation? Ecological Modelling 185，147—151.

[21]Gay，P. W.，Proops，J. L. R.，1993. Carbon⊹dioxide production by the UK economy：An input—output assessment. Applied Energy 44，113—130.

[22]Guan，D.，Liu，Z.，Geng，Y.，Lindner，S. O. R.，Hubacek，K.，2012. The gigatonne gap in China/'s carbon dioxide inventories. Nature Climate Change 2，672—675.

[23]Gunderson，L. H.，1997. Resilience in ecosystems，institutions，and societies. Beijer International Institute of Ecological Economics.

[24]Haberl, H. , Erb, K. , Krausmann, F. , 2001. How to calculate and interpret ecological footprints for long periods of time: the case of Austria 1926 - 1995. Ecological Economics 38, 25—45.

[25]Haberl, H. , Wackernagel, M. , Krausmann, F. , Erb, K. , Monfreda, C. , 2004. Ecological footprints and human appropriation of net primary production: a comparison. Land Use Policy 21, 279—288.

[26]Hardin, G. , 1986. Cultural carrying capacity: a biological approach to human problems. Bioscience 36, 599—606.

[27]Harris, J. M. 和 . K. , 1999. Carrying capacity in agriculture: global and regional issues. Ecological Economics 29, 443—461.

[28]Hoekstra, A. Y. , Chapagain, A. K. , 2007. Water footprints of nations: water use by people as a function of their consumption pattern. Water Resource Management 21, 35—48.

[29]Hopfenberg, R. , 2003. Human Carrying Capacity Is Determined by Food Availability. Population and Environment 25, 109—117.

[30]Hubacek, K. and. G. S. , 2003. Applying physical input—output analysis to estimate land appropriation (ecological footprints) of international trade activities. Ecological Economics 44, 137—151.

[31]Hui, C. , 2006. Carrying capacity, population equilibrium, and environment's maximal load. Ecological Modelling 192, 317—320.

[32]Kautsky, N. , Berg, H. , Folke, C. , Larsson, J. , Troell, M. , 1997. Ecological footprint for assessment of resource use and development limitations in shrimp and tilapia aquaculture. Aquaculture Research 28, 753—766.

[33]Khan, H. A. , Thorbecke, E. , 1989. Macroeconomic effects of technology choice: Multiplier and structural path analysis within a SAM framework. Journal of Policy Modeling 11, 131—156.

[34]Kitzes, J. , Wackernagel, M. , 2009. Answers to common questions in ecological footprint accounting. Ecological Indicators 9, 812—817.

[35]Lenzen, M. , 1998. Primary energy and greenhouse gases embodied in Australian final consumption: an input - output analysis. Energy Policy 26, 495—506.

[36]Lenzen, M. , 2002. A guide for compiling inventories in hybrid life—cycle

assessments: some Australian results. Journal of Cleaner Production 10, 545—572.

[37]Lenzen, M., 2003. Environmentally important paths, linkages and key sectors in the Australian economy. Structural Change and Economic Dynamics 14, 1—34.

[38]Lenzen, M., 2007. Structural path analysis of ecosystem networks. Ecological Modelling 200, 334—342.

[39]Lenzen, M., Moran, D., Bhaduri, A., Kanemoto, K., Bekchanov, M., Geschke, A., Foran, B., 2013. International trade of scarce water. Ecological Economics 94, 78—85.

[40]Lenzen, M., Moran, D., Kanemoto, K., Foran, B., Lobefaro, L., Geschke, A., 2012. International trade drives biodiversity threats in developing nations. Nature 486, 109—112.

[41]Lenzen, M., Kanemoto, K., Moran, D., Geschke, A., 2012. Mapping the structure of the world economy. Environmental Science and Technology 46, 8374.

[42]Leontief, W. W. 1936. Quantitative Input and Output Relations in the Economic Systems of the United States. The Review of Economics and Statistics 18: 105—125.

[43]Leontief, W., 1941. The structure of the American Economy, 1919—1939. Oxford University Press, Oxford, UK.

[44]Leontief, W., 1953. Domestic production and foreign trade; the American capital position re—examined. Proceedings of the American philosophical Society 97, 332—349.

[45]Leontief, W., 1970. Environmental repercussions and the economic structure: an input—output approach. The Review of Economics and Statistics 52, 262—271.

[46]Leontief, W., Ford, D., 1972. Air pollution and the economic structure: empirical results of input—output computations. In Input—output techniques: proceedings of the Fifth International Conference on Input—Output Techniques. Amsterdam: North—Holland Publ. Co. 9—30.

[47]Leontief, W., 1986. Input output economics. Oxford University Press.

[48] Liang, S. andZ. T. , 2011. What Is Driving CO2 Emissions in a Typical Manufacturing Center of South China? The Case of Jiangsu Province. Energ Policy 39, 7078—7083.

[49] Lin, X. , Polenske, K. R. , 1995. Input - output anatomy of China's energy use changes in the 1980s. Economic Systems Research 7, 57—84.

[50] Malthus, T. R. , 1789. An Essay on the Principle of Population. Edition (1976) with sources and criticism edited by Philip Adelman. W. W. Norton & Co.

[51] McDonald, G. W. , Patterson, M. G. , 2004. Ecological Footprints and interdependencies of New Zealand regions. Ecological Economics 50, 49—67.

[52] Miller, R. E. , Blair, P. D. , 2009. Input—Output Analysis: Foundations and Extensions, Second Edition. Cambridge University Press, Cambridge, UK.

[53] Munksgaard, J. , Wier, M. , Lenzen, M. , Dey, C. , 2005. Using Input—Output Analysis to Measure the Environmental Pressure of Consumption at Different Spatial Levels. Journal of Industrial Ecology 9, 169—185.

[54] Odum, E. P. , 1953. Fundamentals of ecology. Saunders.

[55] OECD, 1991. Environmental Indicator: A Preliminary Set, Paris.

[56] OECD, 2001. Sustainable Development: Critical issues, Paris.

[57] Patterson, M. G. and . M. , 2004. Ecological footprints and interdependencies of New Zealand regions. Ecological Economics 50, 49—67.

[58] Peters, G. P. , Hertwich, E. G. , 2006a. The Importance of Imports for Household Environmental Impacts. Journal of Industrial Ecology 10, 89—109.

[59] Peters, G. P. , Hertwich, E. G. , 2006b. Structural analysis of international trade: Environmental impacts of Norway. Economic Systems Research 18, 155—181.

[60] Peters, G. P. , Hertwich, E. G. , 2008. CO2 embodied in international trade with implications for global climate policy. Environmental Science and Technology 42, 1401—1407.

[61] Peters, G. P. , Weber, C. L. , Guan, D. , Hubacek, K. , 2007. China's growing CO2 emissions—a race between increasing consumption and efficiency gains. Environmental Science and Technology 41, 5939.

[62] Peterson, G. D., 2002. Estimating resilience across landscapes. Conservation Ecology 6, 17.

[63] Price, D., 1999. Carrying Capacity Reconsidered. Population and Environment 21, 5—26.

[64] Rees, W. E., 1992. Ecological footprints and appropriated carrying capacity: what urban economics leaves out. Environment and Urbanization 4, 121—130.

[65] Rees, W. E., 1996. Revisiting carrying capacity: area—based indicators of sustainability. Population and Environment 17, 195—215.

[66] Rees, W. E., Wackernagel, M., 2012. Urban ecological footprints: why cities cannot be sustainable - and why they are a key to sustainability. The Urban Sociology Reader, 157.

[67] Rinaldi, S., Scheffer, M., 2000. Geometric analysis of ecological models with slow and fast processes. Ecosystems 3, 507—521.

[68] Rose, A., Casler, S., 1996. Input - output structural decomposition analysis: a critical appraisal. Economic Systems Research 8, 33—62.

[69] Rose, A., Chen, C., 1991. Sources of change in energy use in the US economy, 1972 - 1982: a structural decomposition analysis. Resources and Energy 13, 1—21.

[70] Sánchez Chóliz, J., Duarte, R., 2003. Analysing pollution by way of vertically integrated coefficients, with an application to the water sector in Aragon. Cambridge, Journal of Economics 27, 433—448.

[71] Schultz, S., 1977. Approaches to identifying key sectors empirically by means of input - output analysis. The Journal of Development Studies 14, 77—96.

[72] Seibel, S., 2003. Decomposition analysis of carbon dioxide—emission changes in Germany — Conceptual framework and empirical results. Luxembourg: Office for Official Publications of the European Communities, European Communities.

[73] Seidl, I., Tisdell, C. A., 1999. Carrying capacity reconsidered: from Malthus' population theory to cultural carrying capacity. Ecological Economics 31, 395—408.

[74]Simmons, C. , Chambers, N. , 1998. Footprinting UK households: how big is your ecological garden?

[75]Skolka, J. , 1989. Input—output structural decomposition analysis for Austria. Journal of Policy Modeling 11, 45—66.

[76]Sonis, M. , Hewings, G. J. D. , Guo, J. , Hulu, E. , 1997. Interpreting spatial economic structure: Feedback loops in the Indonesian interregional economy, 1980, 1985. Regional Science and Urban Economics 27, 325—342.

[77] Treloar, G. J. , 1997. Extracting Embodied Energy Paths from Input - Output Tables: Towards an Input - Output — based Hybrid Energy Analysis Method. Economic Systems Research 9, 375—391.

[78] Treloar, G. J. , Love, P. E. D. , Holt, G. D. , 2001. Using national input output data for embodied energy analysis of individual residential buildings. Construction Management and Economics 19, 49—61.

[79] Tukker, A. , Poliakov, E. , Heijungs, R. , Hawkins, T. , Neuwahl, F. , Rueda—Cantuche, J. M. , Giljum, S. , Moll, S. , Oosterhaven, J. , Bouwmeester, M. , 2009. Towards a global multi — regional environmentally extended input - output database. Ecological Economics 68, 1928—1937.

[80]Turner, K. , Lenzen, M. , Wiedmann, T. , Barrett, J. , 2007. Examining the global environmental impact of regional consumption activities—Part 1: A technical note on combining input - output and ecological footprint analysis. Ecological Economics 62, 37—44.

[81]United Nations, 1999. Handbook of Input—Output Table Compilation and Analysis. United Nations, New York.

[82]Wackernagel, M. , 1996. Our ecological footprint: reducing human impact on the earth. New Society Publishers.

[83]Wackernagel, M. , Rees, W. E. , 1997. Perceptual and structural barriers to investing in natural capital: Economics from an ecological footprint perspective. Ecological Economics 20, 3—24.

[84]Wackernagel, M. , Monfreda, C. , Schulz, N. B. , Erb, K. , Haberl, H. , Krausmann, F. , 2004. Calculating national and global ecological footprint time series: resolving conceptual challenges. Land use policy 21, 271—278.

[85]Waggoner, P. E. , 1996. How much land can ten billion people spare for na-

ture? Daedalus 125, 73—93.

[86]Walker, B., Carpenter, S., Anderies, J., 2002. Resilience management in social—ecological systems: a working hypothesis for a participatory approach. Conservation Wcology 6, 14.

[87]Wang, Y., Zhao, H., Li, L., Liu, Z., Liang, S., 2013. Carbon Dioxide Emission Drivers for a Typical Metropolis Using Input—Output Structural Decomposition Analysis. Energ Policy 58, 312—318.

[88]Waugh, F. V., 1950. Inversion of the Leontief Matrix by Power Series. Econometrica 18, 142—154.

[89]Wiedmann, T., 2009. A first empirical comparison of energy footprints embodied in trade—MRIO versus PLUM. Ecological Economics 68, 1975—1990.

[90]Wiedmann, T., Barrett, J., Cherrett, N., 2003. Sustainability rating for homes - the ecological footprint component. Stockholm Environment Institute, York.

[91]Wiedmann, T., Lenzen, M., Turner, K., Barrett, J., 2007. Examining the global environmental impact of regional consumption activities—Part 2: Review of input - output models for the assessment of environmental impacts embodied in trade. Ecological Economics 61, 15—26.

[92]Wiedmann, T., Minx, J., Barrett, J., Wackernagel, M., 2006. Allocating ecological footprints to final consumption categories with input——output analysis. Ecological Economics 56, 28—48.

[93]Wolff, E. N., 1996. The Growth of Information Workers in the US Economy, 1950—1990: The Role of Technological Change, Computerization, and Structural Change.

[94]Wolff, R., 2005. A global robustness measure for input - output projections from ESA and SNA tables. Economic Systems Research 17, 77—93.

[95]Wright, E. P., Drossman, H., 2002. The ecological footprint of the Colorado College: An examination of sustainability. Environmental Science 5, 23.

[96]北京市国土资源局，2007. 北京市国土资源年鉴. 北京市国土资源局，北京.

[97]北京市国土资源局，2009. 北京市国土资源年鉴. 北京市国土资源局，北京.

[98]北京市统计局，国家统计局北京调查总队，2001. 北京统计年鉴. 中国统计

出版社，北京．
[99]北京市统计局，国家统计局北京调查总队，2002. 北京统计年鉴．中国统计出版社，北京．
[100]北京市统计局，国家统计局北京调查总队，2003. 北京统计年鉴．中国统计出版社，北京．
[101]北京市统计局，国家统计局北京调查总队，2006. 北京统计年鉴．中国统计出版社，北京．
[102]北京市统计局，国家统计局北京调查总队，2008. 北京统计年鉴．中国统计出版社，北京．
[103]北京市统计局，国家统计局北京调查总队，2011. 北京统计年鉴．中国统计出版社．
[104]北京统计局，2012. 北京统计年鉴．中国统计出版社．
[105]北京市统计局，2013. 新中国六十年北京社会经济发展概况．
[106]陈百明，2001. 中国土地资源生产能力与人口承载量研究．中国人民大学出版社，北京．
[107]陈成忠，2009. 生态足迹模型的多尺度分析及其预测研究．南京师范大学．
[108]陈冬冬，高旺盛，陈源泉，2006. 生态足迹分析方法研究进展．应用生态学报，1983－1988.
[109]陈敏，张丽君，王如松，怀保光，2005. 1978－2003 年中国生态足迹动态分析．资源科学，132－139.
[110]邓舒仁，2012. 低碳经济发展研究：理论分析和政策选择．中共中央党校，202.
[111]高吉喜，2001. 可持续发展理论探索—生态承载力理论、方法与应用．中国环境科学出版社，北京．
[112]高君，程会强，2010. 基于生态足迹方法的北京市可持续发展分析．资源与产业，101－108.
[113]公华林，2009. 基于生态足迹投入—产出模型的山东省可持续发展研究．山东师范大学，p. 82.
[114]郭秀锐，毛显强，2000. 中国土地承载力计算方法研究综述．地球科学进展，705－711.
[115]国家统计局人口和就业统计司，人力资源和社会保障部规划财务司，2001. 中国劳动统计年鉴．中国统计出版社，北京．

[116]国家统计局人口和就业统计司，人力资源和社会保障部规划财务司，2003. 中国劳动统计年鉴. 中国统计出版社，北京.
[117]国家统计局人口和就业统计司，人力资源和社会保障部规划财务司，2006. 中国劳动统计年鉴. 中国统计出版社，北京.
[118]国家统计局人口和就业统计司，人力资源和社会保障部规划财务司，2008. 中国劳动统计年鉴. 中国统计出版社，北京.
[119]国家统计局人口和就业统计司，人力资源和社会保障部规划财务司，2011. 中国劳动统计年鉴. 中国统计出版社，北京.
[120]国土资源部史志办公室，2000. 中国国土资源年鉴. 中国国土资源年鉴编辑部，北京.
[121]国土资源部史志办公室，2002. 中国国土资源年鉴. 中国国土资源年鉴编辑部，北京.
[122]国土资源部史志办公室，2003. 中国国土资源年鉴. 中国国土资源年鉴年鉴编辑部，北京.
[123]国土资源部史志办公室，2004. 中国国土资源年鉴. 中国国土资源年鉴编辑部，北京.
[124]国土资源部史志办公室，2005. 中国国土资源年鉴. 中国国土资源年鉴编辑部，北京.
[125]靳之更，王敏，2009. 生态足迹与可持续发展初步分析——以北京市、沈阳市、哈尔滨市为例. 环境科学与管理，150－153.
[126]赖力，黄贤金，刘伟良，赵登辉，2006. 基于投入产出技术的区域生态足迹调整分析——以 2002 年江苏省经济为例. 生态学报，1285－1292.
[127]李晶晶，2012. 北京市土地利用变化生态系统服务价值研究. 东北农业大学，51.
[128]李娟，2011. 温室气体排放的因素分析模型与中国应用研究. 天津财经大学，91.
[129]李铁松，薛娜，2006. 中国生态足迹的区际与时序差异研究. 西华师范大学学报(自然科学版)，253－255.
[130]李月，2013. 北京市生态足迹演变及影响因素研究. 首都经济贸易大学，57.
[131]林汐，2010. 低碳经济与可持续发展. 人民出版社，北京.
[132]刘建兴，2008. 中国经济发展中的资源压力总量及其产业结构研究. 东北大

学，154.
[133]刘庄，2006. 祁连山自然保护区生态承载能力研究．中国环境科学出版社．
[134]鲁丰先，秦耀辰，董园园，2008. 校园生态足迹与资源节约型学校建设，第十届中国科协年会“新时期河南土地供需态势与城乡统筹发展”论坛，中国河南郑州，6.
[135]马晓钰，2005. 人口赤字与生态环境关系研究——生态足迹理论在新疆的应用．南方人口 20，57—63.
[136]马忠，石培基，胡科，2010. 张掖市产业部门用水关联分析．地球科学进展，666—672.
[137]马忠，徐中民，2008. 改进的假设抽取法在产业部门用水关联分析中的应用. 水利学报，176—182.
[138]孟彦菊，2012. 投入产出空间结构分解分析模型的构建．统计与决策，25—29.
[139]彭希哲，刘宇辉，2004. 生态足迹与区域生态适度人口——以西部 12 省市为例．市场与人口分析，9—15.
[140]邱东，席玮，2008. 投入产出生态占用模型及在中国的应用．财经问题研究，18—23.
[141]阮本清，2001. 流域水资源管理．科学出版社．
[142]尚海洋，2006. 甘肃省生态足迹的投入—产出分析．西北师范大学，67.
[143]尚海洋，徐中民，2007. 甘肃省 2002 年生态足迹的投入一产出分析．冰川冻土，837—844.
[144]吴佩林，2004. 近 20 年来北京市耕地面积变化及其相关社会经济驱动因素分析．中国人口资源与环境 14，109—115.
[145]王洪波，2013. 基于改进型生态足迹模型的北京市生态足迹分析与评价．首都经济贸易大学，62.
[146]王家骥，姚小红，李京荣，常虹，王渊高，2000. 黑河流域生态承载力估测．环境科学研究，44—48.
[147]王开运，2007. 生态承载力复合模型系统与应用．科学出版社．
[148]王书玉，卞新民，2007. 生态足迹理论方法的改进及应用．应用生态学报，1977—1981.
[149]王伟，2008. 基于生态足迹理论的湖北省可持续发展研究．华中农业大学，p. 54.
[150]王亚菲，陈长，2009. 北京市生态足迹的投入产出分析．城市发展研究，129

—134.
[151]吴开亚，林保国，宋润朋，刘海燕，2007. 1990—2004 年安徽省生态足迹动态分析 [J]. 合肥工业大学学报：自然科学版 30，1134—1138.
[152]吴隆杰，2005. 基于生态足迹指数的中国可持续发展动态评估．中国农业大学学报，94—99.
[153]吴隆杰，杨林，苏昕，徐建明，2006. 近年来生态足迹研究进展．中国农业大学学报，1—8.
[154]吴燕，王效科，逯非，2011. 北京市居民食物消耗生态足迹和水足迹．资源科学，1145—1152.
[155]邢华超，陈知送，王秀茹，许其功，夏训峰，高如泰，席北斗，2009. 延安市 2001—2006 年生态足迹分析．水土保持研究 16，143—146.
[156]杨海林，宁丰收，游霞，2005. 小城镇发展可持续性定量测度的生态足迹方法．重庆工商大学学报(自然科学版)，253—256.
[157]岳琴，于超，2010. 对我国家庭生态足迹的探析．学术交流，77—80.
[158]张恒义，刘卫东，王世忠，单娜娜，梁红梅，2009.“省公顷”生态足迹模型中均衡因子及产量因子的计算——以浙江省为例．自然资源学报，82—92.
[159]张丽君，2004. 可持续发展指标体系建设的国际进展．国土资源情报，7—15.
[160]张炎治，聂锐，2008. 能源强度的指数分解分析研究综述．管理学报 5，647—650.
[161]张远索，张占录，孟斌，朱海勇，2011. 北京市人地关系现状及预测——基于生态足迹和 GM 模型的分析．城市问题，34—39.
[162]张志强，徐中民，2000. 生态足迹的概念及计算模型．生态经济，8—10.
[163]张志强，徐中民，2000. 甘肃省 1998 年生态足迹计算与分析．地理学报 55，607—616.
[164]中华人民共和国中央人民政府，2013. 中共中央关于全面深化改革若干重大问题的决定．
[165]周丹，蔡宇，刘伟，刘赢男，2008. 2001—2005 年黑龙江省生态足迹动态分析 [J]. 东北林业大学学报 36，67—69.
[166]周文华，张克锋，王如松，2006. 城市水生态足迹研究——以北京市为例．环境科学学报，1524—1531.